Arno Sonderegger

Kurze Geschichte des Alten Afrika

Arno Sonderegger

Kurze Geschichte des Alten Afrika

Von den Anfängen bis 1600

marixverlag

Inhalt

Einleitung

Afrika ist riesig. Der Kontinent erstreckt sich über 30 221 532 Quadratkilometer. Das entspricht zirka 22 Prozent der globalen Landfläche. Heute leben dort mehr als eine Milliarde Menschen. Doch das war nicht immer so. Obwohl Afrika die ersten Menschen beheimatete und insofern der historisch älteste Kontinent ist – jener Ort, an dem die menschliche Geschichte so weit in der Zeit zurückreicht wie nirgendwo sonst – war er die meiste Zeit über verhältnismäßig dünn besiedelt. Afrikas Naturräume sind äußerst vielfältig und variieren enorm, seine Umwelt ist stark diversifiziert. Der Nil, der Niger und der Kongo sowie zahlreiche kleinere Ströme und Flüsse ziehen ein Netz an Wasseradern über den Kontinent. Eine Vielzahl an großen Seen findet sich auf ihm, besonders dicht im ostafrikanischen Großraum; viele Seen und Flüsse sind im Verlauf der Austrocknung der Sahara verschwunden oder, wie der Tschadsee, stark geschrumpft.

Klimatisch weist Afrika alle denkbaren Extreme auf, aber auch gemäßigte Zonen. Einige der heißesten Plätze der Erde befinden sich in Afrika (die Wüsten Sahara, Namib und Kalahari). Es gibt aber auch kühlere Regionen wie die Gebirge von Marokko (Atlas) bis Südafrika (Drakensberge), kühle Hochländer in Nordost-, Ost- und Südafrika, gelegentliche bergige Erhebungen in Westafrika; und auf den vulkanischen afrikanischen Hochgebirgen (Kilimandscharo, 5895 m; Kirinyaga/Mount-Kenya-Massiv, 5199 m; Ruwenzori, 5109 m) thronen gar Gletscher. Auch die Vegetationsformen Afrikas sind überaus vielfältig. Man findet Regenwälder und trockene Savannengrasländer vor, offenes Waldland und mediterrane Vegetation, Steppen mit hohem und mit kurzem Graswuchs, Dornbuschland und Wüstensträucher. Es gibt tief in die Landschaft einschneidende Flusstäler und ausgedehnte Hochplateaus, Wüsten verschiedener Größe und Art

(Sand-, Kies-, Stein-, Fels-, Salzwüsten), Oasen und gigantische Binnenseen, verästelte Flussdeltas, Lagunen und Mangrovenküsten. Man findet Strände, an denen sich die Wellen des Atlantiks stürmisch brechen, und sanfte sandige Strände, von denen ostafrikanische Fischerboote auf den Indischen Ozean hinaussegeln. Wie diese impressionistische Zeichnung der variierenden Umwelten Afrikas hoffentlich deutlich macht, gibt es in Afrika gleichsam nichts, das man dort nicht finden könnte. Seine Umweltdiversität ist enorm.

Eine beliebte Methode, die Klima- und Vegetationszonen Afrikas überblicksmäßig darzustellen, besteht darin, sie auf einer Karte von Nord nach Süd folgendermaßen einzuschreiben: Mediterranes Klima (Nordafrika), Wüste, Trockensavanne, Regenwaldzone (Mittelafrika), Savanne, Waldland (Südöstliches Zentralafrika), Mediterranes Klima (Südafrika). Zu beachten ist dabei allerdings, dass dies eine äußerst grobe Vereinfachung ist und es oft innerhalb dieser so großzügig kartographierten Zonen diverse Mikroklimata gibt, die für lokal gänzlich andersgeartete Verhältnisse sorgen. Außerdem fließen diese großen Zonen bruchlos ineinander über, was seinerseits die Zahl der verschiedenen real herrschenden Umweltbedingungen weiter erhöht. Schließlich ist noch zu bedenken, dass afrikanische Umwelten, wie andere ökologische Systeme auch, ständigem Wandel unterliegen und sich daher, gerade im Lauf der hier betrachteten langen Zeiträume, mitunter gravierend geändert haben.

Eine Geschichte Afrikas schreiben

Man muss nur dieses grob gezeichnete Bild ernstnehmen, um zu erkennen: Das *eine* Afrika gibt es offenkundig nicht. Afrika ist nicht eins, es ist vieles. Wie kann man dann aber unter diesen Bedingungen nur auf die Idee kommen, eine zusammenhängende Geschichte Afrikas zu schreiben? – Gute Frage. Aber eine einfache Antwort darauf ist nicht in

Sicht. Die komplexe Antwort, die diesem Buch als Ansatz zugrunde liegt, werde ich im Folgenden nur holzschnittartig entwerfen; sie auszuführen, wäre ein anderes Buch nötig.[1]

Die Schwierigkeiten haben im Grunde zwei eng miteinander verbundene Ursachen. Die eine Schwierigkeit besteht darin, dass wir, die wir Bücher wie dieses lesen (oder schreiben), unsere eigenen kulturell vorgeformten Urteile in die Betrachtung einfließen lassen – Urteile, die aufgrund ihrer kulturellen Präformiertheit notwendig partikular sind und daher Vorurteile darstellen. Diese unvermeidbare Ethnozentrik, wie der anthropologische Fachbegriff dafür lautet, führt in unserem Fall besonders heftig und leicht in die Irre, weil wir die Erben einer langen Geschichte der imperialen Machtausübung sind, in deren Schatten auch noch die internationalen Beziehungen der Gegenwart operieren. Seit Mitte des 15. Jahrhunderts geriet das subsaharische Afrika langsam, aber stetig in den Orbit eines sich global entfaltenden kapitalistischen Expansionsprozesses, in den wirtschaftlich-kommerzielle, religiös-kulturell-missionarische und politisch-imperiale Aspekte hineinspielten. Das Resultat für Afrika war, langfristig betrachtet, eine dauerhafte Einbindung in asymmetrische Strukturen und die Unterordnung im globalen System: in wirtschaftlicher Hinsicht marginalisiert und auf die Rolle eines Arbeitskräfte- und Rohstofflieferanten reduziert (Sklavenhandel, agrarischer und mineralischer Rohstoffhandel); in politischer Hinsicht fremdbestimmt (Kolonialismus) und an den machtpolitischen Entscheidungen in den internationalen Beziehungen nur randständig beteiligt (Neokolonialismus/Postkoloniale Ära). Nun vertragen sich Macht und Herrschaftsausübung schlecht mit erkenntnisgeleiteter

1 Meine Position kann bei Interesse hinreichend klar und detailliert andernorts nachgelesen werden; siehe Sonderegger 2008, Eckert/Grau/Sonderegger 2010, Sonderegger/Grau/Englert 2011.

Wahrheitsfindung und tendieren dazu, selbstlegitimatorische Diskurse zu produzieren. Die eine Ursache ist also, in einem Wort, Eurozentrismus.

Die zweite ursächliche Schwierigkeit folgt daraus, ist aber von spezifischerer Art. Es geht um die Etablierung und Vergegenwärtigung Afrikas im Rahmen wissenschaftlicher Forschung. Auch sie verdankt ihre Gestalt in beträchtlichem Maß Prozessen der ›Erfindung‹ und ›Imaginierung‹ Afrikas vor dem Hintergrund europäischer Interventionen am Kontinent. Die afrikawissenschaftliche Forschung war – und ist – keineswegs gefeit vor den eurozentrischen Fallstricken. Diese beginnen schon mit der scheinbar selbstverständlichen Setzung der Vorstellung einer Afrikanischen Geschichte. »Der Idee einer singulären Afrikanischen Geschichte liegt die Annahme zugrunde, dass der Kontinent über das bloß geographische hinaus eine Art essentielle Einheit besäße«, so die beiden Afrikahistoriker John Parker und Richard Rathbone, »eine Einheit, die Afrika nicht nur im Innern zusammenhält, sondern es von anderen Weltteilen abhebt«[2]. Das ist eine Vorstellung, die aus der Außen- und Fremdbetrachtung entsteht; und nicht zufällig entstammen die klassischen Begründungen für diese Annahme allesamt der Denkwelt des Rassismus.

Diese Denkwelt entstand nicht erst mit dem Rassebegriff, nahm dann aber mit ihm seit dem 18. Jahrhundert eine moderne Form an, die uns noch gegenwärtig nur allzu vertraut ist. Schon die arabischen Kommentatoren hatten die subsaharischen Bevölkerungen als *sudan*, ›schwarz‹, bezeichnet; aus dem Berberischen übernahmen die Portugiesen später die Bezeichnung *guinea,* das ebenfalls ›schwarz‹ bedeutet, während die lateingeschulten Gelehrten Europas das Wörtchen *niger* zur verallgemeinernden Kategorisierung wählten. In der frühen Neuzeit argumentierten europäische Afrikahändler unter Bezug auf die biblische Geschichte von Ham, dass dessen Nachkommen – die dunkelhäutigen

2 Parker/Rathbone 2007: 2.

Afrikaner und Afrikanerinnen, die von den Europäern in den transatlantischen Sklavenhandel verschleppt wurden – verflucht seien, erkennbar an ihrer ›Schwärze‹, und dass ihre Verruchtheit nur durch die Knechtschaft der Sklaverei gesühnt werden könne. Seit Mitte des 18. Jahrhunderts galt es für ausgemacht, dass Afrika von einem bestimmten Menschenschlag bewohnt sei – Linnés *Afer niger* (›Schwarzafrikaner‹) –, zu dessen hervorstechendstem Merkmal man seine angebliche Minderwertigkeit erklärte.[3] Die diesen Diskurs unverhohlen begleitende wirtschaftliche Ausbeutung sowie die direkte politische Kolonialherrschaft (während des vergleichsweise kurzen Zeitraums von zirka 1890 bis 1965) trugen das Ihrige zur Vertiefung rassistischer Stereotype bei – und zur steten Verfestigung der Vorstellung einer afrikanischen Singularität.

So stark verankerte sich die Denkwelt des Rassismus in der Welt der Moderne, dass sogar noch der Kampf gegen europäische, ›westliche‹ Vorurteile häufig ganz im Bann der Rassenidee ausgetragen wurde. Und von manchen, insbesondere in der afrikanischen Diaspora, wo rassisch basierte afrozentrische Positionen in spannungsgeladenen Identitätsdebatten mit selbstverliebter Selbstverständlichkeit bezogen werden, wird das auch heute noch so gehandhabt. Der Grund dafür ist einfach: Wie die westlichen, ›weißen‹ Rassisten und Rassistinnen der Vergangenheit und Gegenwart, sind auch die ›schwarzen‹ Protagonistinnen und Protagonisten der afrikanischen Diaspora in einem grundsätzlichen Sinn Fremde, die den Kontinent Afrika von außen betrachten: Ihr Afrozentrismus ist letztlich ein Zerrbild des alten rassistischen Eurozentrismus.[4] Daran ist nun einmal nichts zu ändern. Die wichtige Frage ist, welche Möglichkeiten es gibt, Afrika von außen zu betrachten, ohne den Rassendiskurs zu bedienen und ohne dem simplen Eurozentrismus zu fröhnen.

3 Siehe dazu Davidson 1994, Mudimbe 1988, Appiah 1993, Sonderegger 2008.

4 Siehe dazu Reinhardt 2007, Sonderegger 2015.

Populäre Afrikabilder, die als Stereotype noch heutige gesellschaftliche Afrikadiskurse prägen, verstellen allzu oft den Blick darauf. Seriöserweise kann man sich Afrika nicht als »das Herz der Dunkelheit: Trommeln, Hexerei, unsägliche Riten«[5] vorstellen, aber auch nicht als den »K-Kontinent«, »K für Kriege, Krisen, Katastrophen, Korruption, Kriminalität, Kapitalflucht, Krankheit«.[6] Diese Phänomene gibt es überall, sie sind keine afrikanische Spezifik. Und weder das zeitgenössische Leben auf dem Kontinent noch seine Geschichte erschöpfen sich in derartigen Zuschreibungen. Afrika ist weder ein ökologisches Paradies noch eine Hölle. Auch darin unterscheidet es sich von keinem anderen Ort auf dem Planeten Erde. Worin sich der Kontinent tatsächlich unterscheidet, sind der Grad und die Tiefe der Entmächtigung, von der die Bewohner und Bewohnerinnen dieser riesigen Landmasse über mehrere rezente Jahrhunderte betroffen waren und der sie, allen Bemühungen der letzten 50 Jahre um effektive Dekolonisierung zum Trotz, bislang weiterhin mehrheitlich unterliegen.[7] Dieses Buch behandelt darum die Geschichte Afrikas bis zu jener zeitlichen Grenze, an der die Begegnung mit den Kräften der europäischen Expansion immer mehr zur Einschränkung selbstbestimmter historischer Gestaltungskraft und Handlungsmacht afrikanischer Akteure führte. Dieser Zuschnitt auf die Zeit vor 1600 n. Chr. ist eine Möglichkeit, eurozentrische Fallstricke bis zu einem gewissen Grad zu unterlaufen.

Andere Möglichkeiten haben mit dem Umgang mit den Quellen zu tun, die genutzt werden können, um eine Geschichte des Alten Afrika zu schreiben. Hier gibt es eine breite Grundlage, die den Rekurs auf Arbeiten aus vielen verschiedenen Wissenschaftsdisziplinen nötig machen. Kritische Anmerkungen dazu finden sich an entsprechenden

5 Geertz 1993: 115.
6 Grill 2005: 12.
7 Siehe dazu Bayart 2000, Schicho 2010, Coquery-Vidrovitch 2011, Ellis 2011, Cooper 2014.

Stellen im Text ausgeführt, wo sie konkret auf bestimmte Sachzusammenhänge bezogen sind; hier folgt nur eine erste kurze Bestandsaufnahme für einen generellen Einblick.

Der erste Abschnitt zu den afrikanischen Anfängen der Menschheitsentwicklung greift etwa auf Materialien zurück, die im weiten Sinn in Disziplinen erarbeitet wurden, für die der Begriff »materielle Kultur« konstitutiv ist: Neben der Archäologie und Paläoanthropologie sind das mehrere Subdisziplinen der Humanbiologie, von denen besonders die Anatomie und Genetik für die Afrikanische Geschichte relevant sind. Diese stark naturwissenschaftlich ausgerichteten Forschungsfelder neigen, allgemein gesprochen, zu verkürzten reduktionistischen Interpretationen und zur vorschnellen Übertragung von irrtümlich für universell gehaltenen, tatsächlich aber kulturpartikularen Ad-hoc-Erklärungen. Sie tendieren zu einer Überbetonung des materiell Greifbaren und zur Unterschätzung der Bedeutung ideeller Faktoren, die bekanntlich von Gesellschaft zu Gesellschaft – in Raum und Zeit, in Vergangenheit und Gegenwart – erheblich variieren.

Die Archäologie ist auch für die Untersuchung der Diversifizierungsprozesse in Afrika, die im zweiten Abschnitt erfolgt, von zentraler Wichtigkeit. Hier steuern allerdings auch die Historisch-vergleichende Sprachwissenschaft sowie Einsichten aus der Ethnographie, die in Anwendung des Analogieschlussverfahrens auf frühere Zeiten rückprojiziert werden, Wesentliches zu unserem Wissen über die Vergangenheit bei.

Schriftliche Quellen spielen erst für den dritten Abschnitt, im Zusammenhang mit der Diskussion afrikanischer Staats- und Reichsbildungen, eine konstitutive Rolle. Hier ergänzen insbesondere reichhaltige mündliche Überlieferungen sowie, neuerlich, archäologische Forschungen das, was über deren Geschichte gewusst werden kann. Diese Stränge zu einer Synthese zusammenzuführen, die Afrika weder nach innen essentialisiert noch nach außen radikal abgrenzt, zu einer zusammenhängenden *Kurzen Geschichte des Alten Afrika: Von den Anfängen bis 1600*, ist Gegenstand des vorliegenden Buchs.

Bis jetzt waren meine Antworten auf die rhetorische Frage, wie man auf die Idee kommen kann, eine zusammenhängende Geschichte Afrikas zu schreiben, allesamt defensiver Art. Doch anno 2017 steht auch eine offensive Herangehensweise zur Verfügung.[8] Die globalgeschichtliche Perspektive, die seit etwa 20 Jahren immer weitere Kreise zieht, verlangt geradezu danach, Afrika in analoger Weise wie andere Weltregionen in den Blick zu nehmen und transkontinentale ebenso wie binnenkontinentale Interaktionen und Verflechtungen zu thematisieren. Dies ist für die afrikanische Geschichte seit der frühen Neuzeit inzwischen schon häufiger unternommen worden, aber das Verfahren drängt sich umso mehr und nachdrücklicher für die Alte Geschichte Afrikas auf. Schließlich spielten sich Jahrmillionen vor- und frühmenschlicher Geschichte fast ausschließlich auf diesem Kontinent ab, die Besiedlung des Globus durch anatomisch moderne Menschen nahm von dort aus ihren Anfang, und zahlreiche menschheitsgeschichtlich relevante Prozesse fanden in den letzten 100 000 Jahren zuerst einmal in Afrika statt. Wie anders denn als eine zusammenhängende Geschichte sollte man die Geschichte des Alten Afrika schreiben angesichts dieser globalhistorischen Perspektive?

Die Geschichte des Alten Afrika im Zeitraffer

Die ersten beiden Teile des Buches widmen sich den Anfängen menschlicher Entwicklung in Afrika und folgen diesen durch die paläoanthropologische ›Urgeschichte‹ und archäologische ›Vor- und Frühgeschichte‹ bis in sogenannte ›historische‹ Zeiten, also bis über den Beginn unserer Zeitrechnung hinaus. Dem eurozentrischen Charakter dieser Epochenbegriffe zum

8 Siehe dazu Grandner/Sonderegger 2015, Conrad 2013.

Trotz korrespondieren sie einigermaßen mit der dreiteiligen Struktur, die diesem Buch zugrunde liegt, dessen große Teilabschnitte lauten: I. Afrikanische Anfänge der Menschheitsentwicklung; II. Diversifizierungsprozesse in Afrika; III. Afrikanische Staats- und Reichsbildungen. Bevor es, wie der Buchtitel verspricht, an die kurze Geschichte des Alten Afrika geht, folgt nun eine knappe Überblicksskizze der entscheidenden historischen Vorgänge bis zum Anbruch der europäischen Expansionsbewegungen nach Übersee seit dem 15. und 16. Jahrhundert. Es folgt gewissermaßen eine Geschichte des Alten Afrika im Zeitraffer, die gleichzeitig den von mir gewählten Zugriff und die getroffene Gliederung begründet.

Seit mehr als zwei Millionen Jahren lebten menschliche Wesen in diversen afrikanischen Umwelten und machten sich die unterschiedlichen Lebensräume zu eigen. Tatsächlich begann dieser entwicklungsgeschichtliche Prozess der Naturaneignung bereits mehrere Millionen Jahre früher. Zeugnis davon legen die Funde von fossilen Überresten ab sowie genetisch begründete Rückschlüsse, die es erlauben, die Anfänge der hominiden Formen im Zeitraum vor 8 bis 5 Millionen Jahren zu vermuten. Damals dürfte die evolutionäre Abspaltung jener Linie passiert sein, die den anatomisch modernen Menschen von heute (mitsamt seinen Vorfahren) von den Menschenaffen unterscheidet. Die Hominiden, zu denen sowohl die Australopithecinen (›Vormenschen‹) als auch die vor mehr als 2 Millionen Jahren in Erscheinung tretenden Homo-Formen (›Urmenschen‹) zählen, heben sich von den anderen Affenarten in dreierlei Hinsicht ab: Die Hominiden besitzen einen opponierbaren Daumen, den Pinzettengriff, der ihnen ein anderes Greifen ermöglicht, und sie bewegten sich zunehmend aufrecht auf zwei Füßen (Bipedalität). Darüber hinaus unterscheiden sie sich in ihrem Lebensraum, zu dem nun nicht nur Waldlandsavannen und Buschländer gehörten, sondern auch offene Grasländer.

Bis vor etwa 200 000 Jahren hatten Menschen beinah alle afrikanischen Lebensräume erschlossen. Freilich waren diese nicht flächendeckend bewohnt. Die frühen Menschen waren Wildbeuter: Sie lebten von dem, was die Natur bereitstellte, sie suchten nach Nahrung; sie sammelten Früchte, Beeren und wilde Gräser, sie jagten Kleingetier und Wild, sie fischten. Sie lebten in kleinen Gemeinschaften, verbunden durch verwandtschaftliche und freundschaftliche Bande in sogenannten Kinship-Beziehungen. Sie kamen ohne ausgeprägte Spezialisierungen aus, gemeinschaftlich verrichtete Arbeiten waren die Regel, Arbeitsteilung erfolgte weitgehend nach den Prinzipien Alter und, sekundär, nach Geschlecht.

In jüngerer Zeit scheinen tiefer gehende Änderungen passiert zu sein. Die Anhaltspunkte dafür sind zum einen anatomisch und genetisch, zum anderen ergologisch. Vor etwas mehr als 200 000 Jahren zeigt sich, erstmals seit 1,6 Millionen Jahren, ein sehr einschneidender Wandel in der Steinwerkzeugkultur. Anstelle der extrem dauerhaften Tradition des Acheuléen begann eine Ära, in der sich zunehmend stärker variierende regionale Werkzeugkulturen ausbildeten. Genetisch basierte Rekonstruktionen deuten darauf hin, dass sich in der Zeit zwischen 400 000 und 200 000 Jahren v. Chr. der sogenannte moderne Mensch herauszuformen begonnen hat, dessen Existenz man durch fossile Funde erst für die letzten 130 000 Jahre nachweisen kann. Man hält es für wahrscheinlich, dass bereits seither manche Menschengruppen angewachsen sind und die Gesamtanzahl an Menschen auf der Erde insgesamt deutlich zunahm. Aufgrund der paläoanthropologischen Fundlage ist jedenfalls klar, dass es während der ersten 100 000 Jahre vor unserer Zeit zur Abwanderung einzelner afrikanischer Gemeinschaften kam, welche die kontinentalen Grenzen hinter sich ließen und den Nahen Osten (100 000 v. Chr.) erreichten, später Indien und Südost- und Ostasien (70 000), Australien (60 000) und Europa (40 000). Die Besiedlung der amerikanischen Neuen Welt durch den anatomisch modernen Menschen, den *Homo sapiens*, geschah schließlich aller Wahrscheinlichkeit nach in einer Nord-Süd-Bewegung seit 15 000 Jahren vor unserer Zeit.

Sammeln, Jagen und Fischen blieben weltweit weiterhin die Tätigkeiten, durch die sich die Menschen mit Nahrung versorgten. Ihre Möglichkeiten, Reichtümer zu erzeugen, anzusammeln und aufzubewahren hielten sich in engen Grenzen; ihr größter Reichtum bestand wohl in der intimen Kenntnis ihrer Mitmenschen, die aus der kleinteiligen Vergemeinschaftung resultierte. Ihre Lebensweise basierte auf einer aneignenden Wirtschaftsform. Wo es zu einem Übergang zu einer aktiv produzierenden Wirtschaftsweise kam – zur Domestizierung von Nahrungspflanzen und Haltung von Tieren als Nutztieren –, vollzog sich dieser Prozess in komplexen Auseinandersetzungen zwischen Menschen und ihrer natürlichen Umwelt. Es war kein geradliniger und auch kein zwingender Prozess. Zu landwirtschaftlichen Domestikationen kam es recht früh und unabhängig voneinander an mehreren verschiedenen Orten der Erde: in Mittelamerika und im lateinamerikanischen Andengebiet, in Ostasien, im Nahen Osten, in Nordostafrika (südliches Ägypten: Rind; Äthiopien: Enset, Getreide), später auch in Westafrika, wo einheimischer Yams angebaut und Afrikanischer Reis kultiviert wurde. Schon im Zeitraum zwischen 18000 und 7000 Jahren vor unserer Zeit kam es in mehreren Regionen Afrikas zu intensiveren Formen der Landnutzung – im Sahara-Raum, im Niltal und in der ostafrikanischen Savanne. Dort wurden wild wachsende Grassamen geerntet, spezielles Fischfanggerät entwickelt, und möglicherweise wurden bereits damals erste Wildtiere eingehegt, um den menschlichen Zugriff auf sie zu erleichtern.

Der Übergang zu einer produzierenden Wirtschaftsweise vollzog sich demnach keineswegs plötzlich, sondern schleichend. Die aktive Nahrungsmittelproduktion durch Landwirtschaft und, später, Viehhaltung und Viehzucht trat erstmals um das 6. Jahrtausend v. Chr. im nördlichen Afrika auf, in anderen Räumen des Kontinents erscheint sie erst zu variierenden späteren Zeitpunkten. Die landwirtschaftlichen Produktionsweisen veränderten das menschliche Sozialleben grundlegend, lange vor der Erfindung der Schrift und vor der Nutzung metallgefertigter Gegenstände. Nicht von ungefähr gab Ernest Gellner seinem menschheitsgeschichtlichen Entwurf den Titel »Pflug, Buch und Schwert«. Die sozialen Folgen, die er mit Blick auf den agrarischen Modus beschreibt, treffen auch auf den Zwilling der landwirtschaftlich produzierenden Wirtschaftsform, die pastorale Lebensweise, zu.

Gellner schreibt: »Ackerbaugesellschaften erzeugen Lebensmittel, betreiben Vorratshaltung und gewinnen Verfügung über andere Arten konservierbaren Reichtums. Seinen wichtigsten Formen nach besteht dieser Reichtum, der über die Lebensmittelvorräte hinausgeht, aus Mitteln zur Erzeugung weiterer Lebensmittel und sonstiger Güter (Werkzeuge), Mitteln zur Ausübung von Gewalt (Waffen), Gegenständen von ›symbolischem‹ Wert […].«[9] Dieser Wandel in der Lebensweise zeitigt eine ganze Reihe weitreichender demographischer, gesellschaftlicher und politischer Konsequenzen: »Solche Gesellschaften können zu einer bedeutenden Größe anwachsen«, so Gellner weiter: »Ihr Bedarf an Arbeitskräften und an Kriegsmannschaft läßt sie normalerweise großes Gewicht auf die Vermehrung legen, […] bis zu einem kritischen Punkt […], an dem die vorhandenen Ressourcen unter Druck geraten und Hungersnot droht […].« Das Auftreten und die Bedrohung durch Hungersnöte, die aus der gesteigerten Abhängigkeit von Natur- und Witterungsbedingungen unvermeidlich folgten (bestellbare Böden, gute Ernten und ausreichende Weideflächen), waren missliche Folgen der agrarischen bzw. pastoralen Umwälzungen.[10] Eine andere Konsequenz waren die verstärkte soziale Arbeitsteilung und die Binnendifferenzierung zwischen

9 Gellner 1993: 15–16.

10 Die wildbeutende Lebensweise ist flexibler und mobiler – und daher ist hier die Abhängigkeit von der Natur in gewisser Weise geringer als im Fall der Pastoralisten mit ihren Viehherden oder der bodenbestellenden Bauern; siehe Sahlins 1972, Groh 1992.

verschiedenen Angehörigen einer Gesellschaft. Auch hier bringt Gellner Wesentliches pointiert auf den Punkt: »Ackerbaugesellschaften neigen zur Ausbildung komplexer sozialer Differenzierungen, einer ausgeklügelten Arbeitsteilung. Zwei der Spezialtätigkeiten gewinnen dabei ein ganz besonderes Gewicht: Es entsteht eine spezialisierte Klasse von Herrschenden und ein geistliches Spezialistentum (Fachleute für Erkenntnis-, Legitimations-, Heils- und Ritualfragen).«[11]

In dieser kurzen Skizze des Sozialanthropologen sind viele der entscheidenden Punkte angeführt, die uns in weiterer Folge wieder begegnen werden: Subsistenz- und Surplus-Produktion (also Produktion für den Eigenbedarf und Überschussproduktion), Vorratswirtschaft und Wohlstandsakkumulation, soziale Arbeitsteilung und gesellschaftliche Schichtung (Stratifikation), Verteilungsfragen im doppelten Sinn von Konsumption und Distribution produzierter Güter, aber auch von Menschen (Kontrolle menschlicher Arbeitskraft und Verfügungsgewalt über andere). Mit den landwirtschaftlichen Produktionsweisen ging eine anders geartete und größere Abhängigkeit der Menschen von der Natur einher: von den bewirtschafteten Böden und Weiden, von Klima, Vegetation und Wetter. Die menschliche Mobilität nahm ab. Dort, wo Menschen mobil blieben, folgte ihre Bewegung den vorhandenen ökologischen Nischen, welche die erworbene produzierende Lebensweise erlaubten. Auch innerhalb der sozialen Gemeinschaft nahmen die Unterschiede zu und die individuelle Freiheit ab.

Agrarische Gesellschaften differenzierten sich freilich nicht nur nach innen aus, sondern gingen auch neuartige Beziehungen untereinander ein. In Afrika zeichnet sich besonders seit etwa 5000 Jahren vor unserer Zeit eine rapide Zunahme der Beziehungen zwischen verschiedenen menschlichen Gemeinschaften ab, die untereinander diverse tierische und pflanzliche Produkte tauschten, aber auch Salz

11 Gellner 1993: 16.

sowie Erze wie Kupfer und, seit dem 1. Jahrtausend v. Chr., Eisen. Graham Connah nimmt an, dass diese aufkeimende engere Verflechtung durch ein ganzes Ursachenbündel erklärt werden muss, wobei dem Bevölkerungswachstum, der fortschreitenden Sesshaftwerdung, der ökologischen Diversität und der regional ungleichen Ressourcenverteilung Bedeutung zukommt.[12]

Das damit verbundene Umweltmanagement betrifft drei Ebenen: das Verhältnis Mensch zu natürlicher Umwelt, die sozialen Beziehungen von Mensch zu Mensch, die transzendentale Beziehung des Menschen zur Geisterwelt. Es hat also drei Dimensionen: ökologisch, sozial und spirituell. Der Möglichkeiten, diese Verhältnisse zu organisieren, sind theoretisch unendlich viele, und unzählige Varianten sind im Lauf der Menschheitsgeschichte auch realisiert worden. Weltweit haben Menschen Kulturen geschaffen, die solche Organisationsleistungen erbringen. Von Menschen geschaffen und immer wieder neu aktualisiert wirken Kulturen auf ihre Trägerinnen und Träger, die sie gleichzeitig durch ihr alltägliches Handeln schöpferisch bestimmen, permanent ein und schaffen den Rahmen und Aktionsraum, in dem menschliche Gemeinschaften leben: ruhen und handeln, glauben und denken. Sie leisten das auf vielfältige Weisen, was zur Ausformung deutlich unterscheidbarer Kulturen führt. Diese Unterschiede zeigen sich schon bei oberflächlicher Betrachtung etwa im äußeren Erscheinungsbild (Phänotyp, Körperschmuck, Kleidung), in sprachlich-linguistischen Differenzen, auf den Ebenen der jeweiligen Wirtschaftsweisen und in den distinkten sozialen, politischen und religiösen Organisationsformen.

Eine der Grundorganisationsformen, die historisch jung ist und von der Geschichtswissenschaft über lange Zeit als ihr eigentlicher Gegenstandbereich missverstanden wurde,

12 Siehe dazu insbesondere Connah 2016: 1–16.

ist die staatliche.[13] Sie kann im Kern als eine spezialisierte und zentralisierte Regierungsform bestimmt werden, die vertikal im Sinn eines Befehls-Gehorsams-Zusammenhangs agiert, oft autokratisch und immer an die eine grundlegende Voraussetzung gebunden ist, die menschliche Mobilität kontrollieren zu können. Solche Staaten existierten in Afrika, sieht man vom pharaonischen Ägypten und den nubischen Königtümern ab, im Wesentlichen erst in den letzten zwei Millennien. Die Geschichte einiger von ihnen wird im dritten Teil dieses Buches erzählt. Der Umfang, den sie hier einnehmen, darf freilich nicht darüber hinwegtäuschen, dass staatliche Strukturen im Alten Afrika insgesamt rar geblieben sind.[14] Sie haben die Ausnahme politischer Vergesellschaftung gebildet und sind nie zur Regel und zum Modell politischer Herrschaft geworden. Die politische Praxis der Entscheidungsfindung und Durchsetzung von Entscheidungen blieb vielerorts auf die Nutzung horizontal wirkender Mechanismen des Ausgleichs ausgerichtet: Betont und hochgehalten wurden die Werte der Egalität und des Konsenses. Auch wenn Kinship-basierten Gesellschaften weder soziale Ungleichheit noch Unstimmigkeit fremd waren, sahen sie in den vertikal operierenden Maßnahmen des Staates kein geeignetes Mittel zur Aufrechterhaltung einer für die Allgemeinheit wünschenswerten Ordnung.

---

13 Siehe dazu – und zur Kritik an dieser verengten Auffassung – die sozialanthropologischen Klassiker Evans-Pritchard/Fortes 1940 und Middleton/Tait 2004 [1958], sowie Horton 1971, Graeber 2004, Sonderegger 2008: 568–608, Graeber 2011.

14 Siehe Lonsdale 1981, McIntosh 2005 [1999], Hawthorne 2013, Connah 2016.

Afrikanische Anfänge der Menschheitsentwicklung

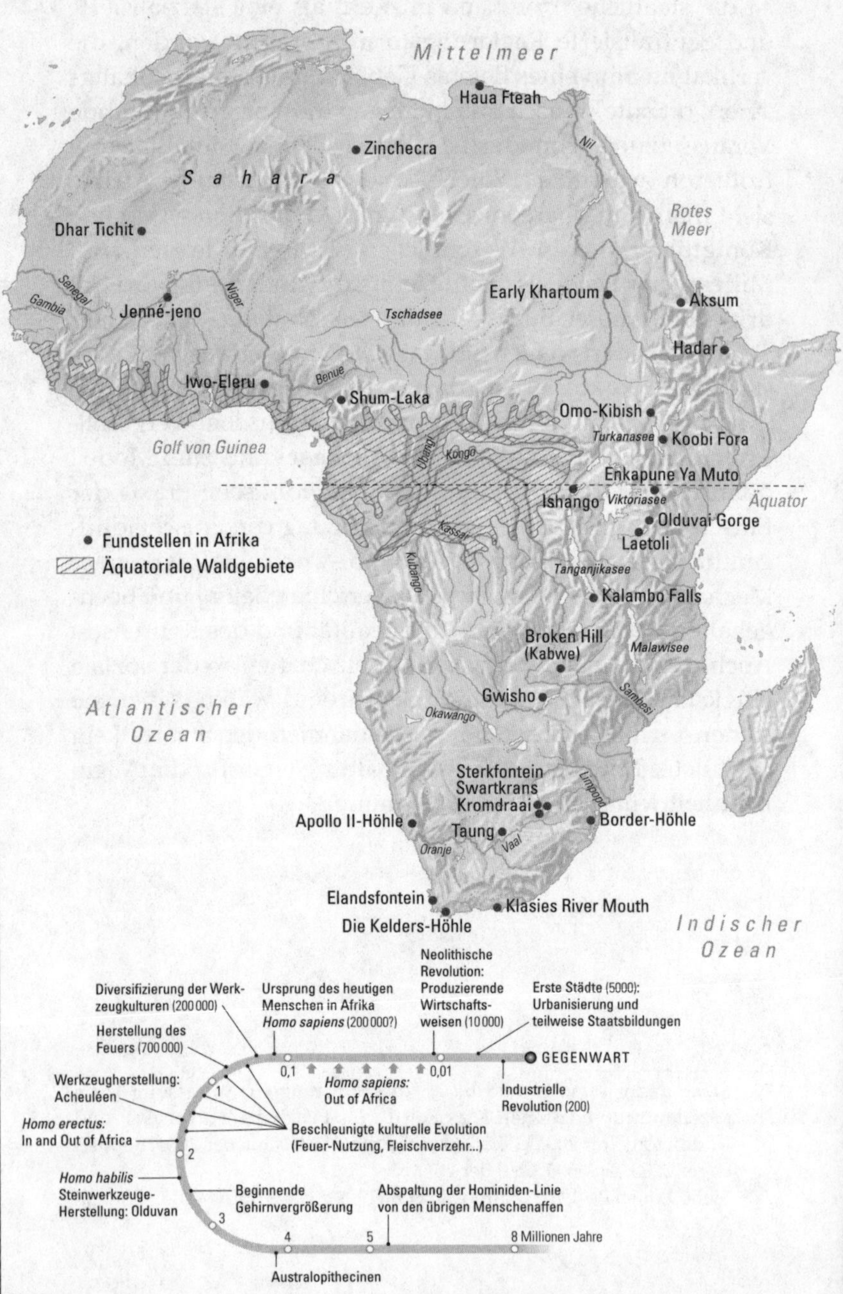

I. Afrikanische Anfänge der Menschheitsentwicklung

Menschwerdung: *In and Out of Africa*

Der biologischen Ordnung des schwedischen Naturforschers Carl Linné folgend bilden die Menschen die Spezies beziehungsweise Art *Homo sapiens* und gehören dem Genus beziehungsweise Geschlecht *Homo* an. Sie sind die einzige überlebende Art dieser Gattung, zu der stammesgeschichtlich freilich die als *Australopithecus* klassifizierten Arten zählen, sowie deren Vorstufen *Ardipithecus*, *Ramapithecus*, *Kenyapithecus* und *Proconsul*, die allesamt ausgestorben sind. Die Menschen gehören zur Ordnung der Primaten, deren Anfänge auf gut 70 Millionen Jahre zurückverfolgt werden können, genauer: Sie zählen zu den ›Altweltaffen‹ (Hominoiden). Wie jede klassifikatorische Ordnung ist auch jene von Linné eine idealtypische Bestandsaufnahme, die den Faktor Zeit – und damit die Geschichte – ausblendet. Damit steht das taxonomische Verfahren grundsätzlich in einem nicht restlos auflösbaren Spannungsverhältnis zur Naturgeschichte. Im Rahmen des naturgeschichtlichen Denkens spielt seit Mitte des 18. Jahrhunderts der Entwicklungsbegriff im Sinne eines mehr oder minder graduell, mehr oder minder gesetzmäßig sich vollziehenden Entfaltungsprozesses die hervorragende Rolle, um die Herausbildung der Artenvielfalt lebender Organismen zu erklären.

Besonders seitdem Alfred Russell Wallace und Charles Darwin Mitte des 19. Jahrhunderts die moderne Evolutionstheorie begründeten, in der einerseits der natürlichen Umwelt (›natürliche Selektion‹), andererseits der individuellen Partnerwahl (›sexuelle Selektion‹) zugebilligt wird, für die sogenannte Transmutation der Arten zu sorgen, bildet diese den Kontext der wissenschaftlichen Naturgeschichte. Mit der Genese der modernen Genetik um die Wende zum 20. Jahrhundert ist die evolutionstheoretische Diskussion um die Betrachtung von Mutationen auf molekularbiologischen und genetischen Ebenen ergänzt worden. Dieser wissenschaftsgeschichtliche Kontext beeinflusste auch die Paläoanthropologie, die ihren Anfang nahm, nachdem Bergbauarbeiten im belgischen Engis 1830, in Gibraltar 1848 und im Neandertal 1856 n. Chr. zufällig erstmals menschliche Fossilien zutage gefördert hatten, die im Lauf der Zeit auf vermehrtes Interesse unter Gelehrten stießen. Was bedeuteten diese Funde für das Wissen um die Evolution des Menschen, für die Menschwerdung und Menschheitsentwicklung, für die Menschheitsgeschichte?

Ausgehend von dieser Grundfrage stand lange Zeit die Frage nach dem Ursprungsgebiet des Menschen im Mittelpunkt des paläoanthropologischen Interesses – also nach der Region, in der sich die Transmutation vom Menschenaffen zum Menschen vollzogen hat. Diese Fixierung auf den Ursprung war ganz im Sinn des herrschenden Zeitgeistes, der Fortschrittsgläubigkeit und Fortschrittsoptimismus mit einem überhöhten Selbst- und Sendungsbewusstsein paarte. Dieser trat einerseits in einer diffusionistischen Spielart in Erscheinung, die, in merkwürdiger Kontinuität zur überkommenen biblischen Erzählung, eine einmalige Kreation annahm, die sich dann von dem angenommenen Ursprungszentrum ausgehend ausbreitete. Anfällig für diffusionistische Deutungen waren Leute, die im Umkreis christlicher Missionsmilieus standen, aber auch dezidiert antiklerikale Gelehrte, die sich mit Kolonialfragen beschäftigten und die koloniale Durchdringung Afrikas und anderer Weltregionen für wünschenswert hielten. Den herrschenden Zeitgeist prägte andererseits aber auch stark ein popularisierter Evolutionismus, der einen der Menschheit eingeschriebenen Entwicklungsplan behauptete, der eine gestufte Anordnung aller bekannten menschlichen Gesellschaften (der Vergangenheit und Gegenwart) in einer einzigen Entwicklungshierarchie vornahm. Wie unschwer zu erkennen ist, folgte auch diese unilineare evolutionistische Variante einem alten christlichen Dogma, das sie ins Säkulare transformierte: die Präformationslehre, also die Vorstellung, nach der Lebewesen bereits im Keim vorgebildet beziehungsweise determiniert sind.

Europa, wo die ersten menschlichen Fossilien gefunden worden waren, fiel als ernstzunehmender Entstehungsort der Menschen bald weg, nachdem 1891 auf Java frühmenschliche Überreste entdeckt wurden, die ein viel höheres Alter vermuten ließen, ebenso wie kurz darauf auch in China. Bis in die 1950er- und 60er-Jahre hinein galt darum den meisten Paläoanthropologen Asien als gesichertes Ursprungsgebiet, obwohl Robert Broom (seit 1913) und Raymond Dart (seit 1924) in Südafrika sowie Louis Leakey (seit 1926) in Ostafrika Funde tätigten, die Zweifel daran hätten nähren müssen.[15] Die ideologische Bedeutung einer derartigen Ursprungssetzung ist manifest. Sie wird auch am berüchtigten Piltdown-Menschen deutlich, der 1912 als ältester Frühmensch im Allgemeinen und »unser [englischer] Vorfahre« (im Gegensatz zum »französischen Neandertaler«) im Besonderen präsentiert wurde.[16] Plötzlich war Europa wieder auf der Ursprungsagenda. Dass es sich bei Piltdown um eine Fälschung handelte, eine willkürliche Kombination aus einem menschlichen Schädel und einem Affenkiefer, wurde selbst unter Fachleuten nicht vor 1950 allgemein eingesehen.

Dazu, dass Afrika von Paläoanthropologen nur selten als der ursprüngliche Raum der Menschwerdung erwogen und erst spät als solcher akzeptiert wurde, haben mehrere Faktoren beigetragen. Zum einen sind das allgemein gesellschaftliche eurozentrische Vorurteile, zum anderen wissenschaftsinterne: Der positivistische Habitus einer Disziplin, deren Deutungen auf materielle Überreste angewiesen sind und die nur allzu leicht vergisst, dass fehlende Funde nicht gleichbedeutend mit Inexistenz sind; der materialistische

15 Siehe Meredith 2011.
16 Gould 1989: 120.

Reduktionismus, der zahlengläubig ist und einem Kult der Quantifizierung frönt; dann aber auch der damit einhergehende klassifikatorische Habitus, der sich schwer tut, der historischen Dynamik bzw. der Prozesshaftigkeit evolutionärer Entwicklungen gerecht zu werden. Dabei hatten schon die Ahnväter einer dynamischen Evolutionstheorie den afrikanischen Ursprung für den wahrscheinlichsten gehalten. So schrieb etwa Thomas Henry Huxley 1865 in der ersten Arbeit, die Darwins Lehre auf die Untersuchung des Menschen anwandte, unmissverständlich: »Es ist ganz sicher, dass der Affe, der dem Menschen in der Gesamtheit seiner Organisation am nächsten steht, entweder der Schimpanse oder der Gorilla ist.«[17] Und Darwin ergänzte 1871: »Es ist daher wahrscheinlich, daß Afrika einst von jetzt ausgestorbenen Affen bewohnt war, die mit dem Gorilla und Schimpansen nahe verwandt waren; und da diese beiden Arten nunmehr die nächsten Verwandten des Menschen sind, so ist es wahrscheinlicher, daß unsere frühesten Vorfahren auf dem afrikanischen Kontinent lebten anstatt anderswo.«[18] Die Paläoanthropologen blieben diesen Hinweisen gegenüber über viele Jahrzehnte hinweg auffällig taub.

Vormenschen, Australopithecinen und der aufrechte Gang

Als Mitte der 1950er-Jahre chemische Datierungsmethoden auf den Markt kamen, die aufgrund radioaktiver Zerfallsprozesse das Alter fossiler Materialien (oder der sie umgebenden Stoffe) festzustellen erlaubten, war einer der Effekte, dass immer klarer wurde, dass Afrika die bei weitem ältesten Funde aufweist.[19] Vor etwa 24 Millionen Jahren setzte dort

17 Huxley 2001 [1863]: 72.
18 Darwin 1949 [1871]: 163.
19 Siehe Clark 1982, Barham/Mitchell 2008, Reynolds/Gallagher 2012.

die Auseinanderentwicklung jener Linien ein, die einerseits zu den heutigen Affenarten der Alten Welt führte, anderseits zu den modernen Menschenaffen und Menschen. Auf der Rusinga-Insel im Victoriasee wurde der waldbewohnende, *Proconsul* genannte Primat gefunden, im westlichen Kenia der *Kenyapithecus*, der die frühen Hominoiden repräsentiert und auf etwa 15 Millionen Jahre datiert wird. *Kenyapithecus* lebte wahrscheinlich bereits in offenem Waldland. Es folgt eine große Lücke in der Fundlage für die nächsten Millionen Jahre, ehe sich um 5 Millionen Jahre vor unserer Zeit die Funde im östlichen und südlichen Afrika häufen. Sie repräsentieren dann schon echte Hominiden.

Der Paläoanthropologe Friedemann Schrenk füllt die Lücke mit einer ökologischen Erklärung: »In Afrika war […] die geographische Verbreitung der ursprünglichen Populationen der afrikanischen Menschenaffen solange relativ stabil, bis im Mittel-*Miozän* [das geologische Zeitalter Miozän dauerte von 25 bis 5 Millionen Jahre vor unserer Zeitrechnung] eine weltweite Klima-Abkühlung zu einschneidenden Umweltveränderungen führte. Seit etwa 10 Millionen Jahren wurden in Afrika die Jahreszeiten ausgeprägter, charakterisiert in den tropischen Bereichen durch saisonale Trocken- und Regenzeiten. Diese klimatischen Bedingungen im Zusammenhang mit den Auswirkungen der Entwicklung des afrikanischen Grabens (Afrikanisches Rift) führten zur starken Abnahme der Waldgebiete. Dies förderte vor ca. 8 Millionen Jahren die Verschiebung der tropischen Waldgebiete und das Entstehen von Baumsavannen […]. Als die Trockenheit im ausgehenden *Miozän* weiter zunahm, fanden sich einige Menschenaffen-Populationen an der Peripherie des tropischen Regenwaldes wieder. Hier fand die Trennung der Menschenaffen und der Hominiden statt.«[20]

Richard Leakey zeichnet ein analoges Bild vom afrikanischen Kontinent vor 15 Millionen Jahren, wenn er ihn als

20 Schrenk 2003: 30–31.

»einen geschlossenen Waldteppich von West nach Ost« vorstellt und auf »geologische Bewegungen [hinweist], die in den nächsten zwei bis drei Millionen Jahren zu tiefgreifenden Veränderungen der Landschaft und ihrer Bewohner führen sollten. Unter der östlichen Hälfte des Kontinents riß die Erdkruste in einer Linie vom Roten Meer längs durch das heutige Äthiopien, Kenia, Tansania bis nach Moçambique [und Südafrika] auf. Das hatte zur Folge, daß sich in Äthiopien und Kenia ausgedehnte Hochländer von über dreitausend Metern Höhe bildeten. Diese großen, kuppelartigen Erhöhungen veränderten nicht nur die Topographie des Kontinents, sondern auch dessen Klima. Die Erhebungen unterbrachen den zuvor gleichmäßigen Luftstrom von West nach Ost und bewirkten, daß die Regionen östlich von ihnen im Regenschatten lagen, so daß die Wälder ihre Lebensgrundlage verloren. Die geschlossene Baumdecke riß auf, und zurück blieb ein Mosaik aus bewaldeten Flecken, Heide und Buschland. Offenes Grasland war jedoch noch selten. Vor etwa zwölf Millionen Jahren gab es weitere Veränderungen durch die fortgesetzte Tätigkeit tektonischer Kräfte. Es formte sich ein langgestrecktes, gekrümmtes Tal in nordsüdlicher Richtung, das Ostafrikanische Grabensystem (Great Rift Valley). Dieses System wirkte sich biologisch in zweierlei Weise aus: Es bildete eine wirksame Grenze zwischen Ost und West für Tierpopulationen, und es begünstigte die Entwicklung vielfältigster ökologischer Bedingungen.«[21] Beides – eine gewisse geographische Isolation und diversifizierte Umwelten – sind wesentliche Faktoren der biologischen Evolution. Sie nötigen zu mannigfaltigen Anpassungserscheinungen, und das heißt: zu Änderungen, zu denen sie zwingen und die sie gleichzeitig ermöglichen.

Die ersten Hominiden traten also im Zeitraum vor 8 bis 5 Millionen Jahren in Erscheinung. Ihr wesentliches Bestimmungsmerkmal ist Bipedalität. Der früheste Fund aus Lukeino

21 Leakey 1999: 34–36.

in Kenia datiert auf 6,1 bis 5,7 Millionen Jahre und hat zur Klassifikation eines *Orrorin tugenensis* geführt. Ein Schädel aus der tschadischen Djourab-Wüste ist womöglich ähnlich alt, doch ist dieser Fund umstrittener; klassifiziert wurde er als *Sahelanthropus tchadensis*. Im äthiopischen Grabenbruch, in der mittleren Awash-Region, fand man Fossilien, deren frühestes Alter auf 5,8 bis 5,2 Millionen Jahre datiert und die als *Ardipithecus ramidus kadabba* klassifiziert wurden. Skelettreste anderer Individuen aus der Gegend, die *Ardipithecus ramidus* zugeordnet werden, datieren auf 4,4 Millionen Jahre. Am Turkana-See wurde bei Lothagam auch ein Kieferstück gefunden, dessen Alter auf etwa 5,5 Millionen Jahre angegeben wird. Aufgrund dieser Funde lässt sich mit einiger Sicherheit sagen, dass die ersten Hominiden, die unter veränderten Lebensbedingungen auftauchten – unter Umständen also, die im Gefolge von »globaler Abkühlung und Trockenheit die Evolution beschleunigten«[22] –, »zu Menschenaffen gehört haben [müssen], die mit der Fortbewegung am Boden ›experimentierten‹. Mit einer zum Hangeln geeigneten Körperkonstruktion wurde so der Weg von Baum zu Baum offensichtlich am Boden zurückgelegt – der Beginn des aufrechten Ganges. […] Der aufrechte Gang ist also eine Entwicklung in zwei Stufen: Erst werden in den nicht mehr dichten Waldrandgebieten neben dem Kletterverhalten die Fähigkeiten des zeitweiligen zweibeinigen Gehens weiterentwickelt. Erst als sich später der Lebensraum in weiten Gebieten noch stärker lichtete, bildeten sich die Fähigkeiten des Kletterns ganz zugunsten des dauernden aufrechten Ganges zurück.«[23]

Als eine Art von Bindeglied zwischen *Ardipithecus ramidus* und den späteren Australopithecinen wird häufig *Australopithecus anamensis* angesehen, der durch zwei auf 4,2 bis 3,9 Millionen Jahre datierte Funde im Becken des Turkana-Sees in Nordkenia seit 1994 bekannt ist. Sowohl sein

22 Phillipson 2005: 24.
23 Schrenk 2003: 31–32.

Gebiss als auch seine Gangart weisen auf Kommendes voraus. Die älteste gut dokumentierte Australopithecinen-Art ist *Australopithecus afarensis*, der vor 3,9 bis 3 Millionen Jahren in Gebieten des heutigen Äthiopien (Hadar), Kenia und Tansania lebte. Der Archäologe David Phillipson beschreibt ihn als »eine verhältnismäßig leicht gebaute, grazile Art, die mehrere Merkmale – besonders an den Zähnen und im Gesicht – aufweist, die ihn von späteren Australopithecinen unterscheiden. Hinweise auf seinen zweifüßigen Gang geben sowohl seine anatomischen Merkmale als auch die zwei Reihen gut erhaltener Fußabdrücke von Hominiden im tansanischen Laetoli, von denen man zeigen kann, dass sie das gleiche Alter haben wie Fossilien, die *Australopithecus afarensis* zugeordnet werden. Seine vorderen Extremitäten weisen jedoch darauf hin, dass er nach wie vor fähig war, auf Bäume zu klettern. Einige Teile des Schädels, Gehirnschale und Kiefer, zeigen weiterhin affenartige Merkmale. Das Gehirnvolumen war um die 400 cm^3 (verglichen mit den mindestens 1350 cm^3 eines modernen Menschen), und erwachsene Individuen waren im Allgemeinen zwischen 1,3 und 1,5 Meter groß.«[24] Die Männchen waren im Durchschnitt um knapp 50 Zentimeter größer als die Weibchen und wogen mit etwa 45 Kilogramm deutlich mehr als jene mit rund 29 Kilogramm. Der Sexualdimorphismus, der körperliche Geschlechter-Unterschied, gleicht demnach deutlich mehr jenem der Menschenaffen als dem der modernen Menschen.

Unter Bezugnahme auf die berühmteste vormenschliche Frau, Lucy, den 1974 im äthiopischen Hadar gemachten Fund eines fast zur Hälfte vollständig erhaltenen Skeletts, formuliert Friedemann Schrenk ein eindrückliches Bild davon, wie man sich das Leben von *Australopithecus afarensis* vielleicht vorstellen darf: »Lucy und ihre Artgenossen durchstreiften in Gruppen von vielleicht zwanzig Individuen vor etwa drei Millionen Jahren die bewaldeten Graslandschaften. […] Der

24 Phillipson 2005: 27.

Nahrungserwerb dürfte relativ unspezialisiert gewesen sein. Früchte, Beeren, Nüsse, Samen, Schößlinge, Knospen und Pilze standen zur Verfügung. Unterirdische Wurzeln und Knollen konnten ausgegraben werden. Im Wasser und am Boden lebende kleine Reptilien, Jungvögel, Eier, Weichtiere, Insekten und kleine Säugetiere wurden nicht verschmäht. Das Leben in jahreszeitlichen Wechseln von trockenem und feuchtem Klima führte dazu, daß nicht das gesamte Nahrungsspektrum das ganze Jahr über zur Verfügung stand. So ist davon auszugehen, daß *Australopithecus afarensis* Strategien entwickelte, das vielfältige Nahrungsangebot entsprechend der Verfügbarkeit in einem saisonalen Lebensraum opportunistisch und bestmöglich auszunutzen.«[25]

Vor drei Millionen Jahren lebten Vormenschen auch in Südafrika, die man unter den Namen *Australopithecus africanus* fasst und von den ostafrikanischen Varianten abgrenzt, die manche als *Australopithecus aethiopicus* bezeichnen. Sie gelangten entlang von Uferzonen-Korridoren des ostafrikanischen Grabenbruchs dorthin und lebten an Waldrändern nahe von Flussläufen. *Australopithecus africanus* ernährte sich von allem, was das jahreszeitliche Angebot hergab, sowohl pflanzliche als auch fleischliche Nahrung nahm er zu sich; Aas vor allem, vielleicht auch erjagtes Kleingetier und -wild. Die seit den 1960er-Jahren popularisierte Annahme, er habe als hervorragender Jäger und als Killerbestie agiert, die seinesgleichen mordete, ist nicht haltbar – auch wenn sie auf Raymond Dart zurückgeht, der der Gattung ihren Namen gab und den ersten einschlägigen Fund, das ›Baby von Taung‹, 1924 beschrieben hatte. Tatsächlich steht diese Deutung im Widerspruch zu jeder bekannten Evidenz: »*Australopithecus africanus* war nicht der Jäger, als der er oft dargestellt wurde, in Wirklichkeit war er der Gejagte«[26], schreibt Schrenk. »Skelettfunde dieses

25 Schrenk 2003: 47. Siehe auch Johanson/Edey 1981, Johanson/Shreeve 1990, Stringer/McKie 1996.

26 Schrenk 2003: 54.

Vormenschen wurden in südafrikanischen Höhlen, unter anderem in Sterkfontein und Makapansgat, nachgewiesen«, so der Archäologe Graham Connah: *Australopithecus africanus* »lebte vor ungefähr 2,8 bis 2,3 Millionen Jahren und unterschied sich von dem *Australopithecus afarensis* in einer ganzen Reihe von Merkmalen. Erstaunlicherweise war sein Gehirn mit etwa 440 cm^3 ein wenig größer als das seines Vorgängers, und er besaß kleinere Schneide-, dafür aber größere Backenzähne. Da auch bei ihm die Arme länger als die Beine waren, muss er noch immer geschickt im Erklettern von Bäumen gewesen sein, obwohl er […] aufrecht gehen konnte. Wenngleich die Männchen auch bei dieser Spezies größer waren als die Weibchen, war der Unterschied nicht ganz so auffällig wie beim *Australopithecus afarensis*.«[27] Gegenüber ihren Vorgängern hatten diese Vormenschen jedenfalls auffällig kräftigere Backenzähne und eine stärkere Kiefermuskulatur, die das Zermalmen der vorwiegend pflanzlichen Nahrung erleichterten. Die Australopithecinen und insbesondere ihre Kaumuskulatur wurden robuster.

Diese Entwicklung setzte sich so sehr fort, dass manche Paläoanthropologen darum für die vor 2,5 Millionen Jahren auftretende ostafrikanische Variante der robusten Australopithecinen sogar von *Paranthropus boisei* anstatt *Australopithecus boisei* sprechen, und von *Paranthropus robustus* für die auf 2 Millionen Jahre datierte südafrikanische Variante. Jedenfalls bevölkerten damals mehrere verschiedene Hominiden-Arten ähnliche Lebensräume – neben *Australopithecus africanus* und den erwähnten robusten Australopithecinen aus Süd- und Ostafrika unterscheidet die neuere Forschung weitere Varianten, die sich über ein weitgestecktes Gebiet erstreckten: vom Tschad (*Australopithecus bahrelghazali*, zirka 3,5 bis 3 Millionen Jahre vor unserer Zeit; Fund 1995) über Nordostafrika (*Australopithecus garhi*, zirka 2,5 Millionen Jahre; Fund 1999) nach Ostafrika (*Kenyanthropus platyops*,

27 Connah 2006: 5–6.

zirka 3,5 bis 3 Millionen Jahre; Fund 1998/99) und Südafrika. Der aufrechte Gang ist das eine Merkmal, das alle diese Hominiden-Formen definitiv miteinander teilen – und mit den anatomisch modernen Menschen. Für Richard Leakey ist das Grund genug, von den Australopithecinen – diesen ›Südaffen‹, wie ihr Name sagt – als ›Menschen‹ zu sprechen. Leakey stimmt hier interessanterweise mit Johann Gottfried Herder überein, der schon 1784 den aufrechten Gang zum ersten und wesentlichsten Merkmal des Menschen erklärt hatte, weil er »hierin einzig auf der Erde« und »seinem Geschlecht allein dieser Gang beständig und natürlich« ist.[28] Andere Paläoanthropologen reservieren die Bezeichnung ›Mensch‹ freilich für den Vertreter eines jüngeren Zweigs der Hominiden-Linie: *Homo*. Von welcher Australopithecinen-Art die Linie zu Homo führt, ist unklar und gibt zum endlosen Streit unter Fachleuten Anlass. Klar hingegen ist, dass erste Homo-Formen vor rund 2,5 Millionen Jahren erstmals die weltgeschichtliche Bühne zu betreten begannen.

Erste größere Ausbreitungswellen *In and Out of Africa*: Die Frühmenschen

Im Jahr 1903 wurde auf einer Missionsstation in Kabete, nahe Nairobi, Louis Leakey geboren. Der Sohn eines englischen Missionars studierte später in Cambridge Anthropologie und unternahm seit 1926 auf der Suche nach prähistorischen Artefakten regelmäßige Expeditionen in Kenia. 1931 suchte er erstmals die Olduvai-Schlucht auf, in der Hans Reck 1913 den sogenannten Olduvai-Menschen gefunden hatte, ein Skelett, von dem Leakey vermutete, dass es rund 20 000 Jahre alt sei (spätere Radiokarbonmessungen datierten es auf 19 000 Jahre) und für den afrikanischen Ursprung des Menschen spreche.

28 Herder: *Ideen zur Philosophie der Geschichte der Menschheit*, 1784–1791, zitiert nach Sonderegger 2002: 69.

Seiner wissenschaftlichen Karriere half diese nonkonforme Einschätzung nicht. Leakey kehrte dauerhaft nach Kenia zurück und suchte Olduvai in den folgenden Jahrzehnten wiederholt auf – seit 1935 begleitete ihn seine Mitarbeiterin und spätere Ehefrau Mary Leakey, geb. Nicol, die ihren Ehemann um ein Vierteljahrhundert überlebte und seine Grabungen fortsetzte.[29] Intensivierte Grabungen, die nach 1951 durch die finanzielle Unterstützung eines Bergbauunternehmers ermöglicht wurden, förderten dort eine ungeheure Vielfalt an menschlichen Fossilien und materiellen Artefakten zutage. Mit dem 1959 veröffentlichten Fund des sogenannten Nussknacker-Menschen, auch ›Dear Boy‹ genannt (ein *Australopithecus boisei*), war Louis Leakey wieder ins Zentrum der paläoanthropologischen Wissenschaft gerückt.

Ein Jahr später stieß er auf menschliche Überreste, die er 1964 unter dem Namen ›geschickter Mensch‹ der Weltöffentlichkeit vorstellte. »Leakey wählte den Namen *Homo habilis* (›geschickter Mensch‹), weil er angenommen hatte, den tatsächlichen Hersteller jener primitiven Olduwan-Steinwerkzeuge gefunden zu haben, die man in der Nähe der Fossilien entdeckt hatte. […] Die durchschnittliche Schädelkapazität wird […] mit 650 cm^3 beziffert, und sie übertrifft bei weitem die Werte, die sowohl für grazile (ca. 450 cm^3) wie robuste Australopithecinen (ca. 500 cm^3) angegeben werden. […] Neben einem größeren Hirn verfügte *Homo habilis* offenbar auch über größere Schneide- und Eckzähne (im Vergleich zu den Backenzähnen) als die Australopithecinen.«[30] Soweit die Beschreibung der Anthropologin Dean Falk, die mit Bezug auf den berühmten, 1972 in Koobi Fora am Ostufer des Turkana-Sees gefundenen Schädel mit der Katalognummer ER 1470 ergänzt: »[D]er Endokranialausguß von ER 1470 [sah] im Bereich des Frontallappens menschenähnlicher aus als in den Endocasts der Australopithecinen.« Das macht

29 Meredith 2011: 37–46.

30 Falk 1996: 155.

es wahrscheinlich, dass Vertreter von *Homo habilis* durchaus »schon über eine Art (wenn auch rudimentärer) Sprache verfügten. [...] *Homo habilis* [war] größer und von leichterem Körperbau als die Australopithecinen [...]. Abgesehen von den relativ großen Schneidezähnen, war bei *Homo habilis* auch das Schädeldach größer und dicker sowie Gesicht und Kiefer etwas kleiner.«[31] David Phillipson erwähnt, dass er eine vollkommen aufrechte Gangart hatte, und betont die große Ähnlichkeit seiner Zähne mit jenen der modernen Menschen. Auch die Hand- und Fingerknochen weisen auf eine im Wesentlichen menschliche Hand hin, die zum filigranen Greifen und Halten gut befähigt war.[32]

Den Schädel von Koobi Fora konnte man gesichert auf etwa 2 Millionen Jahre datieren, und sein Gehirnvolumen misst annähernd 800 cm^3. Das kontrastiert mit der Bruchstückhaftigkeit der namensgebenden Leakey-Funde (und deren geringerem Gehirnvolumen). Manche Paläoanthropologen ziehen darum die Bezeichnung *Homo rudolfensis* anstelle von *Homo habilis* vor, während andere wie Friedemann Schrenk zwei Formen unterscheiden und mit diesen Namen belegen, eine ältere und eine jüngere: *Homo rudolfensis* entspräche demnach einem Alter von 2,5 bis 1,8 Millionen Jahren, *Homo habilis* einem Alter von 2,1 bis 1,5 Millionen Jahren. Die entscheidenden Unterschiede, die Anlass zur Einführung eines neuen Genus gaben, waren aber einerseits das deutlich größere Gehirnvolumen, das aus Leakeys Fragmenten hergeleitet werden konnte und im (jüngeren) Schädel von Koobi Fora Bestätigung findet, andererseits das Auftauchen von Werkzeugen im Fundbestand seit etwa 2,6/2,5 Millionen Jahren, die durch »Menschenhand« geschaffen worden sind. Daher scheint mir Leakeys Rede vom ›geschickten Menschen‹ durchaus passend – weit passender jedenfalls als die kolonial geprägte Anspielung auf den österreichischen Thronfolger,

31 Falk 1996: 156.
32 Phillipson 2005: 29.

die der jüngeren Bezeichnung (aus dem Jahr 1986) Pate steht. (Ihm zu Ehren hieß der Turkana-See zur Kolonialzeit Rudolfsee.) In diesem Zeitraum ist also die Entstehung der ersten Vertreter des Homo-Geschlechts anzunehmen.

Zwischen 2,6/2,5 und 1,7/1,6 Millionen Jahren stellten Menschen Steinwerkzeuge typischer Machart her. Archäologen sprechen diesbezüglich von der Olduvai-Industrie, da dort die frühesten und ältesten Funde gemacht wurden. Vorhandener Geröllstein wurde um einen diskusförmigen Kern herum grob zugerichtet. Zwar waren diese Werkzeuge noch relativ einfach, aber vielseitig verwendbar: »Benutzt wurden sowohl die Abschläge als auch die Kerne, von denen man sie abgespalten hatte, und die Schlagsteine. Die Abschläge waren vielseitig verwendbar. So konnte man damit Holz bearbeiten, Fleisch schneiden und Fell abschaben. Die Kernsteine setzte man zum Zerhacken ein und die Schlagsteine dienten sowohl zum Abspalten der Abschläge vom Kern als auch zum Nüsse Knacken und Zertrümmern von Tierknochen, um an das Knochenmark zu gelangen.«[33]

Mit diesen Steinartefakten beginnt das Abenteuer der menschlichen Kultur – der Menschen, die mehr und mehr damit beginnen, weniger sich selbst auf organisch-anatomischer Ebene zu ändern (das Kennzeichen der biologischen Evolution) als auf ihre Umwelt und Mitwelt einzuwirken, so dass diese sich ändere. Wiewohl die Anpassung der Menschen an veränderte Lebensbedingungen noch für einige Zeit weitere tiefgreifende biologische Veränderungen produzieren würde – in der Gehirngröße, in Aufbau und Struktur des Gehirns, im weiblichen Becken und im Kehlkopfbereich – so verlagerte sich doch zunehmend die Bedeutung auf die Ebene der kulturellen Evolution, bis hin zur Stabilisierung des anatomisch modernen Menschen in den letzten 200 000 Jahren. Schon für den *Homo habilis* gibt es Hinweise auf die Nutzung von Sprache, zumal sich in Endokranialausgüssen abzeich-

33 Connah 2006: 10.

net, dass »[d]ie beiden für die Sprache des Menschen wichtigen Gehirnzentren auf der Oberfläche der linken Gehirnhälfte, das Wernicke-Zentrum und das Broca-Zentrum, [...] andeutungsweise bereits vorhanden [waren].«[34] Das wirkt freilich weniger verwunderlich, hat man sich einmal von dem tradierten Vorurteil der Zoologen (und anthropologischen Philosophen) befreit, die an die Sprache als ausschließlich menschliche (beziehungsweise ›moderne‹, einzig dem *Homo sapiens* zuzubilligende) Eigenart glauben.[35]

Doch die Lautproduktion ist kein menschliches Alleinstellungsmerkmal, der Gebrauch einer artikulierten Sprache, die in komplexer Weise symbolisiert, freilich schon. Mit tierischen Sprachen im Allgemeinen teilt die menschliche Sprache, dass sie Ausdruck und Signal ist. Mit den Sprachen der sozial organisierten Tiere eint sie, dass die Individuen sich mit ihrer Hilfe an ihre Artgenossen wenden – an sie appellieren und mit ihnen kommunizieren.[36] Der wesentliche sprachliche Unterschied zwischen Menschen und anderen Tieren ist die Bedeutung, die die Sprache für das Überleben der Menschen angenommen hat; anders gesagt, die ungeheure Komplexität dessen, was sie sprachlich darzustellen und zu denken vermögen. Damit produzieren sie auch symbolische Wirklichkeiten – neue Ebenen des Realen, die die physikalische Realität transzendieren: Idealität schafft Realität. Der Mensch ist das symbolisierende Tier *par excellence*: »Menschliches Verhalten ist symbolisches Verhalten; symbolisches Verhalten ist menschliches Verhalten. Das Symbol ist das Universum der Menschheit«, so der Kulturmaterialist Leslie White in den 1940er-Jahren.[37] Da es sich hierbei um mentale Fähigkeiten handelt, die genutzt und gebraucht werden, liegt es auf der Hand, dass das Problem der Entstehung der menschlichen

34 Schrenk 2003: 78.

35 In dieser Hinsicht typisch (und einflussreich) ist etwa Klein 1999.

36 Siehe dazu Popper 1995: 53–55, 257–259, der auf die sprachtheoretischen Überlegungen Karl Bühlers zurückgreift.

37 White 1949: 22.

Sprech- und Sprachfähigkeit nicht oder »weniger in der Mechanik der Lautproduktion [liegt] als vielmehr in ihrer Steuerung und in den kognitiven Fähigkeiten, mit denen den Lauten eine Bedeutung beigelegt wird«[38].

Das wiederum ist allerdings kein biologisch (oder neurologisch) lösbares Problem, sondern eine soziale und kulturelle Angelegenheit. Der Kulturanthropologe Marshall Sahlins formuliert dies sehr pointiert: »Kultur ist älter als *Homo sapiens*, sehr viel älter, und Kultur bildete eine fundamentale Bedingung für die biologische Entwicklung der Spezies. Belege für Kultur in der Hominiden-Linie reichen rund 3 Millionen Jahre zurück, während die jetzige Menschenform nur wenige hunderttausend Jahre alt ist. [...] Der entscheidende Punkt ist also: Seit etwa 3 Millionen Jahren entwickelten sich Menschen biologisch durch kulturelle Selektion. Unsere Körper und Seelen sind für eine kulturelle Existenz modelliert worden.«[39] Mit der fortschreitenden Bedeutung, die Kultur in diesem Sinn im Allgemeinen und die menschlichen Sprachen im Besonderen für das Gemeinschaftsleben angenommen haben, waren neuartige Formen der Vergesellschaftung verbunden und es entstand die Möglichkeit für stärker individualisierte Traditionsbildungen einzelner Gemeinschaften. Doch die lange Kontinuität der selben urmenschlichen Werkzeugkulturen – 2,6 bis 1,7 Millionen Jahre v. Chr. im Fall der Olduvai-Industrie, 1,7 Millionen bis 400 000/200 000 Jahre v. Chr. im Fall der darauffolgenden Acheuléen-Kultur – macht deutlich, dass Sprechen und das gesteigerte kognitive Vermögen der Hominiden, das infolge von Wachstum und strukturellen Änderungen im Gehirn entstand, nicht zu einer Spirale ständig beschleunigter Umwälzungen führten. Die Lateralisierung des Gehirns, also die Aufgabenteilung und Spezialisierung der beiden Großhirnhälften, und die Händigkeit der Frühmenschen wirkten wechselseitig auf-

38 Dunbar 2000: 180.
39 Sahlins 2008: 104.

einander ein, wie mit André Leroi-Gourhan angenommen werden kann,[40] doch die Herausbildung der dadurch bedingten flexiblen Fähig- und Fertigkeiten brauchte beträchtliche Zeit. Die Entwicklung hin zu klar ersichtlicher regionaler Diversifizierung und beschleunigtem Wandel geschah – mit Blick auf die lange Kontinuität des Acheuléen lässt sich das eindeutig sagen – ausgesprochen langsam.

Dennoch ist es klar, wie Phillipson schreibt, »dass die Hominiden des Acheuléen im Vergleich zu ihren Vorgängern eine fortschreitend verbesserte Befähigung zum Planen besaßen, als sie – vielleicht von wassernah gelegenen Plätzen aus – lernten, ihre Umwelt über ein größeres Gebiet hinweg und reichhaltiger auszunutzen. So siedelten Hominiden nun auch höher, manche gar in 2300 Metern Meereshöhe, etwa in den Hochländern Äthiopiens und Lesothos. Das könnte ein Indiz dafür sein, dass Kleidung in Gebrauch gekommen ist.«[41] Das wäre, aus heutiger Sicht betrachtet, allerdings eine äußerst menschliche Errungenschaft – mit weitreichenden Konsequenzen für die soziokulturelle Wirklichkeit, in der sich Menschen naturgemäß bewegen.

Einen anderen Hinweis auf verändertes Sozialverhalten ergibt sich aus der Tatsache, dass der Sexualdimorphismus im Genus Homo im Verhältnis zu den Australopithecinen stark abgenommen hatte. Der Unterschied zwischen weiblichen und männlichen Individuen war merkbar geringer. Beobachtungen aus der Primatenforschung lassen eine ganze Reihe von Rückschlüssen zu, die Friedemann Schrenk folgendermaßen zusammenfasst: »Die Zeit der Empfängnisbereitschaft begann sich zu verlängern, so daß schließlich eine ständige sexuelle Paarungsbereitschaft des Weibchens bestand, die vom Menstruationszyklus unabhängig war. Hieraus entstand ein Anreiz für die männlichen Gruppenmitglieder, Paarbindungen einzugehen, die weitreichende

40 Leroi-Gourhan 1988 [1964–1965].
41 Phillipson 2005: 89.

Bedeutung für die Versorgung des an Zahl rasch wachsenden Nachwuchses hatten. [...] Die ersten Urmenschen lebten in kleineren Verbänden. Neben dem Sammeln pflanzlicher Nahrung kam der Fleischbeschaffung eine immer stärkere Bedeutung zu. Die Anfänge der Jagd können allerdings aus dieser Zeit noch nicht durch Funde [...] bestätigt werden. Anstatt Großwildjagden zu veranstalten, verließen sich die frühen Urmenschen auf ihre Fähigkeiten, Kadaver aus Raubtierrissen oder von verendetem Wild aufzutreiben: Die ersten Urmenschen waren keine Jäger, sondern Aasfresser. Sowohl aus der Olduvai-Schlucht als auch aus Koobi Fora sind Zerlegungsplätze von Großwild bekannt.«[42]

Die Bedeutung vereinzelter Brandspuren an solchen Fundorten ist umstritten, sie weisen aber dennoch auf eine gewisse eingeschränkte Nutzung des Feuers durch diese Frühmenschen hin. Menschen waren nach gegenwärtigem Wissensstand erst in den letzten 800 000/700 000 Jahren fähig, selbsttätig Feuer zu machen, doch ist gut vorstellbar, dass sie schon viel früher natürlich auftretende Brände als Feuerquelle anzuzapfen gelernt hatten und es für vielfältige Zwecke nutzten: für die Ernährung, für Schutz und Sicherung, für die Erschließung und das Überleben in kühleren Zonen. »Man darf vielleicht annehmen«, schreibt der Archäologe Phillipson, »dass die menschliche Kontrolle über das Feuer in zumindest zwei Schritten erfolgte: Übertragung und Erhaltung natürlich auftretender Feuer, gefolgt von der Fähigkeit, Feuer zu machen«[43].

Nicht nur das Sozialverhalten der Frühmenschen änderte sich, sondern auch die bewohnten Lebensräume weiteten sich eklatant. Bereits *Homo habilis* bzw. *rudolfensis* dürfte die afrikanischen Kontinentalgrenzen hinter sich gelassen haben, zumal in Israel auf 2,3 Millionen Jahre datierte Geröllwerkzeuge des Olduvai-Typs gefunden wurden und

42 Schrenk 2003: 78–79.

43 Phillipson 2005: 49.

auf zirka 1,8 Millionen Jahre datierte menschliche Fossilien aus Java dem afrikanischen Typus gleichen. Eine erste *Out of Africa*-Bewegung gewissermaßen. Im Fundbestand zeichnet sich vor 1,8 bis 1,7 Millionen Jahren mit dem »*Homo ergaster* (›Handwerker‹), die frühe afrikanische Variante des *Homo erectus*«,[44] ein neuer Hominide mit einer neuen Kultur der Steinwerkzeugherstellung ab, die als Acheuléen bezeichnet wird. Schrenk bezeichnet den *Homo ergaster* auch als »frühen *Homo erectus*«, dessen Existenz er auf 2 bis 1,5 Millionen Jahre datiert, und unterscheidet ihn vom »späten afrikanischen und asiatischen *Homo erectus*« (1,5 Millionen bis 300 000 Jahre) sowie vom »europäischen *Homo erectus* (*Homo heidelbergensis*)« (800 000 bis 400 000 Jahre v. Chr.).[45] Die geographischen Unterscheidungen machen klar sichtbar, dass die frühen Menschen hier über einen sehr langen Zeitraum hinweg weite Wege zurücklegten und verschiedene Teile der Alten Welt erstmals besiedelten – in mehreren Wellen *Out of Africa* und darüber hinaus immer weiter.

Die Acheuléen-Werkzeugindustrie zeichnet sich durch verfeinerte Steinartefakte aus, die bifaziell retuschiert wurden, das heißt: »Die Schneidewerkzeuge wurden nun von beiden Seiten beschlagen, um scharfe Schnittkanten zu erzeugen.«[46] In Form sogenannter Faustkeile, Handäxte und als Hackmesser dienten sie dazu, die natürlichen Ressourcen effizienter zu nutzen und sich neue zu eröffnen. Damit waren die Urmenschen äußerst erfolgreich. *Homo ergaster* hatte sich auch innerhalb des Kontinents fast flächendeckend ausgebreitet und sich dabei an unterschiedliche natürliche Habitate angepasst. Offenbar waren diese Frühmenschen fähig, »sich Nahrung und Sicherheit in Bedingungen zu verschaffen, die sich betont unterscheiden von den eingeschränkten Gebieten, in denen die frühesten Hominiden bekanntermaßen

44 Schrenk 2003: 76.
45 Schrenk 2003: 90–92.
46 Connah 2006: 11.

lebten.«[47] Acheuléen-Werkzeuge wurden von Südafrika bis Äthiopien und Nordwestafrika gehäuft, seltener in West- und Zentralafrika aufgefunden. Fossile Überreste des *Homo ergaster* wurden in großer Menge im heutigen Südafrika, Kenia, Uganda, Äthiopien und Eritrea geborgen, aber auch marokkanische und algerische Fundstücke gehören vermutlich diesem Typ an. Sein Verbreitungsgebiet war demnach immens. Sein Gehirnvolumen stellte mit einer Größe von rund 1000 Kubikzentimetern einen weiteren Entwicklungsschub dar, und allein »[d]ie Form des Schädels gibt Anlass zu der Vermutung, dass die Vergrößerung seines Volumens mit einer Umbildung des Gehirns einhergegangen war«,[48] wie Graham Connah schreibt.

Darüber hinaus war er auch in anderer materieller Hinsicht bereits erstaunlich modern – in Körpergröße und Gliedmaßenproportion. Dean Falk zieht aus ihrer Analyse des 1984 am Westufer des Turkana-Sees geborgenen Skeletts mit der Kennnummer WT 15000 den dementsprechenden Schluss: »Bei dem etwa 1,6 Millionen Jahre alten Fossil handelt es sich um das beinah vollständige Skelett eines zwölfjährigen Jungen. […] Als zwölfjähriger Junge hatte dieser *Homo erectus* bereits eine Körpergröße von knapp 1,63 Metern erreicht und wäre als Erwachsener vermutlich 1,80 Meter groß geworden. Weitere Fossilientrümmer bestätigen, daß einzelne *Homo erectus* größer waren, als man zuvor für möglich gehalten hatte. Auffällig ist auch, daß Arme und Beine bei WT 15000 […] fast genauso proportioniert waren wie beim modernen Menschen.«[49] Anno 2001 demonstrierte Sileshi Semaw anhand seines aufsehenerregenden Fundes eines breiten weiblichen Beckens von *Homo ergaster* bzw. *erectus* im äthiopischen Gona, das auf 1,2 Millionen Jahre datiert wurde, wie eng verknüpft kulturelle und biologisch-anatomische

47 Phillipson 2005: 52.
48 Connah 2006: 11.
49 Falk 1996: 156–159.

Evolution noch immer waren: Das Wachstum der größeren (und strukturell differenzierteren) Gehirne der Hominiden, die als Steuerungssystem des Gesamtorganismus auch ganz wesentlich die Möglichkeiten zu kulturellen Betätigungen bedingen, hatte die Erweiterung des weiblichen Beckens und des Geburtskanals zur Voraussetzung. Auch in dieser Hinsicht waren die Frühmenschen schon erstaunlich modern.

Es gibt also allen Grund, mit David Phillipson anzunehmen, dass die lange Phase des Acheuléen eine Periode war, in der wichtige menschliche Verhaltensentwicklungen auftraten: »in konzeptionellen, sozialen und organisatorischen Sphären, sowie auf dem Gebiet der leichter wahrnehmbaren Technologie.«[50] Dies erleichterte die Anpassung an verschiedenartige Umwelten und die Erschließung neuer Lebensräume – in und außerhalb Afrikas. Die typischen Handäxte, Hackmesser und Flintabschläge (zum Schneiden und Schaben) des Acheuléen waren erstaunlich standardisiert und offenbar bestens geeignete Mittel für diesen Zweck. Erst gegen Ende dieser Periode, als eine Trockenphase für die Schrumpfung des Regenwaldes sorgte, finden sich auffällige Neuerungen im Fundbestand, vor allem im zentralafrikanischen Kongobecken und entlang der westafrikanischen Küstenstriche und Flussläufe: die Sangoan-Industrie, für die recht roh gefertigte, spitz zulaufende Steinkerne (»Spitzhacken«) und dicke Faustkeile ebenso charakteristisch sind wie stark variierende kleinere retuschierte Abschläge. Die Sangoan-Neuerungen stehen wahrscheinlich aber bereits im Zusammenhang mit der beginnenden Herausbildung eines neuen Menschentyps, des *Homo sapiens*. Dieser kam allerdings keineswegs aus dem Nichts. Über die Jahrmillionen hinweg hatte das kulturelle Vermögen der Menschen, die Kultur, immer mehr die richtungsweisende Kontrolle über den historischen Verlauf des menschlichen Geschicks übernommen.

50 Phillipson 2005: 52.

Der Mensch in seiner natürlichen Umwelt: *The African Genius*

Im Jahr 1969 hat Basil Davidson seiner Kultur- und Sozialgeschichte Afrikas den schönen Titel *The African Genius* gegeben. Es ging ihm darum, die Gestaltungskraft und historische Handlungsmacht afrikanischer Menschen angesichts einer oft widrigen Umwelt zu betonen und positiv hervorzuheben. Den Afrikanern und Afrikanerinnen wohnt Genie inne, eine schöpferische Kraft, die sich durch die Jahrzehntausende ihrer Geschichte hindurch verfolgen lässt. Legt man die Geschichte des *Homo sapiens* als Maßstab an, die seit sicher mehr als 100 000 Jahren andauert (und, gut möglich, deutlich früher eingesetzt hat), und beachtet man die Tatsache, dass die Menschen das Gros ihrer Geschichte in Afrika gelebt haben, ehe sie ihre Wege *Out of Africa* beschritten, dann wird klar, dass ›das afrikanische Genie‹ das menschliche Vermögen kulturschaffender Kraft überhaupt bedeutet: Der Mensch ist das kulturelle Wesen, Kultur bedeutet das Mittel und die Praxis, vermöge derer er sein Überleben sichert und zu seiner Bestimmung gelangt.

Damit ergäbe sich ein schöner und direkter Anknüpfungspunkt an die Geschichtsphilosophie und Anthropologie eines frühen Aufklärers wie Johann Gottfried Herder, der dieses allgemeinmenschliche Vermögen demonstrierte, bevor der moderne europäische Rassismus populär wurde, und der ganz explizit gegen die aufkommenden rassistischen Ansätze der Gelehrtenwelt in der zweiten Hälfte des 18. Jahrhunderts argumentierte.[51] Kultur ist die Natur des Menschen, und Afrika stellte die frühen und über lange Zeit einzigen Schauplätze auf der Welt bereit, auf denen sich die menschlichen Kulturen ausformten – auf denen sich die Menschen, in aktiver, gestalterischer Auseinandersetzung mit variierenden natürlichen Umwelten und in Interaktion mit anderen Menschen, in vielfältiger Weise selbst erfanden.

---

51 Siehe Herder 1966 [1784–1791].

Das Erscheinen von *Homo sapiens*

Die Menschwerdung vollzog sich in Afrika. Die fossilen Überreste, von denen die Paläoanthropologie und Archäologie wissen, sprechen eine deutliche Sprache. Was den afrikanischen Ursprung von *Homo habilis* und *Homo rudolfensis* bzw. jenen von *Homo ergaster* und *Homo erectus* betrifft, der, vor etwa 1,8 Millionen Jahren entstanden, sich über die Alte Welt verbreitete, herrscht Einigkeit. Umstritten blieb lange Zeit die Frage, ob auch der anatomisch moderne Mensch, der *Homo sapiens*, seinen Anfängen nach ein ›Afrikaner‹ war. Auch hier sprechen die aufgefundenen fossilen Überreste, die Verteilung ihrer Fundorte im südlichen und östlichen Afrika sowie ihre Datierung, die viele Jahrzehntausende vor außerafrikanischen Funden liegen, bisher sehr klar für einen afrikanischen Ursprungsort. Die Anfänge des *Homo sapiens* sind demnach, wie so vieles in der Alten Geschichte Afrikas, keineswegs im totalen Dunkeln, sondern im Dämmerlicht. Die Herausbildung des *Homo sapiens* geschah in einem längeren Zeitraum von etwa 400 000 Jahren. Der Schädel aus Kabwe (Broken Hill) in Sambia, der auf dieses Alter datiert ist, ein Gehirnvolumen von 1285 Kubikzentimetern sowie weitere modern anmutende Züge aufweist, stellt ein starkes Indiz dar. Vergleichbare Funde aus Südafrika (Elandsfontein), Marokko (Djebel Irhoud), Sudan (Singa) verweisen auf denselben Zeithorizont.

Dezidiert greifbar im fossilen Fundbestand wird der anatomisch moderne Mensch schließlich vor fast 130 000 Jahren. Graham Connah gibt einen gerafften, regional gestaffelten Überblick über die Situation: »In Südafrika datiert das Fundmaterial von Klasies River Mouth in die Zeit vor 115 000 bis 60 000 Jahren, aus der Border-Höhle auf 90 000 bis 50 000 und aus der Die Kelders-Höhle Nr. 1 auf 71 000 bis 45 000 Jahre. Das Alter der Objekte aus weiter nördlich liegenden Fundorten beträgt in Mumba Shelter (Tansania) 130 000 bis 109 000, in Omo-Kibish (Äthiopien) 127 000 bis 37 000 und aus der Höhle Nr. 2 von Dar es-Soltan (Marokko) zwischen 127 000 und 40 000 Jahre. Ähnliche, nahezu neuzeitlich anmutende fossile menschliche Knochen wurden auch in Israel entdeckt, das geographisch im Zusammenhang mit dem afrikanischen Kontinent zu sehen ist. Das dort geborgene Material ist 120 000 bis 80 000 Jahre alt. Wie dieser Überblick zeigt, gibt es reichlich fossile Belege für den Ursprung des *Homo sapiens* in Afrika.«[52]

Der Einfachheit halber kann man die Phase seiner Herausbildung mit einem Datum zwischen 400 000 und 100 000 Jahren vor unserer Zeit abstecken. Molekularbiologische Untersuchungen gegenwärtiger Populationen weisen in dieselbe Richtung. Zuerst wurde Ende der 1980er-Jahre mitochondriale DNA untersucht, die ausschließlich über die mütterliche Linie vererbt wird, später auch Zellkern-DNA und neuerdings, seit der Wende zum 21. Jahrhundert, auch »alte« DNA, die aus fossilen Resten extrahiert wird. Da sie alle mit der Hypothese einer konstanten Mutationsrate arbeiten, anhand derer sie quasi geeichte ›genetische Uhren‹ herleiten, weichen die errechneten Zeitangaben für die Entstehung des ›genetisch modernen Menschen‹ (in Analogie zur klassischen Bezeichnung der archäologisch arbeitenden Paläoanthropologie: dem ›anatomisch modernen Menschen‹) mitunter beträchtlich voneinander ab. Mittelt man die Ergebnisse, ergibt sich im Wesentlichen jedoch derselbe Zeithorizont.

In Bezug auf das Verhältnis zwischen dem afrikanischen *Homo sapiens*, der seit Ende der 1980er-Jahre genetisch als Abkömmling der sogenannten ›mitochondrischen Eva‹ auf ein Alter von rund 150 000 Jahren datiert wurde, und anderen regionalen Varianten von Frühmenschen hat sich seither eine hitzige Debatte entspannt, die medienwirksam ausgetragen wird und wenig ergiebig zwischen den extremen Polen Ver-

52 Connah 2006: 16.

drängung und Vermischung pendelt.[53] In der Frage, ob der afrikanische *Homo sapiens* sich zum Beispiel mit dem Neandertaler (300 000/120 000 bis 40 000 Jahre v. Chr.) vermischt haben konnte oder nicht – biologisch ausgedrückt: ob sie derselben Art angehörten oder nicht – haben genetische Forschungen völlig divergierende Befunde erbracht. Stichhaltige Belege für quasi-genozidale Verdrängungsmaßnahmen von Seiten des *Homo sapiens* sind ebensowenig vorhanden. Meinung ist in diesem Streit alles, eine allgemein befriedigende Lösung mittels genetischer Verfahrensweisen nicht zu erwarten. Die Idee einer multiregionalen Entwicklung hin zum modernen Menschen aufgrund einer suggerierten inneren Entwicklungstendenz ist aus evolutionstheoretischen Gründen keine wissenschaftlich haltbare Position (was namhafte Paläoanthropologen freilich nicht hindert, sie zu vertreten)[54] und keine Alternative zu der gut begründeten Ansicht, »daß der moderne *Homo sapiens* als singuläres evolutionäres Ereignis irgendwo in Afrika seinen Ursprung hat«,[55] wie es Richard Leakey vor mehr als zwei Jahrzehnten kurz und bündig auf den Punkt brachte.

Die Diversifizierung menschlicher Kulturformen schlug sich in den letzten 500 000 Jahren in verschiedenen Hinsichten nieder. In klimageschichtlicher Sicht korreliert diese Zeit, wie schon jene vor 8 bis 5 Millionen Jahren und jene vor rund 2 Millionen Jahren, mit Phasen massiver Klimaänderungen. Im Zuge dessen verschoben sich die Kontinentalplatten, veränderten sich Meeresströmungen, und immer wieder kam es zu Erdabkühlungen. Die Organismen der frühen Hominiden antworteten darauf mit mannigfaltigen Anpassungsbemühungen. Daraus resultiert die anatomische Diversität, die sich im fossilen Fundbestand abbildet. Die paläoanthropologische Fundlage zeigt zum Beispiel (nach fast eineinhalb

53 Dazu habe ich vor mehr als einem Jahrzehnt kritisch Stellung genommen; Sonderegger 2001. Gebessert hat sich die Situation keineswegs.

54 Siehe dazu Sonderegger 2001: 85–99.

55 Leakey 1999: 135.

Millionen Jahren relativer Gleichförmigkeit) seit 500 000 eine neuerlich starke Zunahme anatomischer Unterschiede bei den Hominiden. Diese materiellen Spuren liegen meist nur in Form kleiner Fragmente vor, vollständige Schädel oder gar Skelette sind selten erhalten geblieben und gefunden worden. (Die Disziplin basiert also maßgeblich und ganz wörtlich auf Bruchstücken.) Anstatt jedoch jedes einzelne Fundstück zu einer neuen biologischen Unterart oder sogar Art zu erklären, wie das die Paläoanthropologen oft allzu leichtfertig tun, ist es stimmiger, diese Ausdifferenzierung als kulturbedingtes Epiphänomen aufzufassen, also als zufällige, nicht kausal verursachte Nebenerscheinungen im evolutionären Prozess. Sie sind im Sinne von Anpassungserscheinungen zu deuten, die in Reaktion auf veränderte Lebenssituationen entstanden.

Aus archäologischen Daten lässt sich die kulturelle Diversifizierung noch überzeugender ablesen. David Phillipson schreibt: »Die Entwicklungen quer durch Afrika von vor 250 000 (eher sogar noch früher) bis zirka 10 000 Jahren zeigen eine beschleunigte Verschiebung weg von breiten kulturellen Uniformitäten, in Richtung Herausbildung von zunehmend distinkten regionalen Traditionen.«[56] Anatomisch sehr modern anmutende Skelettüberreste aus mehreren afrikanischen Fundstätten, die auf den Zeitraum von vor 280 000 bis 140 000 Jahren datiert werden konnten, legen darüber hinaus nahe, dass sich *Homo sapiens* bereits damals dort auszubilden begann. Die Kontroverse unter Paläoanthropologen und Archäologen geht freilich munter weiter, weil beide in einem biologistischen Denkrahmen befangen sind und im Grunde nach wie vor in Rassenkategorien denken. Die beste Formulierung einer einigermaßen zutreffenden Deutung, zu der man unter derartigen Bedingungen gelangen kann, hat Phillipson gefunden: »Die genaue Identität der Hominiden, welche die ersten Post-Acheuléen-Industrien gefertigt haben, bleibt rätselhaft. Allgemein gesprochen ist nur klar, dass sie

56 Phillipson 2005: 91.

zu archaischen Repräsentanten von *Homo sapiens* gehörten […]. Für jüngere Perioden ist das Bild etwas klarer: Rückengestumpfte Mikrolith-Industrien erscheinen in ganz Afrika als das Werk von Menschen, die anatomisch völlig modern waren.«[57] Die ältesten Funde derartiger Mikrolithen – sehr kleine Steinabschläge und Klingen mit gestumpftem Rücken, die in Holz- oder Knochenschäfte eingelegt oder als Speerspitzen verwendet werden konnten – datieren auf etwa 70 000 Jahre vor unserer Zeit in Howieson's Poort in Südafrika. In Kenia (Enkapune Ya Muto) liegt eine Datierung auf 46 000 Jahre vor. Allgemein gebräuchlich wurden Mikrolithe allerdings erst in den Zeiten nach 20 000 v. Chr., als man sie auch für Pfeilspitzen verwendete, um mit Pfeil und Bogen Jagd auf Wild, Vögel und kleine, flinke Tiere zu machen, dann tauchen sie aber bereits bald überall in Afrika auf – »in der Kapsien-Industrie Nordafrikas, der Nachikufan-Industrie Sambias und in der Wilton-Industrie Südafrikas«[58] – sowie weltweit in den Fundbeständen.

Die letzte Eiszeit hatte einschneidende ökologische Auswirkungen. Zwischen 60 000 und 18 000 vor unserer Zeit kühlte es ab und wurde trockener. Die Ausdehnung der äquatorialafrikanischen Regenwälder nahm ab, die Sahara und die Wüsten im südlichen Afrika breiteten sich hingegen aus. In den dazwischenliegenden Zonen verschoben sich entsprechend die Muster der Regenfälle und Niederschlagsmengen, die Vegetation wandelte sich grundlegend. Die Küstenverläufe änderten sich infolge der Senkung des Meeresspiegels. Besonders im Süden Afrikas ergaben sich mancherorts neue ausgedehnte Küstenebenen. Insgesamt bedeutete das für die Menschen, ungeheure Anpassungsleistungen vorzunehmen, aber auch, dass Mobilität und Abwanderung weiterhin stark ausgeprägt blieben.

57 Phillipson 2005: 94–95.

58 Connah 2006: 22. Siehe auch Clark 1982, Ki-Zerbo 1981.

Out of Africa: Ausbreitungswellen nach Eurasien, Australien und Amerika

Wie die israelischen Fossilien des *Homo sapiens* belegen, hatte der anatomisch moderne Mensch Afrika via Ägypten und die Halbinsel Sinai schon früh verlassen. Die Besiedlung eurasischer Räume erfolgte im Lauf vieler Jahrtausende, aber aufgrund eiszeitlicher Bedingungen bei weitem nicht flächendeckend und, soweit bekannt ist, in der folgenden Reihenfolge: Wahrscheinlich von der Meeresenge am Südende des Roten Meeres ausgehend, breiteten sich die modernen Menschen zunächst entlang der Meeresküsten nach Osten aus: um den Persischen Golf herum, dem indischen Küstenverlauf folgend, nach Südostasien hinein. Funde, die diese Wanderungen belegen könnten, sind allerdings nur sehr spärlich vorhanden, weil damals der Meeresspiegel erheblich tiefer war: »Wenn moderne Menschen sich [bei ihrer Ausbreitung] dicht an den Küsten hielten, liegen die meisten ihrer Lager heute unter Wasser.«[59] Vor etwa 70 000 Jahren lebten moderne Menschen jedoch bereits nachweislich an verschiedenen Stellen dieser Großregionen, und seit 70 000/50 000 Jahren hatten manche von ihnen nach Australien übergesetzt, womit die menschliche Besiedlung jenes Südkontinents begann, der sodann bis vor wenigen Jahrhunderten weitgehend »ein isolierter Winkel des Erdballs« bleiben sollte.[60] Das eiszeitlich kühle Europa wurde deutlich später und vorwiegend von südöstlicher Richtung ausgehend besiedelt, seit 40 000 Jahren ist *Homo sapiens* unter dem Namen des *Cro-Magnon* auch in Europa gut belegt. Ob die Straße von Gibraltar als eine zweite Pforte vom einen zum anderen Kontinent gedient hatte, ist nicht restlos geklärt.

Innerhalb Südostasiens und bis nach Nordchina verbreitete sich *Homo sapiens* besonders im Zeitraum von vor 40 000

59 Olson 2007: 195.

60 Edelmayer 2015: 212.

bis 26 000 Jahren (und seither), von dort aus dann auch schon bald in die sibirischen Weiten des eurasischen Kontinents hinein, sowohl nach Westen als auch in östlicher Richtung. Über die Beringstraße gelangten moderne Menschen in mehreren Wellen nach Nordamerika: »Die ersten Menschen kamen [...] vermutlich gegen Ende der letzten Eiszeit, etwa 15 000 Jahre v. u. Z., aus Nordostasien über Beringia, eine damals trockene Landbrücke zwischen Sibirien und Alaska, nach Amerika. Von diesem Punkt im äußersten Nordwesten des Kontinents breiteten sich die asiatischen EinwanderInnen dieser Hypothese zufolge rasch über einen eisfreien Korridor [...] nach Süden hin aus und hatten um 9000 v. u. Z. bereits Gebiete am Amazonas erreicht. Nach Osten hin erfolgte die Besiedlung zumindest ganz im Norden langsamer, erst um 2500 v. u. Z. sollen die ersten Proto-Eskimos Grönland erreicht haben.«[61] Manche Theorien gehen von einer noch früheren Erstbesiedlung Amerikas aus, ihre Belege werden allerdings von Amerikanisten mehrheitlich angezweifelt.

Im Zug der Ausbreitung des anatomisch modernen Menschen trafen die Neuankömmlinge immer wieder auf Menschen, die im paläoanthropologischen Verständnis als dezidiert *anders* gelten und bestenfalls als frühmenschliche Formen bezeichnet werden. Im Nahen Osten, Süd- und Mitteleuropa trafen sie demnach auf den Neandertaler, und in Fernost auf verschiedene Varianten des ›aufrechten Menschen‹, *Homo erectus*. Die Vorstellungen, die man sich über ihre Interaktionen macht, kommen in diesem Denkrahmen häufig in einer auffällig extremen, gleichermaßen reduktionistischen wie mechanistischen, Sprache daher.[62] Das entwertet leider einen Großteil der medialen, aber auch der

61 Grandner 2015: 66-67.

62 So z. B. Cavalli-Sforza 2001 [1996], der mit *The History and Geography of Human Genes* (Cavalli-Sforza/Menozzi/Piazza1994) die seither modisch gewordene Welle paläogenetischer Untersuchungen ausgelöst hat, und der im überkommenen Sinn des rassistischen Diffusionismus argumentiert. Zur Kritik daran siehe Sonderegger 2004a: 140–158.

wissenschaftlichen Produktion, die sich mit den Fragen rund um die Ausbreitung des *Homo sapiens out of Africa* beschäftigt. Diese Art der radikalen Differenzierung frühmenschlicher Formen und ihre Erklärung zu distinkten biologischen Arten (was *per definitionem* die Produktion zeugungsfähigen Nachwuchses ausschließt, und damit die Möglichkeit sexueller Beziehungen und genetischer Vermischung in Abrede stellt) führt zu »einer konzeptuellen Barriere zwischen modernen Menschen und ihren Vorfahren«,[63] wie es der Archäologe Phillipson formuliert. Die »konzeptuelle Barriere« besteht freilich, um das unmissverständlich zu sagen, primär in den Köpfen vieler paläoanthropologisch-archäologischer Wissenschaftler, nicht in den tatsächlichen Beziehungen der frühgeschichtlichen Menschen zueinander.

Tatsache ist, dass Menschen, die anatomisch und genetisch wie wir heute sind, sich vor mehr als 100 000 Jahren von Afrika aus über den Globus verbreitet haben. Mit sich trugen sie das Erbe mehrerer Millionen Jahre biologischer Entwicklung, die seit rund 2,5 Millionen Jahren durch verschiedene kulturelle Entwicklungen und soziale Verhaltensänderungen weiter befeuert wurde. Die vielfältigen anatomischen Anpassungen, die in fossilen Skelettknochen des Zeitraums 280 000 bis 140 000 v. Chr. an afrikanischen Fundorten sichtbar sind und als archaische Formen des *Homo sapiens* gedeutet werden, sowie die genetischen Analysen mitochondrialer und Kern-DNA, die auf eine kleine Ahnenpopulation des *Homo sapiens* im Zeitraum 500 000 bis 100 000 v. Chr. hinweisen, legen nahe, dass sich gerade in dieser Zeitspanne entscheidende ›moderne‹ menschliche Organisationsformen und Verhaltensweisen herausgebildet haben. Seit 100 000 Jahren hat sich die Anatomie des Menschen jedenfalls nicht mehr einschneidend gewandelt.

Ob sich die frühen modernen Afrikaner und Afrikanerinnen auf ihren Wanderungen, die sie an neue Stellen

63 Phillipson 2005: 20.

innerhalb des Kontinents wie außerhalb führten, mit anderen Gemeinschaften eingelassen haben – ob sie soziale und sexuelle Beziehungen eingegangen sind oder nicht –, ist eine sehr nebensächliche, keine grundsätzlich wichtige Frage. Wahrscheinlich freilich ist, dass die Antwort auf diese Frage bei nüchterner Anschauung der bereits bekannten Indizien (etwa dem geteilten Gebrauch von Sprache, Feuer, Jagd, Anzeichen von Religion und Kunst: Totenbestattung, Werkzeugkulturen) positiv ausfallen wird. Klar ist aufgrund der archäologischen Belege, dass die für modern gehaltenen Elemente – technologische Spezialisierung, größere Selektivität und ökonomischere Nutzung von Rohmaterial, Symbolismus (Kunst, Farbpigmente, Körperschmuck), Knochen als Werkstoff – »in Afrika signifikant früher auftraten als in Europa und dass sie das Resultat gradueller Prozesse waren.« Dies stimmt, so David Phillipson weiter, »mit der […] genetischen Evidenz für mehrere Wanderungen anatomisch moderner (oder fast-moderner) Menschen überein, die aus Afrika kamen und über eine erhebliche Dauer hinweg stattfanden. Dieser Befund […] passt besser zur fossilen Evidenz als das alte multiregionale Erklärungsmodell oder die Ansicht einer einmaligen Einzelwanderung.«[64] Tatsächlich bedeutsam ist allerdings die Tatsache, dass vor 100 000 Jahren die menschliche Entwicklung zu einer *kulturellen Evolution* geworden ist, die sich nicht mehr länger in veränderten biologischen Merkmalen niederschlug oder an ihnen sinnvoll verdeutlicht werden kann.

64 Phillipson 2005: 144–145. Siehe auch Mitchell 2005.

Diversifizierungsprozesse in Afrika

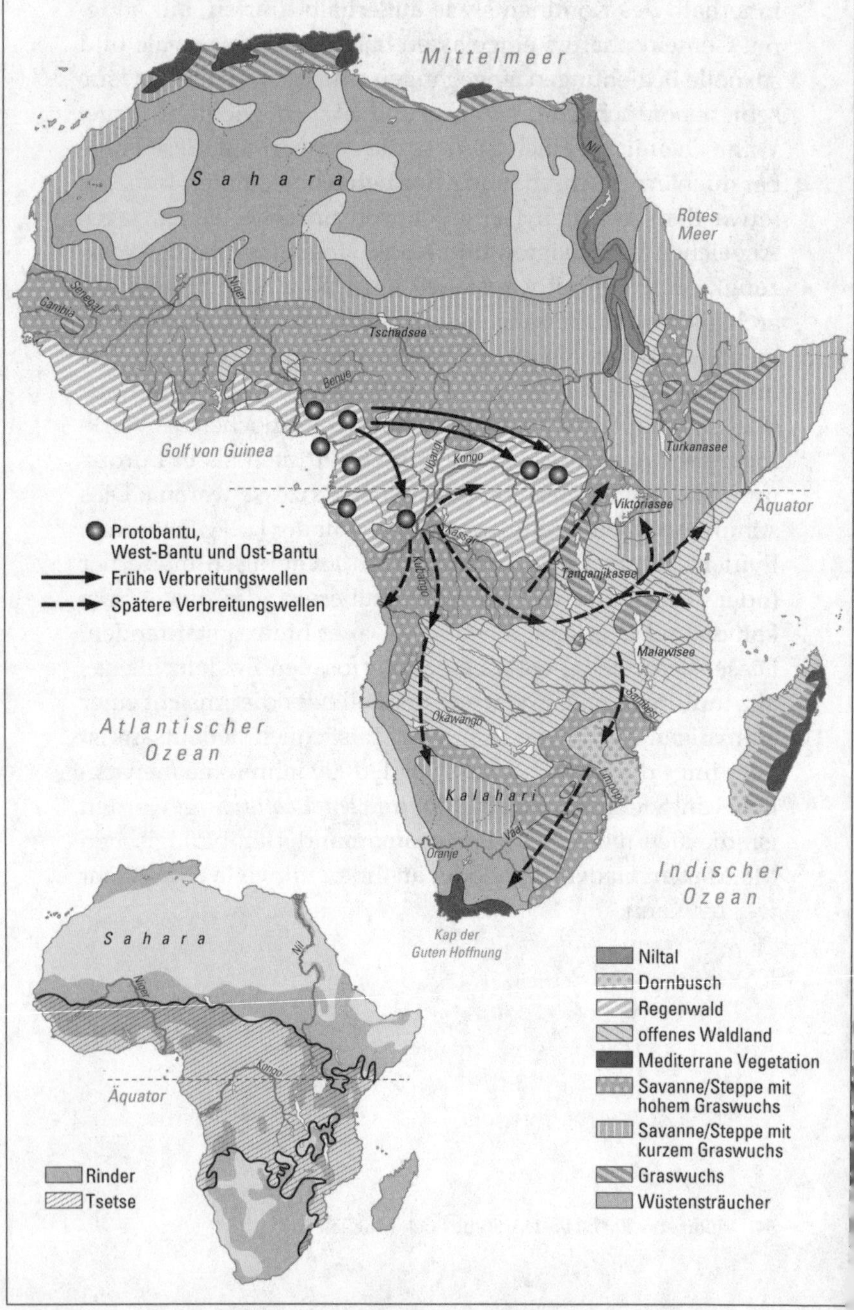

II. Diversifizierungsprozesse in Afrika

Die Menschwerdung, die sich über Jahrmillionen in Afrika vollzog, war ein evolutionärer Prozess, in dem die kulturellen Aspekte – das menschliche Handeln und Denken, die soziale Kommunikation und Kooperation – zunehmend bedeutsamer für die Ausgestaltung des menschlichen Charakters wurden als die Anpassungsleistungen des individuellen biologischen Organismus. Ändern andere Tiere ihre morphologische Gestalt in Anpassung an Umweltveränderungen mit verhältnismäßiger Leichtigkeit, so unterscheidet sich die menschliche Gattung darin grundsätzlich. Ihre Plastizität und flexible Anpassungsfähigkeit sind vorrangig kultureller, nicht biologischer Art. Die kulturelle Evolution überflügelte die biologische Evolution nicht nur, sie wurde zur zweiten und eigentlichen Natur des Menschen. Nach Meinung mancher geschah dies bereits vor etwa 2,5 Millionen Jahren, abzulesen an der beginnenden Werkzeugherstellung (*man, the toolmaker*), nach anderer Meinung erst in den letzten 100 000 Jahren in Verbindung mit dem Auftreten des anatomisch modernen Menschen *Homo sapiens*. Im ersten Abschnitt habe ich deutlich gemacht, dass vieles für den längeren Zeithorizont spricht, freilich auch, dass zahlreiche kulturelle Entwicklungen über Jahrtausende hinweg langsam sowie in gradueller und nicht zielgerichteter Weise stattgefunden haben. Die menschliche Evolution folgte keinem präformierten Plan und keiner inhärenten Entwicklungslogik, sondern ergab sich aus der aktiven Auseinandersetzung der vormenschlichen und frühmenschlichen Akteure und Akteurinnen mit ihren Umwelten, die sich über Jahrtausende hinweg mitunter gravierend wandelten. Zu diesen gehören nicht nur die ökologischen Umstände, sondern auch die soziale Umwelt, in der die Menschen als naturgemäße Gruppenwesen zwingend ihr Leben bestreiten.

Im Folgenden werden zunächst die regionalkulturellen Diversifizierungsprozesse in Afrika behandelt, die im Zusammenhang mit der Ausbildung ›moderner‹ Menschenformen auftraten und sich in den letzten 100 000 Jahren in der archäologischen Evidenz niedergeschlagen haben. Anschließend werden Entwicklungen seit etwa 20 000 Jahren vor unserer Zeit nachgezeichnet, die im Lauf vieler Jahrtausende zu einem von Gordon Childe »neolithische Revolution« genannten Einschnitt führten, der sich im ersten Jahrzehntausend v. Chr. immer deutlicher abzeichnete. Childe betonte anno 1942 noch »den befreienden Effekt der Domestizierung von Tieren und Pflanzen« auf die Menschen, bemerkte aber bereits hellsichtig systemische Probleme der neuen produzierenden Wirtschaftsweise. Zum einen weist er auf »deren geringe Produktionsüberschüsse [hin], die zu gering waren, um der Natur geschuldeten Krisen [durch Vorratswirtschaft] zu widerstehen«. Zum zweiten »bedeutete ihre Ausrichtung auf Selbstversorgung, dass eine ausgeweitete Produktion nur über die Erweiterung des Siedlungslandes erreicht werden konnte«[65]. Childe spricht diesbezüglich von »einer schon an sich verheerenden Lösung«, weil damit das Auftreten von Konflikten um die Besiedlung und Nutzung von Land bereits vorprogrammiert war. Jedenfalls handelt es sich beim Übergang von aneignenden zu produzierenden Wirtschaftsweisen um einen einschneidenden globalgeschichtlichen Prozess. Afrikahistoriker haben darum häufig »die nahrungsproduzierende Revolution«, wie Jan Vansina schreibt, zum Ausgangspunkt für ihre Erzählungen genommen, also »die Periode, in der Landwirtschaft, Viehhaltung und (später) Eisenverarbeitung eingeführt wurden«[66]. Erst diese – menschheitsgeschichtlich sehr spät einsetzende – Phase ist zum Gegenstand historischer Disziplinen geworden, die

65 Childe 1985 [1942]: 8. (Die übersetzten Stellen stammen aus dem 1964er-Vorwort von Grahame Clark.)

66 Curtin/Feierman/Thompson/Vansina 1995: 1.

seit dem 19. Jahrhundert, in typisch eurozentrischer Manier, unter Namen wie »Ur-«, »Vor-« und »Frühgeschichte« von der vermeintlich eigentlichen Geschichte abgegrenzt wurde, zu deren Grundlage die schriftliche Dokumentation erklärt wurde. Geschichte freilich, recht verstanden, hat den Menschen selbst – zu jeder Zeit seiner Existenz – zum Thema: »Der natürliche Gegenstand der Geschichtswissenschaft«, so Marc Bloch anno 1945, ist »der Mensch […]. Oder besser gesagt: die Menschen.«[67] Eine probate Geschichte Afrikas muss darum sehr viel früher einsetzen.

Seit 20 000 Jahren vor unserer Zeit fanden die ersten Anfänge der Domestikation von Flora und Fauna statt, die in weiterer Folge tiefgreifende Änderungen in den Lebensweisen menschlicher Gemeinschaften nach sich zogen. »Früher, als die Menschen vom Jagen und Sammeln lebten, hatten die nomadische Lebensweise und die Notwendigkeit, die Gruppengröße auf dem Niveau der vorhandenen Wildtiere und -pflanzen zu halten, die Möglichkeiten weiteren Wachstums gehemmt. […] Doch […] vielleicht vor etwa 20 000 Jahren schweiften manche Menschen, die in sehr günstigen Umgebungen lebten, nicht mehr länger umher, sie wurden sesshaft und begannen in größeren Gemeinschaften zu leben, in Dörfern. In vielen Fällen bezogen sie ihre Nahrung großteils durch Fischfang, aber manchenorts begannen sie damit, sich um die wilden Pflanzen und Gräser, um wild wachsende Yamsknollen und Ölpalmen zu kümmern, die sie vormals gesammelt hatten. Sie steigerten so ihren Ertrag und verwandelten sie irgendwann in eine kultivierte Nutzpflanze. Als Menschen in größerer Zahl sesshaft wurden, wuchsen die Gemeinschaften, für die Nahrung produziert werden musste, weil das Sammeln nicht mehr ausreichte.«[68] Soweit die knappe summarische Skizze von Vansina, der die vielfältigen und verworrenen historischen Prozesse, die

67 Bloch 2002 [1945]: 30.

68 Curtin/Feierman/Thompson/Vansina 1995: 1–2.

über viele Jahrtausende wirkten, in eine kurze und bündige Erzählung gießt.

Im ersten Jahrzehntausend v. Chr. wurden manche Menschen zu Bauern, manche zu Hirten. Neben die lang etablierte aneignende Lebensweise des Sammelns, Jagens und Fischens traten nun erstmals in der Menschheitsgeschichte produzierende Wirtschaftsweisen. Wichtig ist, dass diese neuen Weisen der Nahrungsmittelproduktion in der Regel die überkommenen aneignenden Formen nicht vollständig ersetzten, sondern sie ergänzten. Freilich verschob sich im Lauf der Zeit häufig ihr relativer Anteil an der Ernährungssicherung zugunsten der Landwirtschaft bzw. der Viehhaltung. Dies hatte radikale Auswirkungen auf die Lebensweisen der sie praktizierenden Menschen. Ihre Siedlungsformen änderten sich, ihre Gruppengröße und ihre soziale Organisation nahmen spezifische, andersgeartete Gepräge an. Neue Formen der Arbeitsteilung und spezialisierter Tätigkeiten entstanden, und Ungleichheit begann sich in einem größeren Ausmaß und kulturspezifisch auszuprägen. Tauschbeziehungen gewannen an Bedeutung bis hin zum frühen Handel, und mitunter kam es zu ersten frühen Urbanisierungsprozessen. Diesen herkömmlich ›historisch‹ genannten Vorgängen gingen jedoch – selbst wenn man ›Geschichte‹ nur auf die Ära des *Homo sapiens* begrenzen würde – viele Jahrzehntausende Geschichte voraus.

Regionalkulturelle Entwicklungen in Afrika, seit zirka 100 000 v. Chr.

An der Mündung des Klasies River in Südafrika wurde ein Höhlenkomplex entdeckt, der von vor etwa 120 000 Jahren an bis vor 50 000 Jahren (und dann seit etwa 1000 v. Chr. neuerlich) Besiedlungsspuren aufweist. Abschläge von zugerichteten Steinkernen, die keine Ähnlichkeit mehr mit der Acheuléen-Industrie aufweisen, waren dort bis etwa vor 80 000 Jahren die genutzte Technik. »Während dieser gesamten Periode bildeten sowohl Land- als auch Meerestiere wichtige Nahrungsressourcen. Anders als für das Sammeln von Krustentieren gibt es für Fischfang allerdings kaum Belege«,[69] schreibt Phillipson, der betont, dass die Bewohner am Klasies River auch Jagd auf größere Wildtiere wie Elenantilopen und Büffel betrieben haben. Um 70000 vor unserer Zeit zeichnet sich eine Diskontinuität in der Entwicklung der Werkzeugkultur ab, da hier plötzlich Mikrolithe des Howieson's Poort-Typs in Gebrauch kamen, etwa zwei bis vier Zentimeter lange kleine Klingen, die im Übrigen erst viele Jahrtausende später üblich wurden und dann noch kleiner waren. Da der lokal vorkommende Quarzit für die Herstellung solch kleiner und empfindlicher Werkzeuge wenig geeignet war, waren Steine mit feinerer Maserung sehr gesucht und wurden weiträumig gesammelt. Man nimmt an, dass die Verlagerung der Jagd auf kleinere Antilopen, die mittels Pfeil und Bogen erlegt wurden, wobei Speere und Pfeile mit mikrolithischen Widerhaken versehen wurden, ein Faktor für diese Entwicklung gewesen ist. Freilich setzte sich diese Mikrolithkultur (noch) nicht dauerhaft durch, weiterhin wurden auch große Steinwerkzeuge hergestellt. Durch Retuschierung, also beständiges weiteres Beschlagen, fertigte man Speerspitzen, die an Holzschäften befestigt werden konnten, aber auch gröbere Steinwerkzeuge, die als Schaber, Meißel und Stichel genutzt wurden.

Frühe Mikrolithen fand man auch an einem Felsüberhang in Kenia (Enkapune Ya Muto), der vor etwa 46000 Jahren als Lagerplatz diente. Schon dort traf man auf multifunktionale, »sehr kleine Abschläge oder Klingen mit gestumpftem Rücken, [...]. Häufig wurden diese winzigen, nur ein bis zwei Zentimeter langen, scharfen Steinsplitter als Widerhaken oder Spitzen an Speeren und Pfeilen befestigt oder als Klingeneinsatz an die Griffe von Messern oder Geräten montiert. Auskehlungen in den Holz- oder Knochenschäften

69 Phillipson 2005: 99.

und -griffen dienten zur Befestigung, und pflanzliche Harze wurden dazu verwendet, die Mikrolithen in der Halterung zu verkleben.«[70] Diese Technologie wurde zur wichtigsten Grundlage der afrikanischen Jäger und Sammlerinnen. Im südafrikanischen Großraum mehren sich seit 25 000 Jahren vor unserer Zeit die mikrolithischen Spuren, seit 6000 v. Chr. sind sie dort allgegenwärtig. Auch in anderen Teilen Afrikas – in der Sahara und im Sahel, im Niltal und im ostafrikanischen Seengebiet – finden sie sich in den letzten 20 000 Jahren immer regelmäßiger, im östlichen Afrika waren eine bunte Vielfalt variierender mikrolithischer Industrien sogar schon vor rund 10 000 Jahren allgemein gebräuchlich und verbreitet. Die flächendeckende Durchsetzung dieser Werkzeugkultur war aller Wahrscheinlichkeit nach die Folge der allgemeinen Übernahme von Pfeil und Bogen. Da die feinkörnigen Steine, die dafür benötigt wurden, relativ selten waren, griffen die Menschen nun auch vermehrt auf Knochen als Ausgangsmaterial zurück, um die kleinen widerhakenden Artefakte zu produzieren, die auf Speer- und Pfeilspitzen montiert oder als Angel- und Harpunenspitzen verwendet wurden. Gleichwohl wurden weiterhin auch große Steinwerkzeuge gefertigt (Steinäxte, Mahlsteine), an denen die Anwendung neuer Techniken – »wie Klopfen, Schleifen und Bohren«[71] – sichtbare Spuren hinterlassen hat.

Die Menschen besiedelten nach und nach alle Teile des Kontinents und nutzten ihre Lebensräume, an die sie sich kreativ anzupassen lernten, offenkundig intensiver. Die älteste mikrolithische Industrie Westafrikas wurde in der Nischenhöhle von Shum Laka in Nordwestkamerun entdeckt und auf ein Alter von über 30 000 Jahren datiert, nach 12 000 vor unserer Zeit gab es sie nachweislich auch in mehreren anderen Teilen der Subregion. Gleichwohl blieben nichtmikrolithische Industrien in einigen dicht bewaldeten Gebie-

70 Connah 2006: 21.
71 Connah 2006: 22.

ten des heutigen Südostnigerias, Sierra Leones und Guineas (ähnlich wie in Zentralafrika) bis in die jüngsten Millennien in Gebrauch. Die bessere Anpassung ans natürliche Habitat ließ einzelne Gruppen zahlenmäßig wachsen und erhöhte die menschliche Populationsgröße insgesamt. Die vermehrten Unterschiede in den lokalen Werkzeugindustrien, denen zahllose kreative Versuche und Innovationen zugrunde liegen, bezeugen einen beschleunigten kulturellen Wandel ebenso wie die zunehmend materialisierten Hinweise auf die Bedeutung spiritueller Aspekte im menschlichen Dasein.

Im Fundbestand deutlich wird letzteres daran, »dass sie nachweislich Schmuck trugen, ihre Toten rituell bestatteten und Kunst schufen.«[72] Ausgehend von südafrikanischen Funden zeichnet Phillipson ein verallgemeinertes Bild der Begräbnisformen jener Zeit: »Im Allgemeinen scheinen die Toten innerhalb des Siedlungsareals begraben worden zu sein, sowohl in Höhlen als auch unter Felsüberhängen oder unter freiem Himmel. In Form von Werkzeugen, Schmuckstücken oder anderen persönlichen Besitztümern sind Grabbeigaben häufig vorhanden. Dies legt die Annahme nahe, dass die Menschen glaubten, den Toten würden derartige Objekte etwas nützen. Manchmal wurden auch Antilopenhörner und die Hauer von Warzenschweinen mit den Verstorbenen begraben. Persönliche Dekorationsobjekte [...], Perlen und Anhänger aus Knochen oder Muscheln sind verbreitet. Felsbildnisse zeigen, dass Perlen mitunter in Kleidung eingenäht oder ins Haar eingeflochten und an Schnüren aufgefädelt wurden. Ocker und andere Farbmaterialien wurden vermutlich zu kosmetischen und weiteren Zwecken verwendet, sowie für Wandmalereien.«[73]

Felsbilder, Malereien und Gravuren, finden sich in großer Zahl vor allem in den Bergmassiven der Sahara sowie im südlichen Afrika, im heutigen Südafrika, Botswana und

72 Connah 2006: 21.
73 Phillipson 2005: 106–107.

Namibia. Die älteste zuverlässige Datierung stammt aus der Apollo II-Höhle im Süden Namibias und weist auf ein Alter von mehr als 26 000 Jahren hin, allerdings ist gut denkbar, dass Menschen schon viel früher die Wände ihrer Behausungen oder Versammlungsorte in Höhlen, an Felsvorsprüngen oder -überhängen bemalt bzw. geritzt hatten. Schließlich sind die von ihnen genutzten Farbmaterialien – ein Gemenge aus Holzkohle, Tierfett und Blut – wenig witterungsbeständig. Die erhalten gebliebenen Malereien stammen mehrheitlich aus den letzten paar Jahrtausenden. Meist sind wilde und zahme Tiere sowie Menschen dargestellt, mitunter Mischwesen aus Tier und Mensch. Auch Handabdrücke und Pfotenspuren findet man auf ihnen. Im Gegensatz zu den Felsgravuren, die meist abstrakte Linien und Muster zeigen, herrscht im Fall der Felsmalereien eine naturalistische Darstellungsweise vor. Manche der recht klein gehaltenen Malereien sind so gruppiert, dass sie eine Szenenfolge ergeben und Geschichten von Menschen erzählen, die jagen, miteinander ringen oder sich in Trance tanzen. Sie erlauben damit Einblicke in die Lebensrealität der jungsteinzeitlichen Jäger und Sammler beiderlei Geschlechts.

In den trockenen Höhlen des südlichen Afrika haben sich nicht nur wie anderswo Steinartefakte erhalten, sondern eine ganze Reihe anderer, teils sogar organischer Materialien, die ebenfalls erlauben, recht konkrete, evidenzbasierte Rückschlüsse auf das Leben zur damaligen Zeit zu ziehen. »Holz wurde zur Herstellung von Bögen, Pfeilen, Grabstöcken, Pflöcken und Keilen benutzt, Baumrinde für Schalen und Ablagen. Kleidung und Säcke wurden aus Leder genäht. Blätter benutzte man, um Wertgegenstände einzuhüllen, Gras und weiches Gestrüpp als Bettstatt.«[74] Die dort reichhaltig erhaltenen pflanzlichen und tierischen Überreste weisen auf die saisonal variierende Besiedlung verschiedener Örtlichkeiten hin: Die Wildbeuterkulturen wechselten also in

74 Phillipson 2005: 107.

jahreszeitlichen Rhythmen ihre Wohnstatt, um bestmöglich von lokal gedeihenden Nahrungsressourcen zu profitieren. Die jeweiligen Lagerstätten unterschieden sich stark in ihrer Größe. Archäologen haben daraus den Schluss gezogen, dass sich Gruppen über Teile des Jahres aufgespaltet und in kleineren, temporären Lagern versammelt hatten, während bestimmte große Plätze als Orte wiederkehrender Gemeinschaftstreffen dienten, wo die Menschen wahrscheinlich ihre sozialen Bande stärkten, indem sie gemeinsam aßen und tranken, tanzten und sangen, miteinander redeten und einander Geschichten erzählten sowie untereinander Güter tauschten. Solche Anlässe festigten bestehende Allianzbeziehungen und schufen neue.

Nach 20000 v. Chr.: Zwischen aneignenden und produzierenden Lebensweisen

Vor 18000 bis 13500 Jahren änderte sich das Klima infolge einer globalen Abkühlung und veränderter Niederschläge neuerlich gravierend. Für den Großteil des Kontinents bedeutete das eine Trockenphase, weil Regen ausblieb bzw. sich die Niederschlagsmenge verringerte: Die west- und zentralafrikanischen Regenwälder etwa schrumpften beträchtlich, die Sahara dehnte sich weit nach Süden aus, anstelle bewaldeter Hochländer in Äthiopien traten Grasländer. In Teilen Nordafrikas hingegen erhöhte sich der Niederschlag, was eine Ausdehnung der mediterranen Verhältnisse in die nördliche Sahara hinein zur Folge hatte und auch Oberägypten um den Nil sowie das Land entlang der Küste des Roten Meers in eine relativ feuchte, gemäßigte Zone verwandelte. Mit einigen Jahrhunderten Verzögerung zog diese Klimaveränderung in den betroffenen Räumen entsprechend veränderte Vegetationsformen nach sich, die wiederum gingen mit einem anderen Tierbestand einher, für den sie einen geeigneten Lebensraum darstellten.

In Konsequenz bedeutete das für die Menschen ebenfalls einen neugearteten Anpassungsdruck: Sie entwickelten nützliche Neuerungen im Sammeln und Jagen, die sich im archäologischen Fundbestand abzeichnen, der zudem eine weitere geographische Verteilung zeigt. »Die Trockenphase«, schreibt Roland Oliver, »bot dem kulturellen Wandel offensichtlich Anreize. Mikrolithische Industrien erschienen ungefähr vor 18000 Jahren in der Region des Rift Valley Kenias und Tansanias und vor etwa 15000 Jahren in der Senke des Victoriasees, während im tiefen nigerianischen Regenwald, in der Nischenhöhle bei Iwo Ileru, eine mikrolithische Steinindustrie von vor etwa 12000 Jahren an existent war.«[75] Waren weit ältere mikrolithische Industrien in ihrem Wirkungskreis noch recht stark lokal begrenzt gewesen, so setzten sie sich nun in immer mehr afrikanischen Gegenden durch. Mit ihnen erhöhte sich die Zahl und Diversität der hergestellten Steinwerkzeuge (aber auch solcher aus Knochen, Holz und Muschelschalen) ganz beträchtlich; es waren zunehmend besondere Gerätschaften, die für spezifische Tätigkeiten gefertigt wurden, in Gebrauch.

Am Beispiel des Lagers von Jägern und Sammlerinnen, das bei Gwisho nahe am sambischen Fluss Kafue lag und auf rund 2300 v. Chr. datiert wurde, entwickelte Jan Vansina ein ungefähres Bild ihrer Lebensweise und Gesellschaftsorganisation. »Die Wildbeuter von Gwisho glichen ihren Fleischkonsum, der aus der Jagd stammte, durch das saisonale Angebot an Wurzeln, Samen, Nüssen und Beeren aus. [...] Ethnographische Evidenzen aus neueren Zeiten legen nahe, dass eine Gruppe von Wildbeutern gewöhnlich zwischen 20 und 50 Personen umfasste, auch wenn ihre Zahl in feuchteren Gebieten manchmal bis zu hundert Personen zählte, und in einigen Lagern zur Regenzeit sogar dreihundert. [...] Es ist darum wahrscheinlich, dass [...] Entscheidungen gemeinschaftlich gefällt, Missetäter zur Strafe verprügelt

75 Oliver 2000: 34–35.

oder vertrieben wurden, und dass gegenseitige Hilfe die Kardinaltugend in solchen Lagern war. […] Da die erlegten Tiere allesamt große Säugetiere wie Zebra, Büffel, Antilope und gelegentlich sogar ein Nashorn waren, dürfte in Gwisho auch die Jagd selbst gemeinschaftlich praktiziert worden sein. […] Großwild kam hier reichlich vor – und so nahe an den Lagern, dass die Jäger ganze Tierkadaver mit nach Hause schleppten, um sie dort auszuschlachten.«[76] Noch über viele Jahrtausende hinweg blieb die aneignende Wirtschaftsform umherschweifender Wildbeuter, die im saisonalen Rhythmus verschiedene Lager bezogen, die vorherrschende Lebensweise in vielen Teilen Afrikas.

Dort, wo Fischfang in großem Maßstab möglich war, entwickelten sich allerdings schon früh sesshafte Formen der Lebensführung. Bei Ishango südlich des kongolesischen Albertsees wurde eine dauerhafte Siedlung von Fischern entdeckt, die mindestens 25 000 Jahre alt ist. »Die Funde bei Ishango sowie jener bei Baringo am Turkana-See, der auf zirka 8000 v. Chr. datiert wird, beinhalten schöne, mit Stacheln versehene Harpunen und Netzgewichte (Steine zum Beschweren von Fischernetzen). Die Netze legen nahe, dass Unterstände und Reusen angelegt, Paddel und bereits das meiste der späteren Angelausrüstung benutzt wurden. So gerüstet wurde ein sesshaftes Leben angesichts der Ressourcen der Seen, Ozeane und Flüsse möglich und wünschenswert. […] Es entstanden ortsgebundene Siedlungen, die zwischen 100 und 1000 Leute versammelten, und mit ihnen entstand ein Dorfleben. […] Die Ausrüstung, die man fürs Fischen brauchte, führte zur Ausbildung von Eigentumsbegriffen kommunaler und persönlicher Art und folglich zur Praktik der Vererbung […]. Eigentums- und Vererbungsbegriffe führten zur Neuausrichtung der Haushalte.«[77] Gemeinschaftsarbeiten setzten sich fort, wurden nun jedoch nicht

76 Curtin/Feierman/Thompson/Vansina 1995: 2–3.
77 Curtin/Feierman/Thompson/Vansina 1995: 4.

mehr von allen, sondern von kleineren Gruppen Erwachsener geleistet, die beim Netzfischfang kooperierten. Unter solchen Umständen bekam der allgemein geteilte Gemeinschaftssinn womöglich erste Risse. Vansina nimmt an, dass schon damals erste Ideologien entstanden sein könnten, die Führerschaft und öffentliche Autorität zu rechtfertigen suchten. Er vermutet weiterhin, dass die Anklagen von Zauberei und Hexerei, die in Afrika bis in die Gegenwart im Zusammenhang mit Kämpfen um Macht und Einfluss häufig erhoben werden und insofern auf gesellschaftliche Spannungen hinweisen, bereits hierin angelegt seien. Tatsächlich wird die Zuschreibung von Hexerei gemeinhin auf solche Personen gemünzt, die entweder eigenbrötlerisch agieren oder deren Verhalten von der herrschenden öffentlichen Meinung schlechtgeheißen wird. Wie dem auch sei, wichtig ist festzuhalten, dass permanente Siedlungen rund um reiche Fischgründe bis etwa 7000 v. Chr. äußerst selten blieben.

In Oberägypten (Wadi Kubbaniya) und Niedernubien (Tushka) zeugen archäologische Funde von Gemeinschaften, die vor zirka 18 000 Jahren an Flussläufen siedelten und eine bereits höchst diversifizierte Lebensweise pflegten. Man nennt sie auch die Katarakt-Tradition. Sie jagten mithilfe von Speeren und Stichwaffen – unter anderem Flusspferde, Kuhantilopen und wilde Rinder; sie fischten; schließlich nutzten sie auch wildwachsende Gräser, die sie ernteten, aus denen sie mithilfe von Mahlsteinen Mehl bereiteten, daraus Teig kneteten und zu flachen Fladenbroten verarbeiteten. Die ersten Steinklingen, die als Sicheln dienten, mit denen die Gräser geschnitten werden konnten, haben ein Alter von rund 15 000 Jahren. Seither wurden sie allerorts in der Umgebung gebräuchlich. Die Nutzung der essbaren Teile wildwachsender Riedgräser (auch Nussgräser genannt) war eine einschneidende Änderung, welche die Ernährungsgewohnheiten wandelte und Impulse zu weiteren Entwicklungen gab. Vor 13 000 bis 11 000 Jahren begannen die Menschen der Katarakt-Tradition damit, nicht mehr nur die

Samen von Riedgräsern zu ernten, sondern auch diejenigen von anderen Wildgräsern, die nicht direkt an den Flüssen wuchsen. Damit wurde es möglich, sich auch abseits der feuchten Flussgebiete anzusiedeln und Gräserwirtschaft zu praktizieren. Tatsächlich breitete sie sich in der Folgezeit über den Großraum Nordostafrikas aus.

Für Christopher Ehret gehörten diese Menschen einer Kultur an, die er ›Afrasan‹ nennt und die mit der afroasiatischen Sprachfamilie zusammenhängt.[78] Orientalisten und Humanbiologen nehmen zum Teil bis in die Gegenwart irrigerweise einen nahöstlichen Ursprung der afroasiatischen Sprachfamilie an. Sieht man von den rassistischen Prämissen ab, die früher äußerst wirksam dazu verleitet haben, afrikanische Zivilisationsleistungen grundsätzlich nicht als endogene, sondern als importierte Entwicklungen zu betrachten, so spricht nichts für diese These. Was die Sprecheranzahl afroasiatischer Sprachen angeht, ist ihr semitischer Zweig, der sich im äußersten Westen Südasiens, also nahe Afrika, ausgebildet hat (und durch die Ausbreitung des Arabischen über Nordafrika seit dem 7. Jahrhundert n. Chr. massiv nach Afrika zurückkehrte), selbstverständlich der bedeutendste. Doch mit den sprachgeschichtlichen Anfängen dieser Sprachfamilie haben diese späteren Entwicklungen nichts zu tun. Tatsächlich gehen alle übrigen Zweige der afroasiatischen Familie ausschließlich auf Afrika zurück. »Im Gegensatz zu weitverbreiteten Annahmen, entstand die afr[o]asi[ati]sche Sprachfamilie nicht in Asien, sondern in Afrika, und zwar in den Gegenden zwischen dem nubischen Nil und den nördlichen Hochländern Äthiopiens. Von dort aus expandierten die frühen afrasischen Gesellschaften sowohl nach Südosten ans Horn von Afrika als auch nordwärts den Nil hinab und die Berge am Roten Meer entlang.«[79] Ihre Genese im Kontext mit der Gräserwirtschaft zu vermuten, die den sie prakti-

78 Siehe Ehret/Posnansky 1982, Ehret 2002.
79 Ehret 2002: 38.

zierenden Wildbeutergemeinschaften eine reichhaltigere Ernährung verschaffte und ihr demographisches Wachstum im Vergleich zu anderen Jäger- und Sammlergemeinschaften erhöhte, liegt durchaus nahe.

Eine andere archäologische Tradition, die weiter südlich am Mittleren Nil ihren Konzentrationspunkt hatte, bildete zwischen 16000 und 9000 vor unserer Zeit ihr besonderes Profil aus. Auch hier wurde mit dem Speer Jagd auf Antilopen und anderes Großwild gemacht, das in der tropischen Steppenvegetation im Norden des Verbreitungsgebiets und in den südlichen Savannen in reicher Zahl vorkam; wo möglich, wurde auch gefischt. Ehret hält diese archäologische Tradition für die frühesten Spuren der nilosaharanischen Sprach- und Kulturfamilie, die nach 9000 vor unserer Zeit eine wichtige Rolle in den Neolithisierungsprozessen spielen sollte.

Seit dem ersten Jahrzehntausend v. Chr. geschahen über den ganzen afrikanischen Kontinent hinweg, wenn auch regional und zeitlich gestaffelt, folgenreiche Veränderungen in der Lebensweise und in den Lebensumständen der Menschen. Diese entstanden im Kontext von Erschließung und Anpassung an neue Lebensräume, Domestikation von Nahrungspflanzen und Nutztieren, Erfindung und Nutzung neuer Technologien der Naturbeherrschung, in Werkzeug-, Schmuck- und Waffenherstellung, Bevölkerungswachstum und kultureller Diversifizierung.

Mancherorts vergrößerte sich die Zahl von Menschen, die fürderhin auf engerem Raum miteinander lebten: Dörfliche und städtische Siedlungen entstanden. An solchen Orten kam es zur Ausbildung spezifischerer Formen der Arbeitsteilung – auf der Ebene der Produktion: Handwerk, auf der Ebene der Distribution: Handel, auf der Ebene der Ideologie: spirituelles Spezialistentum – und zur Ausprägung größerer sozialer Ungleichheit, aber auch zur Verfeinerung von Lebensformen und insgesamt zur Hebung des materiellen Niveaus. Solche Vorgänge waren auf komplexe Weise ineinander verflochten und wechselseitig aufeinander angewiesen. Manchmal akkumulierten sie sich in einer Weise, dass die Bildung von zentral bestimmten politischen Gebilden, ›Staaten‹, eine reale Möglichkeit darstellte, häufiger wirkten die überkommenen, typisch wildbeuterischen und bäuerlichen Werte von Freiheit, Gleichheit und Autonomie stark genug in die soziale und politische Praxis hinein, um eine solche Entwicklung erfolgreich zu unterbinden. Sieht man von Altägypten und den nubischen Königtümern der vorchristlichen Ära ab, etablierten sich Staaten in Afrika nicht vor dem 4./5. Jahrhundert n. Chr., in größerer Zahl erst seit der ersten Millenniumswende. Dies ist freilich keine Geschichte des Mangels, wie das die ältere Geschichtsschreibung häufig auffasste, ganz im Geist einer evolutionistisch geprägten Fortschrittsideologie befangen, sondern im Gegenteil eines der vielen Beispiele, an denen sich die afrikanische Konsequenz zeigt, gegen die Widrigkeiten einer schwierigen Umwelt, gegen widrige Umstände zu bestehen und die Bemühungen Einzelner zu konterkarieren, sich über die Gemeinschaft zu erheben. Mehrere Fälle von Staatenbildung und ihre Geschichte werden im dritten Abschnitt dargestellt werden. Im Folgenden geht es darum, die Herausbildung der allgemeinen Grundlagen sichtbar zu machen, auf deren Basis die jüngere Geschichte des Alten Afrika fußte und Afrikanerinnen und Afrikaner diversifizierte Entwicklungswege beschritten.

Das zentrale Element in dieser Geschichte ist der Übergang zu produzierenden Wirtschaftsweisen, der in verschiedenen Teilen der Welt seit Beginn des ersten vorchristlichen Jahrzehntausends stattfand. In ungefährer zeitlicher Parallele, um etwa 10000 v. Chr. hatte sich auch eine technologische Neuerung in der Werkzeugkultur durchgesetzt. Archäologen haben darum vom Neolithikum, von der Periode des polierten oder geschliffenen Steins gesprochen (im Gegensatz zu den älteren Techniken des gespaltenen Steins). Mit dem marxistischen Archäologen Gordon Childe hat sich die Rede von der ›neolithischen Revolution‹ in einem über die

Werkzeugkultur hinausreichenden Sinne durchgesetzt, er bezeichnete damit insbesondere den Anfang von Landwirtschaft und zunehmend sesshafter, mitunter urbanisierter Ackerbaugesellschaft: das erstmalige Auftreten von Ackerbau, Viehzucht und Töpferei.[80] Die gegenwärtige Archäologie betont eher den graduellen und nicht-zwingenden Charakter der Entwicklung hin zum Neolithikum, zur Jungsteinzeit.[81] Dass es sich freilich um einen radikalen Einschnitt in der Menschheitsgeschichte handelt, davon gehen auch jene weiterhin aus, welche die Neolithisierung nicht ›revolutionär‹ nennen mögen. In einem globalgeschichtlichen Sinn verdient sie freilich das Prädikat revolutionär durchaus.

Verursacht wurde diese tiefgreifende Änderung wohl durch den extremen Klimawandel, der das Ende der letzten Eiszeit zwischen 20000 und 10000 Jahren vor unserer Zeit begleitete und »die Umwelten, in denen Menschen lebten, in neuen und herausfordernden Weisen veränderte. In Folge davon änderten sich die Arten der wildwachsenden Früchte, von denen die Menschen abhängig waren, innerhalb einiger Jahrhunderte, und in einigen Regionen drastisch; manche Früchte verschwanden auch einfach ganz. Das Ende der Eiszeit bedeutete darum für Menschen in vielen Teilen der Welt, dass sie sich mehr und mehr neue Nahrungsressourcen erschließen bzw. neue Methoden erproben mussten, ihren Lebensunterhalt zu bestreiten.«[82] Der südostsaharische Raum, der damals tropische und halbtropische Steppen- und Graslandvegetation aufwies, war eine der drei Regionen in der Alten Welt, wo landwirtschaftliche Innovationen zuallererst stattfanden. In den beiden anderen, dem Nahen Osten und Südostasien, wurden zwischen etwa 9500 und 7000 Jahren v. Chr. einerseits Weizen und Gerste kultiviert sowie das Schaf und die Ziege, andererseits Reis und, später, die

80 Siehe Childe 1985 [1942].

81 Siehe Phillipson 2005, Barham/Mitchell 2008, Connah 2016.

82 Ehret 2002: 27.

Banane sowie das Huhn domestiziert. In der Südostsahara hingegen fand die erste Kultivierung des Sorghums statt, und dort wurde auch erstmals das Rind domestiziert. Die Menschen, die diese Kultivierungen leisteten, lebten freilich nach wie vor primär vom Sammeln und der Jagd, ihre landwirtschaftlichen Eingriffe in die Natur waren lediglich ergänzender Art. Jean Suret-Canale notierte in diesem Sinn schon in den frühen 1960er-Jahren: »Ihr Werkzeugbestand macht den Eindruck der Hinterlassenschaft von Jäger- und vielleicht von Fischer- und Viehzüchterbevölkerungen.«[83] Im Verlauf der folgenden Jahrtausende wurden in der feuchten Sahara auch die Kolbenhirse, der afrikanische Reis (*Oryza glaberrima*), der Fonio (Fingerhirse), Perlweizen und der afrikanische Baumwollbaum (*Gossypium africanum*) kultiviert.

Jenseits des Atlantiks, in Mittelamerika, wurden Kürbisse ab etwa 7000 v. Chr. angebaut, Mais ab 5000 v. Chr. In denselben Zeitraum fallen auch in Afrika zwei weitere afrikanische landwirtschaftliche Neuerungen: Zum einen wurde in den regenreichen Hochländern Äthiopiens die bananenstaudenähnliche Enset-Pflanze bewirtschaftet, zum anderen begannen seit zirka 6000 v. Chr. Menschen der westafrikanischen Waldlandsavannen damit, die afrikanische Yams-Wurzel zu kultivieren und mit der Zeit systematisch anzupflanzen. »Die sehr einfachen Hacken, die man gefunden hat, sind mehr Grabstöcke als Bodenbearbeitungsgeräte. Sie dienten ursprünglich zum Ausgraben von wildwachsenden Knollengewächsen. Es ist aber wahrscheinlich, daß diese Zivilisation die Kultur der Yamswurzel […] veranlaßt hat.«[84] Auch hier trat die Landwirtschaft zunächst also als eine komplementäre Technik zum Jagen und Sammeln auf. Erst im Verlauf vieler Jahrhunderte, und auch dann nicht immer und überall, ersetzte sie das ältere Wildbeutertum vollständig.

83 Suret-Canale 1966: 146.
84 Suret-Canale 1966: 146.

Sprachfamilien Afrikas und ihre historischen Implikationen für die Besiedlung des Kontinents

Die historische Afrikalinguistik hat seit dem ausgehenden 19. Jahrhundert versucht, die Sprachen Afrikas in ihrem (lexikalen und grammatikalischen) Verhältnis zueinander zu klassifizieren und ihren sprachgeschichtlichen Zusammenhang zu klären. Diese sprachgenetischen Studien haben Mitte des 20. Jahrhunderts zu einem weitgehenden Konsens über die linguistische Gliederung der afrikanischen Sprachen geführt. Sieht man von Madagaskar ab, dessen Sprache mit dem Austronesischen verwandt ist, unterscheiden die historischen Linguisten für Afrika vier distinkte Sprachfamilien, die trotz einzelner regionaler Überlappungen in verschiedenen afrikanischen Großräumen vorherrschend sind: Afroasiatisch, Nilosaharanisch, Niger-Congo, Khoisan. Diese Situation hat historische Gründe und zu zahlreichen Mutmaßungen Anlass gegeben.[85] Vermutlich haben sich diese vier Sprachfamilien im Zeitraum nach 16000 v. Chr. herausgebildet.

Die als Khoisan klassifizierten Sprachen, die besonders durch Clicks (›Schnalzlaute‹) charakterisiert werden, sind heutzutage nur mehr im südlichen Afrika verbreitet sowie in einigen wenigen Rückzugsgebieten Ostafrikas anzutreffen. Man nimmt an, dass ihr sprachliches Substrat das sprachgeschichtlich älteste darstellt und früher von Jäger- und Sammlergesellschaften des gesamten ost- und zentralafrikanischen Raums gesprochen wurde. Die drei anderen Sprachfamilien gehören kulturgeschichtlich in den Zusammenhang mit der Entfaltung verschiedener Formen des produzierenden Wirtschaftens. Das Niger-Congo erstreckt sich über die weitesten Teile des subsaharischen Afrika, vom Senegal im Westen über Zentralafrika und Ostafrika ins südliche Afrika; dies hängt historisch mit der sogenannten ›Bantu-Expansion‹ zusammen.

85 Greenberg 1966 [1963]. Siehe auch Heine/Nurse 2000, Heine/ Nurse 2008.

Die nilosaharanische Sprachfamilie beschreibt auf entsprechenden Verteilungskarten einen Bogen, der vom heutigen Nordostnigeria über den Sahel und das nördliche Zentralafrika nach Ostafrika hineinreicht. Ihr Verbreitungsgebiet wird häufig mit der Ausbreitung von Rinderhaltung und Getreideanbau in Verbindung gebracht. Die afroasiatischen Sprachen, zu denen auch das Arabische zählt, herrschen am Kontinent in nord- und nordostafrikanischen Räumen vor. Auch hier steht, was die frühe Verbreitung afroasiatischer Sprachen betrifft, die Annahme einer Verbindung mit der Landwirtschaft im Raum: Sie waren Pioniere der Kultivierung wilder Gräser.

Nilosaharanische Traditionen

Die Erfindung landwirtschaftlicher Techniken war ein langsamer und keineswegs zielgerichteter Prozess. Sie ergänzten die überkommenen Traditionen des Sammelns natürlicher Ressourcen und erweiterten die Möglichkeiten der Menschen, auf solche zurückzugreifen. Das erstmalige systematische Sammeln wilder Gräser wird Sprechern des Eriträischen (Erithraic) zugeschrieben, die eine Untergruppe des Afroasiatischen bilden. Um 10 000 v. Chr. haben ihre südlichen Nachbarn, Sprecher des Nilosaharanischen, das Wissen um die Wildgräsersammlung von ihnen übernommen und damit begonnen, die erlernten Domestikationstechniken auf tropische Gräser anzuwenden: auf wilden Sorghum, Fonio und Perlweizen. Neben der Nutzung von Mahlsteinen zum Zweck der Mehlherstellung waren sie, die Ehret als Nördliche Sudaner (Northern Sudanians) bezeichnet, Pioniere der Keramikproduktion.[86] Gefundene Töpfe konnten auf die Zeit zwischen 9000 und 8000 v. Chr. datiert werden. Sieht man von Japan ab, ist das die älteste Keramikkultur der Welt. »Wahrscheinlich war das Kochen der gesammelten

86 Ehret 2002: 62–68.

Zerealien der primäre Grund für die früheste Töpferei«,[87] so Roland Oliver. Die Zubereitung von Brei und Grütze stellte auf alle Fälle eine kulinarische Neuerung sondergleichen in der Menschheitsgeschichte dar.

Andere Sprecher des Nilosaharanischen entwickelten die sogenannte ›Aquatische Tradition‹, die im Zusammenhang mit den Möglichkeiten entstand, die die feuchte Sahara bereitstellte, als sie von Flüssen und Seen durchzogen wurde. Bis 6500 v. Chr. lebten weit mehr Menschen von den aquatischen Möglichkeiten, welche die fruchtbare Sahara bereithielt, als in der Art der Nördlichen Sudaner Landwirtschaft zu betreiben. Doch im Verlauf der folgenden 1000 Jahre änderte sich das Verhältnis grundlegend. Die aquatische Dominanz ging in den westlichen und zentralen Zonen zu Ende. Dies geschah infolge einer trockenen Zwischenphase, in der sich über weite Teile der Sahara die Flüsse zurückzogen, manche ganz versiegten und die Seen schrumpften. Die Aquatiker hatten die Jagd auf Antilopen, Zebras und Büffel mit Fischfang kombiniert und sich entlang der Flüsse und Seen ausgebreitet, die durch die vermehrten Regenfälle allerorts entstanden. Ihr Verbreitungsgebiet insgesamt erstreckte sich über ein riesiges Gebiet – von der südlichen Sahara, dem oberen Niger und dem mittleren Nil bis in den ostafrikanischen Grabenbruch hinein.

Materielle Überreste zeigen, dass mittels Knochenharpunen Flusspferde und Nilbärsche erlegt, Angelhaken aus Muscheln gefertigt und Fallen für den Fischfang benutzt wurden. Die von den Aquatikern benutzte Keramik weist dieselben Formen und Motive auf wie jene der Nördlichen Sudaner, was auf nahe Beziehungen und permanenten Austausch zwischen ihnen hindeutet. In Ernährungshinsicht traten mit ihnen Fischeintopf und Suppe auf den menschlichen Speisezettel. Die Töpferei, die sich seither bald überall hin verbreitete, ermöglichte, was John Sutton 1974 eine

87 Oliver 2000: 39.

durchschlagende ›kulinarische Revolution‹ nannte.[88] Mit der neuerlichen Austrocknung der Sahara konnte sich die aquatische Zivilisation dort nur in einigen wenigen fruchtbaren Gegenden halten: am Nil, um den schrumpfenden Mega-Tschadsee sowie am mittleren Niger im Bereich des Inlanddeltas.

Anderswo setzte sich die zunehmend agropastoral gewordene Lebensweise der Nördlichen Sudaner durch, die Ackerbau und Viehhaltung miteinander verband. Diese waren im Verlauf des ersten vorchristlichen Jahrzehntausends immer weiter in die südlichen Saharaäume vorgedrungen. Dabei hatte ihnen die wirkliche Domestikation von Gräsern und Getreide geholfen, also die Kontrolle des ganzen Zyklus von Aussaat bis zur Ernte, was ihnen im Fall von Sorghum zwischen 8000 und 7000 v. Chr. gelungen sein dürfte, womit die ›sudanische Samenagrikultur‹ ihren Anfang nahm. Um 6000 v. Chr. wurden Kürbisse in diesem Sinn vollständig kultiviert, um 5000 v. Chr. Perlweizen, Baumwolle und Wassermelonen.

Zwischenzeitlich war auch das Rind lokal domestiziert worden, die Rinderzucht vermehrte die verfügbaren tierischen Ressourcen. Um 7000 v. Chr. wurden Schafe und Ziegen eingeführt, die ursprünglich im Nahen Osten domestiziert worden waren. Auch sie trugen dazu bei, die zur Verfügung stehenden Basisressourcen zu mehren und einen Anstieg der Bevölkerungszahlen zu ermöglichen. Ab dem 7. und 6. vorchristlichen Jahrtausend zeichnet sich immer deutlicher eine neuartige Sudanische Zivilisation ab. Nun entstanden dauerhafte, saisonal oder permanent genutzte Niederlassungen – oft in Form von größeren Gehöften, die mit Dornengeflecht umzäunt und von Wassergräben eingehegt wurden, aus denen die Rinder trinken konnten. Die Gebäude wiesen einen kreisförmigen Grundriss auf, die Dächer liefen konisch zu. Mehrere Gehöfte reihten sich aneinander, wodurch sich spezifische Nachbarschaftsverhältnisse ausprägten. Manch-

88 Sutton 1974.

erorts entstanden auch Dörfer als neue sesshafte Siedlungsform. Aus Hörnern wurden Musikinstrumente gefertigt, die wohl nicht nur zu Signalzwecken genutzt wurden, sondern in dem neuen dörflichen Setting auch der gemeinschaftlichen Unterhaltung dienten. Ehret nimmt an, dass bis etwa 5000 v. Chr. Matrilinearität das strukturierende soziale Prinzip dieser nilosaharanischen Gemeinschaften darstellte, dann aber durch Patrilinearität ersetzt wurde.[89]

Afroasiatische Traditionen und Beziehungen über die Sahara hinweg

Populäre Haltungen zur Geschichte Afrikas gehen mitunter noch heute davon aus, dass es afrikanische Geschichte an und für sich nicht gebe, sondern nur als Reflex auf Ereignisse und historisches Geschehen, das anderswo und von anderen Menschen gestaltet werde. Geschichte werde anderswo gemacht. Auf der einen Seite wird hier ein sehr enger Begriff des Historischen angelegt, der darunter nur den Aspekt der politischen Herrschaft und durchsetzungsfähiger Dominanz begreifen will. Dies ist freilich eine inakzeptable Engführung, weil sie den Großteil menschlichen Handelns, Denkens und Wirkens aus der Anschauung verbannt und damit zu einem völlig verzerrten Blick auf die Verhältnisse führt. Auf der anderen Seite steckt darin die alte kolonialrassistische Überzeugung, dass Afrikaner und Afrikanerinnen keine historischen Akteure seien, dass ihnen die Kapazität, aktiv Bleibendes zu schaffen, irgendwie fehle. Geht man nun, gleich ob explizit oder implizit, von einer derartigen Minderbegabung aus, so liegt es nahe, alles Beeindruckende, das man in Afrika vorfindet, als Spuren einer einseitigen Einführung von Zivilisation durch Zivilisierte aus außerafrikanischen Räumen zu deuten und die lokale Einbettung ganz zu vergessen.

89 Ehret 2002: 72–75.

In der kolonial geprägten Afrikaforschung, ein Kind der kolonialen Herrschaftsverhältnisse, war diese rassistische Grundannahme über lange Zeit durchaus einflussreich, und es war schwer, sie erfolgreich zu überwinden.[90]

Das Alte Ägypten galt vielen als der beste Kandidat eines solchen Einfallstores für zivilisierenden Einfluss auf das subsaharische Afrika, gefolgt vom mediterranen Nordafrika. Die dortige Verbreitung und Bedeutung von Sprachen, die der afroasiatischen Sprachfamilie zugeordnet sind – das Altägyptische, die Berbersprachen, das Arabische – legten den im Kolonialrassismus befangenen Gelehrten nahe, für prähistorische Zeiten einen zivilisierenden ›semitischen‹ Einfluss zu behaupten, der durch ›Hamiten‹ nach Afrika übertragen worden sei; nicht zufällig nannte man die afroasiatische Sprachfamilie früher wechselweise Hamitosemitisch und Semitohamitisch. Ich habe an anderer Stelle schon den Nachweis des afrikanischen Ursprungs dieser Sprachfamilie referiert. Verbliebe man in dem diffusionistischen Denkrahmen der älteren Afrikaforschung, so müsste man die Positionen Cheikh Anta Diops und jüngerer Afrozentristen übernehmen, die ›Schwarzafrika‹ zur Wiege der Zivilisation überhaupt erklären, von wo alles Gute im Menschenleben seinen Ausgang genommen habe.[91] Es ist hingegen klar, dass der ganze Rahmen, das gesamte Gebälk, auf dem diese rassistischen Geschichtsdeutungen fußen, faul ist.

Die Dreiteilung des Kontinents hatte schon in den 1820er-Jahren der Philosoph G. W. F. Hegel benutzt, um in seiner Erzählung von der Entfaltung des (politischen) ›Weltgeistes‹ im Lauf der Geschichte ›Schwarzafrika‹ zum Antipoden des Geschichtlichen zu erklären, Altägypten zu orientalisieren und an den dämmerigen Beginn der menschlichen Bewusstwerdung zu setzen, schließlich Nordafrika

90 Siehe dazu u. a. Sanders 1969, Mudimbe 1988, Appiah 1993, Rohrbacher 2002, Sonderegger 2008.

91 Siehe etwa Diop 1987 [1960], 1990 [1959], 1991 [1981], sowie Asante 2007. Fundierte Kritik am Afrozentrismus übt Reinhardt 2007.

zu ›Weißafrika‹ zu machen und dementsprechend keiner näheren Betrachtung mehr unterziehen zu müssen.[92] Dass schon hier rassistische Grundannahmen gehäuft und in problematischer Weise formuliert wurden, kann nur der sturste Hegelianer – und das heißt: ein Rassist – in Abrede stellen. Hegel, der die Kultur und Religion des alten Ägypten im Gegensatz zu anderen frühen vorderasiatischen Kulturen in stark negativer Färbung darstellte, sah freilich immerhin noch eine Nahbeziehung zwischen Ägypten und dem subsaharischen Afrika als evident an. Er machte letzteren Einfluss für die tierischen und unmenschlichen Züge verantwortlich, die er besonders in der ägyptischen Religion zu erkennen glaubte. Die Ägyptologen späterer Zeit taten ihr Bestes, um noch selbst diesen wenig schmeichelhaften Bezugspunkt zu kappen und Altägypten restlos ›einzuweißen‹.

Ein Diskussionsrahmen, der Ägypten, Nordafrika und Afrika südlich der Sahara als voneinander getrennte Zonen setzt, ist bereits Ursache des Problems. Er ist bereits vom Ansatz her ahistorisch. Geschichtlich betrachtet ist es nicht haltbar, die Sahara als unüberwindliche Grenze zu sehen. Es ist ebenso wenig haltbar, das subsaharische Afrika als abgeschlossenen, isolierten Raum aufzufassen, wie Ägypten als allein auf Vorderasien ausgerichtet oder Nordafrika als ausschließlich maritim orientiert. Die alte Geschichte dieser Räume ist ihrerseits eng ineinander verflochten. Je nach Trockenheits- und Feuchtphasen variierend, überwog im Fall der Sahara ihr verbindendes Potential das trennende, und umgekehrt, aber nie brach der Kontakt auf Dauer ab und immer war er wechselseitig. Die Sahara war (und ist) ein Kontakt- und Interaktionsraum. Im Kontext der Neolithisierungsvorgänge vollzogen sich hier vielschichtige und vielfältige Interaktionsbeziehungen über viele Jahrhunderte, ja Jahrtausende hinweg. Besondere Zeugnisse davon lassen sich anhand der Felsgravuren und Felsmalereien in den Bergmassiven der

92 Siehe Sonderegger 2004b.

Sahara nachvollziehen, deren Datierung freilich schwierig ist. Gemeinhin werden vier Perioden unterschieden. Nach gegenwärtigem Forschungsstand wird davon ausgegangen, dass die ältesten vorhandenen Felszeugnisse auf etwa 4000 v. Chr., maximal aber 6000 v. Chr. zu datieren sind. Sie werden der Bubalusperiode zugeordnet, die nach dem ausgestorbenen Riesenbüffel *Bubalus antiquus* benannt ist, der auf vielen Gravuren auftaucht. Daneben finden sich Nashörner, Elefanten, Flusspferde, Giraffen, Strauße, Löwen und Antilopen abgebildet sowie Rinder, Schafe und gelegentlich Menschen. Die Menschendarstellungen weisen teilweise Tierköpfe auf, die abgebildeten Menschen tragen aber auch Gegenstände mit sich, etwa Keulen, Grabstöcke, Äxte und Bögen. Unterschieden wird die sogenannte Rundkopfperiode, »[…] für die gemalte Darstellungen von Menschen mit runden Köpfen und ohne Gesichtszüge charakteristisch sind.«[93] Man datiert sie allerdings inzwischen gleich wie die Bubalusperiode.

Auf die Zeit zwischen 4000 und 2500 v. Chr. wird die Rinderperiode datiert. Damals waren weite Teile der Sahara fruchtbar; Grasländer, große Seen und Flüsse erstreckten sich über diesen Raum. Die Bilder zeigen Schafe, Ziegen und Hunde, Bögen, Wurfhölzer, Schilde und Speere, Keramik, Hütten und Betten, vor allem aber Rinderherden, die oft mitsamt den sie hütenden Hirten abgebildet wurden. »Die Rinder arbeitete man in diesen Darstellungen derart detailliert aus, dass beispielsweise ihre Fellmusterung, ihre Euter und die unterschiedlichen Formen ihrer Hörner zu erkennen sind.«[94] Und die Menschendarstellungen weisen gut erkennbare Körperbemalungen auf. Mit der Einführung des Kamels in die Sahara vor etwas mehr als 2000 Jahren taucht auch dieses Tier auf Felsgravuren und -malereien auf und gibt einer neuen Periode ihren Namen, die vor allem dadurch gekennzeichnet werden kann, dass die Bedeutung der Zeichnungen stark abnahm. Dies hängt

93 Connah 2006: 37.
94 Connah 2006: 39.

aller Wahrscheinlichkeit nach mit der Verschlechterung der Umwelt- und Lebensbedingungen im Sahara-Raum seit dem dritten vorchristlichen Jahrtausend zusammen.

Die anhaltende Dürre und fortschreitende Verwüstung der Sahara zwang viele ihrer Bewohner und Bewohnerinnen zur Migration. Manche, die an der Landwirtschaft festzuhalten versuchten, zogen sich in die bestehen bleibenden Oasen zurück, andere nahmen eine nomadische Lebensweise auf und ersetzten die Rinderhaltung vermehrt durch Schafe und Ziegen, die mit der nun immer kargeren Vegetation besser zurecht kamen – freilich um den Preis der durch ihr Grasen weiter beförderten Bodenerosion. Rund um die Oasenbewirtschaftung entstand ein neues saisonales Muster, und damit auch eine neue Gesellschaftsstruktur: »In der sehr kurzen Regenzeit, wenn die Gräser emporschossen, mussten sich die Schafe und Ziegen – und daher auch die Hirten – möglichst ausbreiten; in der Trockenzeit hingegen kamen hunderte von Menschen mit ihrem Vieh um ein einzelnes Wasserloch zusammen.«[95] Um diese komplexe Situation zu bewältigen, formte sich ein segmentäres Sozialsystem heraus, das sich im Lauf der Zeit über den gesamten Zahararaum ausbreitete. Einerseits appellierte man an eine gemeinsame Einheit aller Gesellschaftsmitglieder, die genealogisch durch den patrilinearen Bezug auf einen gemeinsamen Ahnen hergestellt wurde, andererseits aber produzierte der segmentäre Modus im Kleinen eine Vielzahl kleinerer sozialer Einheiten (›Segmente‹), die sich kontextabhängig und flexibel gruppieren konnten, um den wechselhaften Anforderungen des Alltags gerecht zu werden. Diese identitätsstiftenden und organisatorischen Differenzierungen trugen schon den Keim für die Ausbildung jener starken Hierarchien und sozialen Schichtungen in sich, die sich seit dem ersten vorchristlichen Jahrtausend, als das Klima in der Sahara neuerlich etwas feuchter wurde und Berber bis in den Norden des heutigen

95 Jones 2016: 89-90.

Niger und Mali vordrangen, langsam über weite Strecken der Sahara verbreiteten und in Teile der Sahelzone hineinwirkten.

Das segmentäre Organisationsmodell wurde nicht nur von den nomadisierenden Hirten, sondern auch von den Bewohnern der Oasen gepflegt. Um eine gerechte Verteilung des wertvollen Wassers zu gewährleisten, ordneten sich die Oasenbauern mehr und mehr einer starken kommunalen Autorität unter. In den Oasen wurde die Ernährung zeitweilig riesiger Menschenmengen durch die Ankurbelung der landwirtschaftlichen Produktion (insbesondere von Getreide und Datteln) gesichert. Zu diesem Zweck wurden unterirdische Bewässerungskanäle angelegt, die massive Arbeitsleistungen erforderten. Die Knechtung zahlreicher Menschen – die Sklaverei – spielte wohl in diesem Zusammenhang seit dem zweiten vorchristlichen Jahrtausend eine immer stärkere Rolle. Das Verhältnis zwischen Hirten und Bauern blieb über lange Zeit symbiotisch, da sie wechselseitig aufeinander angewiesen waren. Es kippte erst nach der Einführung des Kamels rund um den Beginn unserer Zeitrechnung, denn dieses erlaubte den Hirten nicht nur größere Mobilität, sondern machte sie den Oasenbewohnern auch militärisch überlegen. Um den nun drohenden Plünderungen zu entgehen, »fingen viele Oasenbauern in den ersten nachchristlichen Jahrhunderten damit an, den ›Schutz‹ eines ›Nomadenstamms‹ zu akzeptieren, dem sie im Gegenzug festgesetzte Mengen an Getreide, Datteln und Wasservorräten bezahlten. Jeder dieser Prozesse«, so Jan Vansina, »verschärfte die gesellschaftliche Ungleichheit in diesen Gesellschaften: Die geknechteten Arbeiter in den Oasen waren den Bauern gegenüber zweitklassig. Diese waren den Nomaden nachgereiht, und von jenen galten die meisten gegenüber den Angehörigen ihrer führenden oder ›dynastischen‹ Lineage als minderwertig.«[96] Eine der Ursachen für die späteren Kastensysteme, die für angrenzende Zonen Westafrikas dokumentiert sind, kann

96 Curtin/Feierman/Thompson/Vansina 1995: 14.

hierin gesehen werden. Auch in dieser Hinsicht war die große Wüste keine dauerhafte Barriere.

Einige der Felsbilder aus dem ersten vorchristlichen Jahrtausend zeigen auch Wagendarstellungen. Sie befinden sich auf zwei Wegen durch die Sahara: im Westen von Südmarokko via Mauretanien an den mittleren Niger, im Osten von Libyen über den Fessan, Tassili und Ahaggar nach Gao am Niger. Sie werden mit den Garamanten in Verbindung gebracht, einem berberischen Volk, das seit Mitte des 1. Jahrtausends v. Chr. rund um die Hauptorte Zinchecra und Garama eine ausgeklügelte Bewässerungswirtschaft praktizierte (*Foggara*), Pferde züchtete und einen frühen Transsaharahandel betrieb (Elfenbein, Häute, Salz, exotische wilde Tiere). Dank der Nutzung von Streitwägen stellten sie auch politisch eine Macht im libyschen Nordafrika, im Fessan, dar.

Obwohl das Pferd um etwa 3000 v. Chr. erstmals domestiziert wurde, folgte sein Einsatz zu militärischen Zwecken erst viel später, und auch dann wurden Pferde nicht geritten, sondern sie wurden zweirädrigen Wägen vorgespannt. Im Zeitraum zwischen 1700 und 1400 v. Chr. eroberten Steppenbewohner mit ihren Streitwägen die meisten städtischen Zivilisationen zwischen Mesopotamien und China und auch Ägypten. Die libyschen Berber benutzten Streitwägen jedenfalls seit 1235 v. Chr., um Raubzüge ins Niltal zu unternehmen und, so ist anzunehmen, auch in andere Teile des saharischen Großraums. Philip Curtin schildert die (vermuteten) Prozesse so: »Die Streitwagenrevolution wurde von den Berber-sprachigen Menschen Nordafrikas ergriffen. Ihr Monopol über diese militärische Neuerung ermöglichte ihnen, die Wüstenvölker nach Süden abzudrängen – entlang des ganzen Striches vom Tschadsee bis zum Atlantik. Nördlich der Wüste, von Libyen bis Marokko, im Süden, vom Senegal bis zum Nigerbogen, und über den Atlantik hinaus auf den kanarischen Inseln wurden Berbersprachen dominant.«[97]

97 Curtin/Feierman/Thompson/Vansina 1995: 44.

Seit dem 9. vorchristlichen Jahrhundert wurde effektiv geritten: Zaumzeug, Sattel und Steigbügel ermöglichten die Kontrolle über das Pferd und gleichzeitiges Kämpfen. Aufgrund ihrer größeren Wendigkeit und ihrer geringeren Abhängigkeit von geeignetem Terrain waren berittene Kämpfer den Streitwagenlenkern überlegen. Auch hier zählten nordafrikanische Steppenbewohner zu den Pionieren der neuen Militärtechnik. Die landwirtschaftliche Zivilisation der Garamanten fußte unter anderem auf der flexiblen Nutzung des Pferdes. Ihr Transsaharahandel in Elfenbein, Häuten, Salz sowie in Sklaven und exotischen wilden Tieren (für den römischen Zirkus) war sporadischer, nicht regelmäßiger Natur. Das galt auch für andere berberische Unternehmungen im Sahara-Raum, die infolge der Einführung des einhöckrigen Kamels, des Dromedars, nach Ägypten seit dem 9. Jahrhundert v. Chr. und an die nordafrikanische Mittelmeerküste im 1. Jahrhundert v. Chr. langsam ein überaus geeignetes Transportmittel für die Wüstendurchquerung zur Verfügung hatten. »Ab den ersten Jahrhunderten unserer Zeitrechnung benutzten Karawanen, die durch Ägypten und an der nordafrikanischen Küste entlangzogen, Kamele in großer Zahl,« schreibt Ralph Austen: »Im Inneren der Sahara waren es Berberstämme, die zur selben Zeit begannen, Kamele als Nutztiere zu halten.«[98] Und er bemerkt weiterhin »viele Hinweise auf einen direkten Karawanenverkehr zwischen den sudanischen und den mediterranen Anrainern der Sahara«,[99] betont jedoch die schwierige Quellenlage, die es nicht erlaube, seriöse Aussagen über die sozialen und kulturellen Implikationen solcher Kontakte und Interaktionen zu treffen. Die problematische Quellenlage bessert sich erst mit der Ankunft muslimischer Händler südlich der Sahara seit dem achten nachchristlichen Jahrhundert.

In den äthiopischen Hochländern wurden von Sprechern und Sprecherinnen afroasiatischer Sprachen im vierten und

98 Austen 2012: 33–34.
99 Austen 2012: 34.

dritten vorchristlichen Jahrtausend mehrere Sorten Hirse (unter anderem die Zwerghirse *teff*) und Sesam (*noog*, *Guizotia abyssinica*) angebaut, außerdem die Kuhbohne und Ensete gezüchtet. Die kuschitischen Bauern begannen damals auch mit der Rinderhaltung: »Ein Bauer hielt ein paar Stück Vieh, von deren Milch und Fleisch er sich verköstigte und mit deren Dung er seine Felder düngte. Die Stoppeln, die nach der Getreideernte überblieben, nutzte er als Futter für das Vieh.«[100] Von dort ausgehend besiedelten Hirten seit 2000 v. Chr. die Tiefländer am Horn von Afrika mit ihren Herden, während agropastorale Mischwirtschaft treibende Kuschiten nach Ostafrika vordrangen. Um 2000 v. Chr. hatten manche von ihnen das Nordufer des Victoriasees erreicht, um 1500 v. Chr. hatten andere das nordtansanische Grasland zu besiedeln begonnen, um 1000 v. Chr. lebten manche dieser Sprecher afroasiatischer Sprachen noch weiter südlich im östlichen Zentraltansania. Diese frühen Ausbreitungswellen der Agropastoralisten endeten damals dort recht plötzlich, wahrscheinlich aufgrund einer ökologischen Grenze, die zu überwinden die Preisgabe der errungenen Lebensweise erfordert hätte: Die Tsetsefliege, Überträgerin der für Tier und Mensch fatalen Schlafkrankheit, setzte ihrer weiteren Expansion ein Ende.

Niger-Congo-Traditionen und die Bantu-Expansion

An den Grenzen der Waldlandzone Westafrikas bildete sich zwischen 9000 und 5500 v. Chr. eine sogenannte Westafrikanische Pflanzerkultur heraus, die sprachgeschichtlich zu der Niger-Congo-Familie gehört. Ihre Träger und Trägerinnen nutzten zuerst den in den Waldlandsavannen wild gedeihenden Yams, dessen Knollen sie ausgruben, gingen jedoch mit dem Ausgreifen der Regenwälder immer mehr

100 Curtin/Feierman/Thompson/Vansina 1995: 6.

dazu über, ihn zu kultivieren – zunächst wohl dadurch, dass sie den Boden bereiteten und jäteten, um die wachsenden Pflanzen zu schützen, später durch gezieltes Setzen aufbewahrter Knollen und gelegentliches Wässern. Früh wurden auch die Produkte der Ölpalme und der Raffiapalme in vielfältiger Manier genutzt: Aus den Palmnüssen wurde Öl gewonnen, aus ihrem Saft Palmwein; auch aus dem Saft der Raffiapalme wurde Palmwein hergestellt, und jedenfalls seit dem 4. vorchristlichen Jahrtausend wurden Fibern zu Textilien verarbeitet. Um 4000 v. Chr. übernahmen die frühen Niger-Congo-Bauern und -Bäuerinnen von nilosaharanischen Sudanern auch den Anbau von Kürbissen, die nicht nur zur Nahrung dienten, sondern auch zur Fertigung jener Trommeln und Kalebassen, die unverzichtbarer Teil der polyrhythmischen westafrikanischen Musik werden sollten. Wenig später, um etwa 3000 v. Chr., bauten sie bereits Okra an und ernteten die Kolanuss. In der Region des heutigen Nigeria und Kamerun fand die Kultivierung der schwarzäugigen Bohnen und der afrikanischen Erdnuss (*Arachis africana* bzw. *Vigna subterrania*) statt. Das Guineahuhn ist ebenfalls eine frühe Züchtung, die im Kontext der Westafrikanischen Pflanzerkultur entstand, über die Ehret an einer Stelle schreibt: »Im Übrigen waren die Erfinder dieser Agrikultur Frauen.«[101] Ergänzt um Ziegen und Rinder, die sie im 6. vorchristlichen Jahrtausend zu halten begannen, war eine breit aufgestellte mischwirtschaftliche Lebensweise geboren.

Sprecher des Benue-Kwa-Subzweigs der Niger-Congo-Familie (zu deren heutigen Vertretern etwa Yoruba, Igbo und Akan, sowie die Bantu-Sprachen gehören) expandierten zwischen 5500 und 3500 v. Chr. in die westafrikanischen Regenwälder hinein. Ihre bessere technologische Ausrüstung, insbesondere die geschliffene Steinaxt, ermöglichte es ihnen, leichter Bäume zu schneiden und zu fällen, um so jene

101 Ehret 2002: 84.

Lichtungen herzustellen, die für das Gedeihen von Yams und Palme nötig sind. Der Lebensraum der Westafrikanischen Pflanzer vergrößerte sich fortlaufend. Die Töpferei erlaubte nicht nur eine verfeinerte Küche, sondern auch eine erfolgreiche Vorratswirtschaft. Die steigende Bevölkerungszahl verlangte nach neuen Bau- und Siedlungsweisen und zog gesellschaftliche Änderungen nach sich. Häuser wurden nun typischerweise auf rechteckigem Grundriss angelegt und mittels geflochtener Palmblätter bedacht. Sie waren entlang einer zentralen Straße gruppiert, die durch die entstehenden Dörfer führte. Langsam bildeten sich arbeitsteilige Formen klar ersichtlich heraus: Bootsbau, Fischerei, vielleicht auch die Schnitzerei von Holzskulpturen und Masken gehörten zu den ersten Bereichen, in denen Spezialisierung erfolgte.

Den matrilinearen Lineages standen anerkannte und einflussreiche Personen vor, sogenannte *Big Men* (Wortwurzel **kumu*), die als Mediatoren und Verwalter die guten Beziehungen zu den Ahnen sowie zum Land sicherten. Beides – Grund und Boden, der bewirtschaftet wurde, sowie das Erfahrungswissen um die Produktionstechniken, das sich im Lauf der Generationen angesammelt hatte und das man den Vorfahren verdankte – entwickelte sich zu zentralen Eckpfeilern der agrarischen Zivilisationen. Im Fall des Niger-Congo-Zusammenhangs formte sich daraus die charakteristische Vorstellung eines spirituellen Bandes, das die Lebenden mit den Verstorbenen und den (noch) Ungeborenen unauflöslich verknüpft. Dieses Band kappt man nicht ungestraft und nur um den Preis ärgster Konsequenzen für das individuelle wie das kommunale Wohl.

Einen der Subzweige des Niger-Congo bilden die Bantu-Sprachen, die, mehr als 600 an der Zahl, gegenwärtig von etwa einem Drittel der Gesamtbevölkerung des Kontinents gesprochen werden. Ihr Verbreitungsgebiet umfasst heute das zentrale, östliche und südliche Afrika; die Besiedlung dieser Räume durch Bantu-sprachige Menschen vollzog sich langsam über Jahrtausende hinweg, im Zeitraum zwischen dem dritten vorchristlichen und dem ersten nachchristlichen Millennium. Da ihre nächstverwandten Sprachen alle im Grasland Kameruns und des angrenzenden Nigeria zu finden sind, nehmen Historische Linguisten an, dass dort jenes Proto-Bantu gesprochen wurde, auf das alle später dokumentierten Bantu-Sprachen zurückweisen. Von dort ausgehend nahm die sogenannte Bantu-Expansion ihren Anfang, der man noch am ehesten gerecht wird, wenn man sie sich in Form zahlloser Migrationswellen vorstellt, von denen manche größere Gemeinschaften betrafen (Jan Vansinas Wellenexpansionsmodell),[102] andere kleinere abgespaltene Familiengrüppchen, die sich andernorts zu neuen Gemeinschaften zusammenschlossen und so, in kleinräumiger Bewegung begriffen, auf lange Zeit hin viele neue Gebiete erschlossen (Igor Kopytoffs These von *fusion and fission*).[103] Die zu Zeiten der kolonialen Afrikawissenschaften beliebte Vorstellung einer massiven kriegerischen Völkerwanderung ist durch die Forschung seit den 1960er-Jahren hingegen völlig obsolet.

Wie die anderen Niger-Congo-sprachigen Gruppen waren auch die frühen Bantu neolithische Bauern, die Wurzelknollen und Gemüse, aber auch Getreide pflanzten und Ziegen hielten. Sie töpferten und nutzten Keramik und beherrschten Webtechniken. Das Proto-Bantu, so wird auf lexikostatistischer (und glottochronologischer) Basis angenommen, hatte sich rund um 3000 v. Chr. ausgebildet. Gegen Mitte oder Ende des zweiten vorchristlichen Jahrtausends kam Bewegung in die Sache, als eine Ostwanderung einsetzte, welche bis ans ostafrikanische Seengebiet reichte. Die nach Jan Vansina Nord-Bantu genannten Menschen bewegten sich entlang der nördlichen Regenwaldgrenze ostwärts, teils in den Savannen, wo sie sowohl Getreide als auch Yams anbauten, jagten und Fallen stellten, teils in den Regenwäldern selbst, wo sie den Anbau von Wurzel- und Baumfrüchten

102 Vansina 1995.
103 Kopytoff 1987.

mit Fallenstellen, Sammeln und Fischen kombinierten. Dabei siedelten sie, anders als die einheimischen Wildbeuter, in Dörfern und organisierten mehrere davon zu Distrikten, die bis zu geschätzten 500 Personen Platz bieten konnten. Die sprachliche Einheit des Proto-Bantu ging im Zuge dieses Prozesses verloren, dialektale Varianten bildeten sich aus und distinkte, neue Sprachen entstanden.

Von zwei Orten des neu erschlossenen Gebietes gingen nach 2000 v. Chr. weitere Expansionsbewegungen aus, deren Träger man zum einen West-Bantu, zum anderen Ost-Bantu nennt. Die West-Bantu folgten den Flüssen des mittleren Kongobeckens, zogen aber auch südwärts und erreichten gegen 900 v. Chr. die südwestliche Grenze des Regenwaldgebiets. In dem dortigen Mosaik aus Waldland und Savanne begannen sie zu jagen und passten nach und nach ihre landwirtschaftliche Praxis den geänderten Gegebenheiten an. Einige zogen weiter gen Süden und erreichten die Waldländer im heutigen Nordangola, das höher gelegen war und wo häufig Trockenheit und Dürren auftraten. Die dortigen Böden eigneten sich zunehmend schlechter für die aktive Bewirtschaftung, und die Flüsse, die aufgrund des Gefälles und vieler Wasserfälle schlecht schiffbar waren, schlängelten sich oft durch tiefe Schluchten und wiesen nur selten jene Galeriewälder entlang ihrer Ufer auf, die den Anbau von Yams oder Palmen noch zugelassen hatten.

Folglich siedelten die West-Bantu in dieser Gegend nur in den größeren Flusstälern, während das Gros der Ländereien weiterhin allein von den alten Jäger- und Sammlerkulturen genutzt wurde. Freilich machten auch die West-Bantu Jagd auf das reichlich vorhandene Wild, das zu einem wesentlichen Bestandteil ihrer Ernährung wurde. Sprachlich passten sich die alten Wildbeuter den Neuankömmlingen an und übernahmen deren West-Bantu-Sprachen im Lauf der Zeit. Man hat eine doppelte Erklärung dafür: Zum einen erlaubte die sesshafte Lebensform ein größeres und rascheres demographisches Wachstum, zum zweiten entwickelten sich die

Dörfer zu attraktiven Orten: »Für die Wildbeuter, meint Vansina, war deshalb ein ›Bantu‹-Dorf, so klein es uns aus der Rückschau erscheinen mag, ein aufregender Ort, Anziehungspunkt für die einen, Gefahrenherd für die anderen. Gut möglich, daß einige nur den Warenaustausch mit den Dorfbewohnern suchten, andere sich jedoch einzelnen Männern in den Dörfern anschlossen. Die Matrilinearität der Bantu-Gesellschaften begünstigte im übrigen die Einheirat. Denkbar, daß die Zahl der Bantu-Sprechenden letztlich mehr durch Kooptation als durch natürliches Bevölkerungswachstum zugenommen hat.«[104]

Zur selben Zeit, als diese Ausdehnung des West-Bantu begann, setzte auch eine andere südwärts gerichtete Bewegung ein, die ihre ›Wiege‹ im Gebiet des heutigen Ostkongo hat. Hier waren dieselben ökologischen Grenzen zu überwinden wie im Westen und entsprechende Anpassungsleistungen zu erbringen. Sprecher und Sprecherinnen des sogenannten Ost-Bantu besiedelten die Trockenwälder im Südosten des Kongo und in Sambia und gelangten von dort sowohl nach Südost- als auch nach Ostafrika. Im Hochland des ostafrikanischen Seengebiets trafen sie auf die dort eingesessenen Agropastoralisten, von denen sie den Gräseranbau erlernten und die Haltung von Rindern übernahmen. Dort begann sich auch ihr Siedlungsmuster grundlegend zu verändern. Anstatt in kompakten Dörfern lebten die Menschen nun vermehrt in Gehöften, die jeweils großen Haushalten Platz boten, und über die hügelige Landschaft hinweg verstreut errichtet wurden.

Ausgeprägte Autoritätsformen scheinen ebenfalls schon damals in Ansätzen entstanden zu sein. Steven Feierman hält es »für wahrscheinlich, dass Führungskraft und die Ahnen [Wortwurzel **dimo*] eng zusammen gedacht wurden.« Hinweise dafür vermittelt der Vergleich mit ethnographischen Befunden: »In rezenteren Zeiten sind die Dorfvorsteher der

104 Wirz 1997: 45.

Bantu-sprachigen Gesellschaften im Großen Seengebiet meistens ältere Männer gewesen, die sich dadurch einen Namen gemacht haben, dass sie Wohlstand akkumuliert und viele Kinder gezeugt hatten. Diese bedeutenden Männer hofften, nach ihrem Tod als bedeutende Ahnen erinnert zu werden. Wenn sie älter wurden und ihr Tod nahte, erwartete man von ihnen, dass sie mit der Welt der Ahnen zugunsten der Lebenden Verbindung aufnahmen. In anderen Teilen Ostafrikas sind es Frauen, die über ihren Tod hinaus als wichtige Ahninnen im Gedächtnis weiterlebten.«[105] Für den engen Zusammenhang von spiritueller und politischer Autorität spricht auch der Bedeutungswandel, der an der Wortwurzel **kumu* illustriert werden kann, die in den West-Bantu-Sprachen die alte Bedeutung eines *Big Man* beibehielt, während sie sich in den Ost-Bantu-Sprachen zu **fumu* wandelte und zur Bezeichnung für den Wahrsager wurde. Auch Heiler (**ganga*) wurden hier vor mehr als 2000 Jahren zu hervorragenden Personen geadelt.

Die meisten Alteingesessenen übernahmen im Lauf der Zeit die Sprachen der Ost-Bantu. Dies erscheint verwunderlich angesichts der Tatsache, dass in den meisten bekannten historischen Fällen die Übernahme von Sprache entweder infolge kriegerischer Überlagerung geschah oder weil die übernommene Sprache aus irgendeinem Grund attraktiver erschien als die angestammte. Jan Vansina vermutet die »Meisterung einer völlig neuen Technologie: der Metallurgie«[106] durch Sprecher des Ost-Bantu als Ursache für die gesteigerte Attraktivität ihrer Sprache und Kultur. Erste Hinweise auf die Herstellung von Schmiedeeisen in der Region zwischen Tanganyika-, Kivu- und Victoriasee lassen sich per Radiokarbon-Datierung auf den Zeitraum 800 bis 300 v. Chr. zurückverfolgen. Einige noch ältere Datierungen aus der Region, die ins zweite vorchristliche Jahrtausend zurück-

105 Curtin/Feierman/Thompson/Vansina 1995: 129–130.
106 Curtin/Feierman/Thompson/Vansina 1995: 20.

weisen, gelten als ungesichert und werden von der Archäologie gemeinhin nicht akzeptiert.[107] Weil sich das Eisenerz, dessen natürliches Vorkommen häufig war, in geschmolzenem Zustand verhältnismäßig einfach schmieden, biegen und ziehen ließ, wurde Schmiedeeisen zum bevorzugten Grundstoff in der Herstellung harter metallener Werkzeuge. Graham Connah beschreibt das arbeitsintensive Verfahren anschaulich: »Man gewann es, indem man es in einem Rennofen bei Temperaturen von 1150° bis zu 1200° C schmolz. Dazu benötigte man eine Mischung aus Eisenoxiderz und Holzkohle, die in einem häufig recht kleinen Schmelzofen erhitzt wurde. Von Hand bediente Blasebälge pressten die Luft durch eine oder mehrere seitlich in die Wände eingelassene Tonröhren in den Ofen hinein. Um die gewünschte Temperatur zu erreichen, war es nicht nur entscheidend, dass man den Anteil an Kohlendioxid niedrig hielt, sondern auch so viel Kohlenmonoxid wie möglich produzierte. Dadurch wurde dem Eisenerzoxid der Sauerstoff entzogen (Reduktion) und es schmolz zur sogenannten Luppe, einem wie ein Schwamm aussehendes Stück Eisenmetall, das mit Schlacke vermengt war. Um Schmiedeeisen zu erhalten, musste man die Luppe immer wieder ›ausheizen‹ und schmieden, damit die Schlacke entfernt werden konnte.«[108]

Die archäologischen Indizien sprechen stark für einen lokalen Ursprung der dortigen Eisenschmelze, weil die verwendete Technologie ein originäres Gepräge aufweist. Auch die Datierungen von Fundmaterialien im heutigen Nigeria (Taruga), in Niger (Do Dimi) und Gabun (Otumbi) auf ein Alter vor 500 v. Chr., sowie noch älter datierte Funde aus Kamerun, dem Kongo und der Zentralafrikanischen Repub-

107 Siehe Phillipson 2005: 215–216 und Connah 2006: 56, der schreibt: »An mehreren Plätzen in Ruanda und Burundi datieren die archäologischen Belege für eine Eisenverhüttung sogar in die Zeit vor mehr als 3000 Jahren, wenngleich die Zuverlässigkeit einiger dieser Daten noch zu prüfen ist.«

108 Connah 2006: 54–55.

lik belegen die weite Streuung früher Eisenherstellung. Auch für den Raum Ruanda und Burundi existieren archäologische Belege für die sehr frühe Eisenverhüttung zu Beginn des ersten vorchristlichen Jahrtausends, vielleicht sogar früher. Interessanterweise sprechen auch sprachgeschichtliche Studien für das hohe Alter der Metallurgie von Westzentral- bis Ostafrika. So kommt, worauf Vansina hinweist, ein Teil des Wortguts, das sich auf das Schmiedeverfahren bezieht (zum Beispiel ›Schmied‹, ›Amboss‹, ›Hammer‹), in allen Bantu-Sprachen vor, vom äußersten Westen ihres Verbreitungsgebiets bis in den Osten und den Süden.[109]

Adam Jones nennt einen weiteren potentiellen Ursachenfaktor für die Attraktivität, welche die Ost-Bantu-Sprachen offenbar auf ihre Nachbarn ausgestrahlt haben – nämlich die ›Kultivierung der Mehlbanane‹, also der Kochbanane (Plantane), die, ursprünglich aus Südostasien, im Lauf des späten ersten vorchristlichen Jahrtausends via ostafrikanischer Küste ins Binnenland gelangte und den Ost-Bantu-Bauern mehrere wirtschaftliche und ökologische Vorteile eintrug: »Die Banane konnte entweder gekocht oder gemahlen und zudem konserviert werden. Im Gegensatz zu Yams oder Ölpalmen, die nur am Rand des Waldes wachsen, war die Mehlbanane auch für die Landwirtschaft mitten im Regenwald geeignet. Der Ertrag war höher und der Arbeitsaufwand wesentlich niedriger, denn eine Bananenpflanze trägt mehrere Jahre Früchte. Bantu-sprachige Bauern konnten sich also fast überall im Regenwald niederlassen, Nahrungsmittel (und ab dem 1. Jahrtausend n. Chr. Metallobjekte) an benachbarte Wildbeuter verkaufen und diese dadurch teilweise integrieren.«[110] Ein weiterer Vorteil der Kochbanane besteht darin, dass sie ganzjährig zu ernten ist. Allerdings wurde sie nicht überall sofort angebaut; nach Buganda etwa gelangte sie erst um die erste nachchristliche Jahrtausendwende.

109 Vansina 1990: 58–60.

110 Jones 2016: 83.

Von zirka 200 v. Chr. an, als die Herstellung von Eisen in Teilen Ost- und Westafrikas bereits seit geraumer Zeit üblich war und wertvolle Eisenartefakte jene aus Stein, Knochen und Holz ergänzten, verbreitete sich nicht nur die Metallurgie, sondern auch die Töpferei, Viehhaltung und Getreidewirtschaft in wenigen Jahrhunderten über weitere Teile des östlichen und südlichen Afrika. Archäologische Befunde zeigen, dass seit 200 v. Chr. große Teile im heutigen West- und Zentralsimbabwe, Nordostbotswana sowie sambische Gebiete am oberen Sambesifluss von Rinderhirten genutzt wurden, die eine Keramik gebrauchten, die jener aus Tansania gleicht. Eine Eisenindustrie des küstennahen Tansania scheint zwischen dem ersten vorchristlichen und Mitte des dritten nachchristlichen Jahrhunderts die mehr als 2000 Kilometer lange Strecke ins südliche Mosambik und bis nach Natal zurückgelegt zu haben, wo sich dann auch erste Spuren des Getreidebaus und der Rinderhaltung finden. Die Ausbreitung der Fertigkeit fand hier, so ist zu vermuten, hauptsächlich über die Küstenschifffahrt statt, die um die Zeitenwende eine gewisse Intensivierung erfahren hatte. Weitere Streuungswege verliefen im späten dritten nachchristlichen Jahrhundert von Nordmalawi ins zentrale Simbabwe und von Südtansania nach Sambia sowie ins südkongolesische Katanga.

Hier trafen Ost-Bantu-sprachige Gruppen auf solche des West-Bantu, die nach wie vor, wo irgend möglich, die an die Feuchtwaldzone angepasste Landwirtschaft betrieben. »Da ihr die Getreidewirtschaft in den Waldländern und Savannengegenden weit überlegen war, übernahmen die West-Bantu-Sprecher die Getreidepflanzen mit einigem Eifer, und sie absorbierten die Einwanderer aus Sambia und Katanga. Daraus entstand eine neue besondere regionale Tradition, die man Zentral-Bantu nennen kann.«[111] Die Dorf- und Distrikt-basierte Sozialorganisation der West-Bantu

111 Curtin/Feierman/Thompson/Vansina 1995: 26.

verband sich hier mit den autoritäreren Zügen, die sich im Ost-Bantu herausgebildet hatten, und formte neue Kulturzusammenhänge aus.

Interaktionen fanden auch mit nicht-Bantu-sprachigen und nicht-agrarischen Gemeinschaften statt. Wahrscheinlich in der Gegend des heutigen Simbabwe hatten Khoisan-sprachige Wildbeuter damit begonnen, Schafe und Rinder zu halten, und sich anschließend über die Steppen der Kalahari ausgebreitet. Um den Beginn unserer Zeitrechnung lebten Schafhirten, die sogenannten Khoikhoi, bereits im Umland der Südspitze des Kontinents. Im Norden des heutigen Namibia trafen Khoisan- und West-Bantu-sprachige Menschen aufeinander und beeinflussten sich wechselweise kulturell. Das Resultat dieser Interaktionen war eine nomadische pastorale Lebensweise, die sich deutlich von dem südostafrikanischen ›Rinderkomplex‹ unterschied, der »durch kreisförmig angelegte Dörfer charakterisiert ist, in dessen Mitte ein gemeinsamer Rinderkorral [ein Gehege] lag, um den sich die Häuser gruppierten, und wo die Familienoberhäupter gemeinsam Entscheidungen fällten.«[112]

Die soziokulturelle Vielfalt und regionale Diversität, die sich schon in der Darstellung der menschlichen Frühgeschichte als bleibende Konstante gezeigt hatte – anders gesagt: der ständige kulturelle Wandel afrikanischer Gemeinschaften – kennzeichnet also auch die Situation Mitte des ersten nachchristlichen Jahrtausends. Dies ist nicht verwunderlich, denn die afrikanischen Gesellschaften waren, wie Basil Davidson 1969 pointiert bemerkte, »niemals über längere Phasen hinweg statisch, und selten über kurze: Sie entwickelten sich beständig«[113] und in genuiner Anpassung an vielfältigste Umweltbedingungen.

112 Curtin/Feierman/Thompson/Vansina 1995: 26.
113 Davidson 2004: 41.

Zentrale Entwicklungen der letzten drei Jahrtausende afrikanischer Geschichte

Im ersten Millennium unserer Zeitrechnung häufen sich die Hinweise auf zunehmend komplexere Formen der Sozialorganisation, wobei vor allem die stärkere Stratifizierung, also soziale Ausdifferenzierung und Schichtung, subsaharischer afrikanischer Gesellschaften ins Auge fällt. Die verbesserten Technologien der Nahrungsproduktion ermöglichten ein demographisches Wachstum. Die Gemeinschaften und Siedlungen, in denen Menschen zusammenlebten, die den Boden bestellten und domestiziertes Vieh hielten, nahmen an Zahl zu und wurden größer. Dies zog mannigfaltigen kulturellen Wandel nach sich, machte verschiedenartigste kulturelle Anpassungen nötig, die die Menschen mit großer Flexibilität leisteten. Zwar wuchs die Bevölkerung Afrikas insgesamt, doch die Bevölkerungsdichte entwickelte sich in den afrikanischen Großregionen recht unterschiedlich: Im Vergleich zu Westafrika fiel das demographische Wachstum im östlichen und südlichen Afrika geringer aus, so auch der Grad der Urbanisierung, die dort auf einige wenige Orte besonders entlang der Ostküste begrenzt blieb; in Zentralafrika entsprach die nur punktuelle Verdichtung von Siedlungen innerhalb eines Meers von (fast) menschenleerem Land sogar dem Regelfall. Auch wenn sich die afrikanischen Lebensweisen weiterhin flexibel veränderten und sich die agrarische Produktionsweise fast flächendeckend ausgebreitet hatte, wurden sie dadurch keinesfalls uniformer. Dennoch sind einige allgemeine Merkmale zu benennen, die nun neu auftraten oder, in Anpassung an veränderte Umstände, anders akzentuiert wurden.

Technologie, Wohlstand und soziale Ungleichheit

Als Basisgrundlage für den sozialen Zusammenhalt diente weiterhin die Lineage, welche die Familienhaushalte, die in einem abgesteckten Gebiet wirtschafteten, das sie sich gemeinschaftlich erschlossen oder von ihren Vorfahren übernommen hatten, als Verwandte und Zusammengehörige konstituierte. Sie vermittelte Individuen Schutz, Sicherheit und Geborgenheit, indem sie ein wechselseitiges Netz sozialer Rechte und Pflichten zwischen den einzelnen Gemeinschaftsmitgliedern knüpfte, und aus ihr bezogen Individuen ihre Identität. Ein Mensch ohne seine Lineage war, wie es in einer kongolesischen Redewendung heißt, »wie ein Grashüpfer, der seine Flügel verloren hat.«[114]

Die neuen Technologien vermehrten auch die materielle Kultur insgesamt – die Güter, die Afrikanern und Afrikanerinnen zur Verfügung standen.[115] Auch kam es zu verstärkter Arbeitsteilung innerhalb der Gesellschaften bis hin zur Herausbildung besonderer Berufe – also Tätigkeitsfeldern, deren Betreiber davon ausgenommen waren, selbst die Nahrungsmittel zu produzieren, die sie konsumierten. Schmiede, die Gegenstände herstellten, die für den sozialen Verband wichtig waren und die nur sie fertigen konnten, bildeten Vertreter einer solchen früh auftretenden Klasse von Spezialisten, religiöse und rituelle Experten und Expertinnen mitunter eine weitere. ›Jäger‹, ›Magier‹, ›Hexer‹ und ›Zauberer‹ beiderlei Geschlechts sind die Figuren zahlloser mündlicher Überlieferungen, die Afrikaner und Afrikanerinnen erzählen, um den Anfang ihrer Gesellschaft oder irgendeines Aspekts ihrer Geschichte zu begründen. ›Regenmacher‹ und ›Heiler‹, manchmal Männer, manchmal Frauen, spielen analoge Rollen und erfüllen darüber hinaus

114 Davidson 2004 [1969]: 55.

115 Siehe dazu, und zum Folgenden, die vielen regionalen Beispiele in Fage 1978, Mokhtar 1981.

analoge praktische Aufgaben im Rahmen ihrer komplex geschichteten Gesellschaften.

Möglich wurde außerdem »die Entstehung von spezialisierten Handwerkern […], die selbst keine bzw. nur wenig Nahrung produzieren mussten«, wie Adam Jones bemerkt,[116] durch die landwirtschaftlichen Überschüsse, die aufgrund verbesserter Werkzeuge wie zum Beispiel Haumesser und Hacken erzielt werden konnten. Damit wurde ein gewisser Wohlstand erzielbar. Man denke an die kunstvollen westafrikanischen Maskenschnitzereien oder die zentralafrikanischen Elfenbeinfiguren und ihre Schöpfer, mehr oder minder spezialisierte Holz- und Hornschnitzer; an die Lederarbeiter und Gerber Somalias und der Sahelzone; an die Erzähler, Sänger und volkstümlichen Unterhalter Westafrikas, die Griots und Griottes. Möglich wurden solche Berufsspezialisierungen erst auf der Grundlage beginnender Stratifikationsvorgänge, die sie gleichzeitig intensivierten und vertieften. Die soziale Differenzierung zwischen den Angehörigen ein und derselben Gesellschaft nahm zu, und in deren Gefolge oft die soziale Ungleichheit.

In Konsequenz bedeutete das auch, dass die ungleiche Akkumulation von Reichtümern möglich wurde. Manchen gelang es, sie sich einseitig anzueignen, während andere entsprechend verarmten und in Abhängigkeitsstrukturen gerieten, die mit der wachsenden sozialen Ungleichheit einhergingen. Die soziale Ungleichheit zeigte sich freilich nicht nur an der ungleichen Besitz- oder Verfügungsgewalt über Güter, Grund und Boden, sondern auch an jener über Menschen. Sie schlug sich in unterschiedlichem Prestige nieder und darin, dass Menschen unterschiedlichen Ranges nur mehr sehr ungleichgewichtig an der politischen Macht partizipieren konnten. Im Extremfall konnten daraus die elaborierten Formen des sogenannten sakralen Königtums werden, dessen Merkmale in Spurenelementen in den Vor-

116 Jones 2016: 96–97.

stellungen der meisten agrarischen Zivilisationen weltweit zu erkennen sind. John Fage legt in diesem Sinn nahe, das sakrale Königtum als »eine mehr oder weniger natürliche Entwicklung« zu verstehen, die infolge der landwirtschaftlichen Produktionsweise entstand: Die Abhängigkeit vom bewirtschafteten Land stieg mit der steigenden Bevölkerungszahl, ebenso wie die Wasserabhängigkeit. Deshalb und »da es einen umfassenden Glauben an die Notwendigkeit gab, die Geister des Landes und der Gewässer versöhnlich zu stimmen, wurde es immer wichtiger, dass ihre Ahnen in der Geisterwelt vermittelten. Der Führer einer jeden Gesellschaft – der direkte Abkömmling des Gründungsahnen der Gruppe; der Mann, der sie dabei angeführt hatte, erstmals das Land zu roden, und der die Landnutzung mit den Geistern verhandelt hatte – wurde der erste Vermittler zwischen dieser und der anderen Welt. Auf diese Weise wurden ihm mehr und mehr übernatürliche Eigenschaften zugeschrieben.«[117] Im Extremfall konnte aus einer solchen Funktion ein sakraler Herrscher werden, der weitreichende weltliche Gewalt besaß und einem Staat vorstand.

Freilich kam es nicht immer und überall zwingend zu derartiger staatlicher Entwicklung. Eine innere Notwendigkeit zum Aufbau von Staaten im Sinne eines dauerhaft festgefügten, institutionalisierten Autoritarismus mit möglichst zentral kontrollierter Herrschaftsstruktur bedeutete das allerdings keineswegs. Mitunter setzte eine solche Entwicklung ein, wie an Beispielen im folgenden Abschnitt gezeigt wird. Viele der afrikanischen Gesellschaften, die durchaus sozial ungleich organisiert waren, widerstanden jedoch dieser Tendenz, die politische Entscheidungsmacht permanent an andere zu übertragen. Das hatte unter anderem den folgenden Grund: Die soziale Ungleichheit trug in Afrika selten ein ausgeprägtes Klassenantlitz, sondern sie durchzog vielmehr das Ver-

117 Fage 2002: 40. Siehe auch die gute Zusammenfassung der Diskussion um das sakrale Königtum bei Salokoski 2006: 17–18, 35–47.

hältnis der Generationen und der Geschlechter zueinander. Wiewohl verschieden ranggereiht, blieb die Gemeinschaft insgesamt eine von ›Verwandten‹, sozial geschichtet, aber nicht durch Klassengegensätze getrennt.

Geschlechter, Generationen und soziale Klassen

Land zu erschließen und zu kultivieren, wie es die afrikanischen Bauern und Bäuerinnen seit Jahrtausenden taten, war eine sehr arbeitsintensive Tätigkeit. Sie war auch nur dadurch möglich, dass sich viele an der anfallenden Arbeit beteiligten – vom Roden der Wälder, was häufig Männerarbeit war, bis zum Pflanzen und alltäglichen Unkrautjäten, was meist in Frauenhand lag. Die agrarischen Gemeinschaften hatten darum großes Interesse daran, zahlenmäßig zu wachsen. Gleichzeitig war unbebautes Land über lange Zeit frei verfügbar, und die Anmeldung irgendwelcher Besitzansprüche auf Grund und Boden war deshalb, anders als in den dichter bevölkerten Teilen der Alten Welt, keine realistische oder sinnvolle Option. In Asien und Europa herrschten dementsprechend die Einehe (Monogamie) und die Heirat innerhalb der eigenen Lineage (Endogamie) vor, weil sie den Zweck erfüllen, Eigentumsrechte an Land innerhalb der Familienstruktur zu halten, es also als Familienbesitz zu sichern.[118] Unter den andersgearteten Bedingungen Afrikas herrschten hingegen Exogamie und Polygynie vor: Die Heirat über die eigene Lineage-Grenze hinaus produzierte ebenso erweiterte Bündnisbeziehungen wie die Verheiratung eines Mannes mit mehreren Frauen mehrere Kinder und damit mehr verwandte Abhängige schuf, deren Arbeitskraft dringend benötigt wurde, um die Haushaltswirtschaft produktiv zu gestalten. Exogamie und Polygynie produzierten viele

118 Siehe dazu, im vergleichenden Kontrast von Eurasien und Afrika, Goody 1989 und Goody 1999.

›Verwandte‹[119] – und solche von verschiedener Art: Damit kam der Differenzierung nach Geschlecht und Alter ganz neue Bedeutung zu, ihre jeweilige Ungleichheit wurde betont und, durch die Betonung und mit der Zeit, ausgeprägter.

Produktion und Reproduktion gehören in einer häuslichen Ökonomie, um die es sich hier handelt, untrennbar zusammen. »Aufgrund ihrer reproduzierenden Eigenschaften« waren Frauen, wie Claude Meillassoux schreibt, in den Ackerbaugesellschaften nicht nur sehr »begehrt«, sondern auch »stärker bedroht«: »So sehen sich die Frauen, sowohl gegenüber den Männern ihrer Gruppe, die sie beschützen, wie gegenüber denen der anderen Gruppen, die sie rauben, um sie ihrerseits zu beschützen, in eine Situation der Abhängigkeit geworfen, die ihre jahrhundertelange Unterwerfung einleitet.«[120] Nicht von ungefähr bestand eine der alten Heiratsmodalitäten in der Entführung von Frauen. Weitaus üblicher wurde im Lauf der Zeit freilich die Aushandlung und anschließende Bezahlung von Brautgeld (Brautgabe) an die Herkunftsfamilie. Da sie durch die Heirat nicht nur eine wichtige Arbeitskraft, sondern eine ihrer Möglichkeiten zur Reproduktion der eigenen Lineage verlor, wollte sie rechtens entschädigt werden. »Die Familie des Mannes [entschädigte] die Familie der Braut für den Verlust des Nutzens ihrer Fruchtbarkeit und ihrer Arbeitskraft«, so die Formulierung von John Iliffe.[121] (In Fällen, in denen der Bräutigam zur Braut zieht, womit dessen Arbeitskraft zum dortigen Haushalt beiträgt, kam es mitunter zu einer spiegelbildlichen Ent-

119 Verwandtschaft ist, entgegen der westlichen Volksweisheit, keine biologische Gegebenheit, sondern wurde und wird immerzu von handelnden und denkenden Menschen flexibel sozial konstruiert. Verwandtschaft ist darum Kultur, nicht Biologie: »mutuality of being« – ›Wechselseitigkeit des Seins‹ – ist die elegante kurze Grundsatzbestimmung von Kinship, die Sahlins 2013: ix findet: »Verwandte sind Personen, die an der Existenz des jeweils anderen Anteil nehmen, weil sie untrennbar miteinander verwoben sind. Sie sind Teil vom jeweils anderen.«

120 Meillassoux 1983 [1975]: 92.

121 Iliffe 1997: 127.

schädigung der Lineage des Mannes durch jene der Frau. Derartige Sitten scheinen aber auf einer anthropologisch weniger elementaren Grundlage zu basieren.) Die Frauen wurden demnach in zweierlei Hinsicht wertgeschätzt bzw., anders ausgedrückt, systemisch ausgenutzt: im Hinblick auf ihre Arbeitsleistung sowie auf ihre Zeugungsfähigkeit.

Innerhalb der Familie wurde zudem nur dem Mann die Fähigkeit zugesprochen, das soziale Band zwischen den Generationen zu knüpfen. Daraus erklärt sich, wie die ungleiche Geschlechterbeziehung aufrechterhalten und perpetuiert wurde: »Die Filiation vollzieht sich nur über ihn. […] Als verheiratete, d. h. potentiell fruchtbare Frau untersteht ihre Lage den für die Übertragung ihrer Nachkommenschaft geltenden Regeln.«[122] Ihre Kinder, heißt das, sind rechtlich seine Kinder. In patrilinearen Gesellschaftsordnungen gilt dies ganz direkt, in matrilinearen wirkt dieselbe patriarchale Logik über die Vermittlung durch den Mutterbruder, der die ›väterliche‹ Rolle ausübt. Diese systemische Unterordnung der Frau unter den Mann ist nun keine afrikanische Spezialität. Weit typischer hingegen ist das Verhältnis der männlichen Generationen zueinander, der Älteren und der Jüngeren, die zwei verschiedene Aggregatszustände des Männlichen verkörpern, die miteinander in Konflikt zu geraten drohen: »Wenn die Älteren aus der Kontrolle über Frauen und Besitz Macht bezogen, so bezogen die Jungen Macht aus der Gewalttätigkeit in einer Welt, in der jeder Mann bereit sein mußte, sich und seine Familie zu verteidigen. […] Jugendliche Gewalt war erlaubt und wurde sogar gefördert […] in ritualisierten Kämpfen […]. Junge Männer pflegten […] zuweilen eine eigene Subkultur mit besonderem Nachdruck auf Schönheit, Kleidung, Schmuck, Männlichkeit, Überheblichkeit und Aggression.«[123]

122 Meillassoux 1983 [1975]: 93.
123 Iliffe 1997: 130.

Weil aus jedem Jungen, sofern er lang genug lebte, einmal ein Alter wurde, agierten Männer immer im Bewusstsein, Kontrolle ausüben zu können – aufgeschoben war nicht aufgehoben. Die Ältesten fungierten als Hüter der sozialen Ordnung und wachten über die Einhaltung der Regeln. Das bedeutete für die jüngeren Männer, dass sie nicht in den unmittelbaren Genuss der Früchte ihrer Arbeit kommen konnten, sondern nur über die Vermittlung und nach Gutdünken der Älteren. Es bedeutete ferner, dass die Jüngeren keinen Wohlstand akkumulieren konnten. Sie konnten darum auch nicht selbst bestimmen, ob, wann und wen sie heirateten. Ebenso wenig kam ihnen ein Recht der politischen Mitbestimmung zu: Aus Foren wie der Ältestenversammlung blieben sie ausgeschlossen. Die Jungen waren den Alten also systemisch untergeordnet und ihnen gegenüber abhängig. Da sie jedoch, bzw. manche von ihnen, mit der Zeit die Rolle wechseln würden, von Jungen zu Alten, von Abhängigen zu ›Anhängigen‹ würden, bildeten sie keine distinkte soziale Klasse. »Klassen«, schreibt Meillassoux zu Recht, lassen sich nämlich »nicht auf Alters- oder Geschlechtskategorien reduzieren«, denn »keine herrschende Klasse überläßt der beherrschten Klasse freiwillig die Instrumente der Macht«,[124] wie es im afrikanischen häuslichen Re-/Produktionszusammenhang freilich der Fall war – wenn auch im Modus der verschobenen Zeit.

Für die Herausbildung sozialer Klassen, in denen die einen von den anderen grundsätzlich geschieden aufgefasst und behandelt werden (weil sie keine ›Verwandten‹ mehr sind, sondern einer gänzlich anderen Ordnung angehören), waren andere Bedingungen vonnöten. Der Herstellung von Eisen, mit der während des ersten vorchristlichen Jahrtausends vielerorts begonnen worden war, sowie der Verfügung über dieses Material und über eisengefertigte Gegenstände kam bei der Herausbildung unterschiedlicher sozialer Klassen häufig eine Schlüsselrolle zu.

124 Meillassoux 1983 [1975]: 98.

Geschichtete Gesellschaften, Eisen, Kupfer und Umwelt

Die Einführung und Durchsetzung der Eisenschmelze wirkte als ein kräftiger Verstärker derartiger Entwicklungen.[125] So war etwa die westafrikanische Nok-Kultur, die wegen ihrer elaborierten Terrakotta-Skulpturen in der Kunstwelt berühmt ist, in den Worten Roland Olivers »eine ausschließlich eisenzeitliche Erscheinung und datiert von etwa dem sechsten vorchristlichen bis zum vierten nachchristlichen Jahrhundert«[126]. Hier wurden primär Messer und Bogen- bzw. Speerspitzen aus Eisen gefertigt, was die nach wie vor große Bedeutung der Jagd unterstreicht, mitunter aber auch Armreifen und -spangen, die der dekorativen Unterscheidung und Distinktion dienten. Tonfiguren des Nok-Typus fand man über ein weites Gebiet des heutigen Nigeria verstreut, vom Jos-Plateau bis zum Benue-Fluss. Bei den Fundorten handelte es sich teilweise um Wohnsiedlungen (etwa Samun Dukiya), teilweise um Produktionsstätten von Kunsthandwerk und Eisen (Taruga). Die naturalistischen und teilweise fast lebensgroßen Figuren aus gebranntem Ton zeigten Menschen, aber auch Tiere wie Affen, Schlangen, Elefanten, Zecken. Die Gesichter der Menschen sind sehr stark akzentuiert, Bärte, Kopfhaar und -bedeckungen realistisch ausgeführt, und die dreieckigen Augen mit tiefen Pupilleneinbuchtungen sind einzigartig und typisch für die Nok-Kultur. Auch Kleidung, Schmuck und diverses anderes Gerät sind plastisch dargestellt.

Die Hersteller der Nok-Figuren waren Bauern. Belege dafür sind »eine Anzahl Reibsteine, anderswo als Handmühlen bekannt, die zum Kornmahlen Verwendung fanden […]. Bruchstücke zweier Terrakotten geben jeweils eine Hacke

125 Siehe dazu generell Shinnie 1971, Oliver/Fagan 1975, Shaw/Sinclair/Andah/Okpoko 1993, Chirikure 2015.

126 Oliver 2000: 76.

oder Axt auf der Schulter eines Mannes wieder […]. Einige ölhaltige, lokal als *atili* bekannte Samenkörner wurden auf Nok-Plätzen gefunden, und es ist möglich, daß die Nok-Leute die Pflanzen, von denen die Samen stammen, anbauten und Öl daraus gewannen. Wir wissen auch, daß die Schöpfer dieser Kunstwerke […] Eisenschmelzer […] waren. Schlacke aus ihren Schmelzöfen und sog. *tuyères* (Tonröhren für Blasebälge) wurden gefunden […].«[127] Sie waren also Bauern, die Eisen benutzten. »Die Kunstwerke selbst«, vermutet Graham Connah, »könnten für die Aufstellung in Schreinen geschaffen worden sein, die in Verbindung mit der Fruchtbarkeit des Landes standen.«[128] Vielleicht repräsentierten sie die Ahnen einzelner Lineages, denen zu Ehren und die zu repräsentieren sie in Familienschreinen aufgestellt wurden. Die Nok-Bauern bildeten also, wie Roland Oliver schreibt, »eine ziemlich dicht siedelnde landwirtschaftliche Bevölkerung, die im Lauf eines Jahrtausends so viel natürliches Waldland auf dem Jos Plateau rodete, dass es entlang der Ufer von Flüssen und Bächen zu schneller Bodenerosion kam. Die Rodung erfolgte entweder, um Felder zu schaffen, oder um der Gewinnung von Holzkohle willen.«[129] Vielleicht auch aus beiden Gründen. Von umweltschonender Nutzung kann jedenfalls kaum die Rede sein.

Die eisenzeitlichen Kulturen Afrikas griffen viel stärker in die lokalen Umwelten ein als je zuvor. Rund um den ostafrikanischen Victoriasee existierte noch vor 2500 Jahren ein dichter Baumbestand, obwohl nach David Schoenbrun schon seit 3000 v. Chr. der Rückgang der Niederschläge zu einer langsamen Schrumpfung der Regenwälder in der Region geführt hatte.[130] Doch seit den ersten vorchristlichen Jahrhunderten kam es dort zur massiven und schnell voranschreitenden Entwaldung. Verursacht wurde sie durch

127 Eyo 1983: 16.
128 Connah 2006: 130.
129 Oliver 2000: 76–78.
130 Schoenbrun 1993.

menschliche Aktivitäten. Zum einen rodeten die lokalen Bantu-sprachigen Bauern vermehrt, um ihre Agrarflächen zu erweitern. In diesen Zeitraum fiel die Einführung südostasiatischer Nahrungspflanzen, etwa mehrere Varianten der Banane, der asiatische Yam und die Wasserbrotwurzel Taro (*Colocasia esculenta*), die die Ernährungssituation verbesserten. In Konsequenz wuchs die Bevölkerung. Außerdem verließen viele der Bantu-Sprecher und -Sprecherinnen nun auch die ökologischen Nischen der tiefgelegenen, feuchten Waldzone, an die ihre Landwirtschaft (Yams, Ölpalme, Bohne, Kürbis) bestens angepasst war, und erschlossen sich nach dem Beispiel ihrer Nachbarn – den agropastoralen Kuschiten und den, seit etwa 500 v. Chr. in die Region gekommenen, pastoralen Niloten – andere Ökozonen.[131] »Sie bauten ihre eigene Nasswaldlandwirtschaft weiter aus«, schreibt Steven Feierman, diesen Prozess bezeichnend; und »wo möglich und passend, übernahmen sie die Rinderhaltung, was ihnen erlaubte, die Grasländer bestens zu nutzen. An einigen Orten machten sie sich auch den Anbau von Getreide zu Eigen.«[132] Seit etwa dem 1. Jahrhundert v. Chr. benutzten mehr und mehr von ihnen Eisenwerkzeuge. Das erleichterte sowohl die Rodung der Wälder für agrarische Zwecke als auch die Arbeit am Feld, was zur intensivierten Nutzung beitrug, vor allem aber schlug es sich in der extrem gesteigerten Nachfrage nach Holzkohle nieder, die für die Eisenschmelze benötigt wurde. Wahrscheinlich ist hierin die entscheidende Ursache des schnellen Verschwindens der Wälder um den Victoriasee zu sehen.

Auch nach der Einführung der Eisenschmelze blieben Werkzeuge aus Eisen teuer, und viele Bauern griffen bei ihrer alltäglichen Bodenarbeit noch lange auf Grabstöcke und Hacken aus Stein zurück. Nicht jeder konnte sich die metallenen Werkzeuge und Waffen leisten. Wertvoller noch

131 Siehe Schmidt 1996, Schmidt 1997.
132 Curtin/Feierman/Thompson/Vansina 1995: 108.

als Eisen war vielerorts Kupfer, aus dem vor allem Schmuckstücke und andere dekorative Gegenstände gefertigt wurden, weil seine natürlichen Erzvorkommen insgesamt viel seltener und zudem lokal begrenzt waren.[133] Das führte zum Beispiel während des ersten nachchristlichen Millenniums und seither im zentralafrikanischen Großraum zu einem regionalen Tausch- und Handelsverkehr, der sich mehr und mehr ausdifferenzierte. Besondere Bedeutung kam dabei der Upemba-Senke im Südostkongo zu, nicht nur, weil sie aufgrund ihres Seen- und Flussreichtums fruchtbare landwirtschaftliche und Weideflächen aufweist und den Salzabbau ermöglichte, sondern vor allem wegen ihrer reichen Kupfervorkommen.

Bemessen an der materiellen Kultur, waren Wohlstand und Armut in verschiedenen Gegenden Zentralafrikas sehr ungleich verteilt.[134] So war die Gegend um die Kalambo Falls im nördlichen Sambia, die wenig ertragreiche Böden aufweist, zwischen dem 4. und 12. Jahrhundert n. Chr. periodisch von kleinen Dorfgemeinschaften besiedelt, die Eisen nutzten, aber keinerlei Kupfergegenstände besaßen. Etwas weniger ärmlich an materieller Kultur waren hingegen die Menschen der archäologischen Kalomo-Kultur im südlichen Sambia, die in einer Tsetsefliegen-freien Zone lebten, Rinder, Schafe, Ziegen, Hunde und Hennen hielten, Eisengerätschaft nutzten und in größeren Dörfern von etwa 100 Leuten vergemeinschaftet waren. Aber auch bei ihnen war Kupfer selten.

Anders war die Situation in Sanga am südkongolesischen Kisalesee und Lualabafluss, wo seit dem 9. Jahrhundert größere Siedlungen entstanden. Deren Bewohner und Bewohnerinnen bauten auf den relativ fruchtbaren Böden Getreide an, aber auch Bananen und Ölpalmen. Sie beuteten die reichen Fischbestände und die guten Jagdgründe des angrenzenden Waldgebiets aus, und sie entwickelten eine ausgeprägte

133 Siehe Herbert 2003.

134 Siehe Birmingham 1981, Birmingham/Martin 1983.

Tradition der Metallverarbeitung, die die Archäologie auch als Kisalian bezeichnet. Zu ihr zählen nicht nur Artefakte wie diverse Werkzeuge, Nadeln, Glocken und Schmuck aus Eisen, sondern vor allem Gegenstände aus Kupfer. Insbesondere seit zirka 1300 n. Chr. wurden in Sanga Kupferkreuze und Kupferbarren (Kabambian A) hergestellt, die man im regionalen Handel als Zahlungsmittel verwendete, sowie als Grabbeigaben.

Materiellen Wohlstand verrät auch die Luangwa-Tradition, die vom 11. bis zum 13. Jahrhundert in einer Siedlung auf dem Lusaka-Plateau bezeugt ist und deren Wirtschaft ähnlich breit aufgestellt war wie jene in Sanga. Eisen wurde hier nicht nur für kleine Objekte (Rasierer, Nadeln, Armringe) benutzt, sondern auch in der Herstellung großer Werkzeuge wie Äxte und Hacken. Feingearbeitete Halsbänder und Halsringe aus Kupfer, das lokal nicht vorkommt, wurden ebenfalls gefunden; das Kupfer war offenbar über auswärtige Beziehungen dorthin gelangt. Die nächsten Kupfervorkommen waren nämlich gut 400 Kilometer in nördlicher Entfernung gelegen, in Katanga, sowie, im Süden, in Urugwe.

Aus dem etwa 100 Kilometer entfernten Urugwe bezogen auch die Handwerker von Ingombe Ilede – einem Fundort, der seit dem ausgehenden ersten nachchristlichen Jahrhundert bis ins späte 15. Jahrhundert Besiedlungsspuren aufweist – das Kupfer, aus dem sie ihre Waren fertigten. Um 1400 war Ingombe Ilede ein blühendes Handwerkszentrum und ein saisonal genutzter Marktplatz. Das importierte Kupfer wurde dort zu Schmuckstücken verarbeitet, und das überregional gebräuchliche Zahlungsmittel, die Kupferkreuze, wurde nun in kleineren und stärker standardisierten Formen hergestellt (Kabambian B). Wie andere Erzeugnisse aus der lokalen Produktion – Töpferei, Weberei und Elfenbeinschnitzerei – wurden die Kupferartefakte von Ingombe Ilede am mittleren Sambesi weit ins Umland vertrieben.

In der Upemba-Senke, die angesichts der dortigen natürlichen Kupfervorkommen bevorzugt war, setzte um die

Jahrtausendwende das sogenannte ›Klassische Kisalian‹ ein, das durch großen materiellen Reichtum besticht und deutliche Hinweise auf soziale Stratifikation enthält: »Insgesamt enthielten alle Gräber des Klassischen Kisalian«, so Graham Connah in einem allgemeinen Aufriss, »neben aufschlussreichen Skelettresten, eine beeindruckende Sammlung von Grabbeigaben, zu denen zahlreiche Eisenartefakte, wie Hacken, Messer, Äxte, Pfeil- und Lanzenspitzen, Harpunen, Fischhaken, Halsbänder, Anhänger und Ketten gehörten. Aus Kupfer hergestellter Schmuck, wie Gürtel, Hals- und Armbänder, oder nützliche Dinge, wie kleine Messer, Lanzenspitzen und Fischhaken aus demselben Metall, waren ebenso in großen Mengen vorhanden. Zusätzlich fanden sich auch Armbänder und Halsketten aus zierlich geschnitztem Elfenbein und viele äußerst qualitätsvolle Gefäße [...].« Dieser Aufzählung von Fundobjekten folgt die sozialhistorische Interpretation: »Anzahl und Beschaffenheit der Grabbeigaben waren sowohl abhängig vom Geschlecht als auch vom Reichtum oder dem Status des Verstorbenen. [...] Die rituellen Vorschriften für die Grablegung waren anscheinend sehr komplex, denn die Tiefe des Grabes variierte mit dem Alter des Bestatteten. So begrub man Erwachsene tiefer als Säuglinge. Der Leichnam wurde für gewöhnlich entweder ausgestreckt auf den Rücken gelegt oder leicht gebeugt auf die Seite gebettet und die Füße [wurden] in Richtung des stromabwärts fließenden Lualaba ausgerichtet.«[135] Die soziale Differenzierung war also sehr viel stärker ausgeprägt als je zuvor – und blieb das auch über den Tod individueller Menschen hinaus.

135 Connah 2006: 148–150.

Siedlungsverdichtung und frühe Urbanisierungszentren

Was die sozialen Entwicklungen in den afrikanischen Großregionen angeht, zeichnen sich einige markante Unterschiede ab. Während die agrarischen Wirtschaftsweisen in Ost-, Süd- und Zentralafrika zu Siedlungen führten, die meist nach einigen Jahren aufgelassen wurden, weil die Böden ausgelaugt waren und neue Flächen zur Bewirtschaftung kultiviert werden mussten, also eine Art von Semi-Sesshaftigkeit zur Regel wurde, entstanden an mehreren Orten in Westafrika schon früh permanente Dörfer, von denen manche im Lauf der Zeit zu Städten anwuchsen.[136] Auf dem Gebiet des heutigen Südostmauretanien (Dhar Tichitt-Walata) gibt es mehrere Siedlungen, die aus Trockenstein gebaut waren und von etwa 2000 v. Chr. bis zum Beginn unserer Zeitrechnung bewohnt waren. Gegen Ende hin konzentrierten sich die Siedlungen immer stärker und es entstand ein regionales Zentrum, das sich über fast 100 Hektar Fläche erstreckte: eine frühe Stadt. Ihre Bewohner und Bewohnerinnen »praktizierten Mischwirtschaft, die auf der Getreidekultivierung (insbesondere Rohrkolbenhirse) und auf der Haltung von Rindern, Schafen und Ziegen basierte«[137]. Sie ergänzten ihre Nahrung durch die Jagd, sammelten wilde Gräser und Früchte und fischten an den Seen, die es damals in der Gegend noch gab. Die zunehmende Trockenheit hatte wahrscheinlich zu dieser Siedlungskonzentration geführt. Sie war es jedenfalls auch, die später ihre Auflassung verursachte.

Urbanisierung setzte früh auch in der Region am mittleren Niger ein, im sogenannten Binnendelta.[138] Dort befruchtete der Strom, der im guineischen Hochland entspringt, weite Ebenen nicht nur mit Wasser, sondern auch mit nährstoffrei-

136 Siehe zu Urbanisierung Anderson 2000, Coquery-Vidrovitch 2005, Salm/Falola 2005.

137 Connah 2016: 157.

138 Siehe McIntosh/McIntosh 1993, McIntosh 2005.

chem Schlamm. Darum konnte sich in dieser Gegend, die heiß und aufgrund einer nur kurzen Regenperiode trocken war, eine sehr produktive und abwechslungsreiche landwirtschaftliche Nutzung herausbilden. Aus dem Niger versorgten sich die Menschen nicht nur mit Fisch, sondern er »ermöglichte in den überfluteten Gebieten den Anbau von westafrikanischem Reis und auf höher angelegten Feldern mit sandigen Böden das Anpflanzen von heimischer Hirse. Zusätzlich konnte man auch eine große Zahl von Rindern, Ziegen und Schafen ernähren [...]. So wurde das Vieh in den kurzen Regenzeiten in den Randgebieten der Wüste geweidet und während der Trockenperioden mit Getreideresten und den Pflanzen, die an den Flussläufen und Lagunen wuchsen, gefüttert.«[139] In diesem Gebiet lag Jenné-jeno, eine im dritten vorchristlichen Jahrhundert begründete Siedlung, die im 1. Jahrhundert n. Chr. schon rund 12 Hektar umfasste und bis ins 9. Jahrhundert um fast das Dreifache angewachsen war. Damals bot Jenné-jeno geschätzten 13000 Menschen Platz, die von einer zwei Kilometer langen Stadtmauer eingehegt wurden. Rund um die Stadt lagen zahlreiche weitere Siedlungen, die Jenné-jeno als Zentrum eines erweiterten städtischen Ballungsraums zeigen.

Wie Jenné-jeno verwaltet wurde, weiß man nicht. Allerdings gibt es keinen Hinweis auf zentralisierte, staatliche Strukturen. Roderick McIntosh, der gemeinsam mit Susan McIntosh die entscheidenden Grabungen durchgeführt hat, schreibt darum, es handelte sich nicht um eine »Hierarchie«, sondern um »eine hoch komplexe, horizontal organisierte Gesellschaft, eine Heterarchie, mit multiplen, einander überlappenden und miteinander wetteifernden Akteuren, die der Zentralisierung widerstanden«[140]. Ähnliche Siedlungen wie Jenné-jenno gab es am mittleren Niger einige,

139 Connah 2006: 109–110.

140 Roderick McIntosh 2005, zit. nach Connah 2016: 160. Siehe auch McIntosh 2000, Susan McIntosh 2005.

doch sind diese bis dato noch sehr wenig untersucht. Der herrschende Wohlstand, der sich in der Herstellung hochwertiger Keramik und in der Anwendung der Eisenschmelze niederschlug, aber auch in der Produktion von Tier- und Menschenfiguren aus Ton und am Gebrauch von Lehmziegeln im Hausbau zeigte (anstelle der früheren Hütten aus einem Reisig-Lehmgemisch), verdankte sich nicht nur der agrarischen Produktivität, sondern auch der günstigen Lage an einem Fluss, der durch »mehrere parallel zum Äquator verlaufende, gleichmäßig abgestufte Klimazonen [fließt], die einen Stimulus für den Tausch lieferten«[141]. Auch erleichterte der Niger den Warentransport ungemein, da er mit Booten gut befahrbar ist.

Ihre Nahrungsüberschüsse an Getreide, Hirse und Sorghum tauschten die Bauern des Niger-Binnendeltas mit den Bewohnern von weniger fruchtbaren Gebieten, ein Handelsnetz spannte sich bald entlang des schiffbaren Niger über weite Strecken. Im Gegenzug importierten die Menschen des Binnendeltas Eisen und Salz, aber auch manche handwerklichen Erzeugnisse (Leder und Häute) sowie Fleisch aus dem Sahel- und Saharaaraum. Von ihren südlichen Nachbarn bezogen seine Bewohner und Bewohnerinnen tropische Produkte, etwa Yams und Palmöl, aber auch die Kolanuss, die im regionalen Handel des Westsudan rasch und dauerhaft zum sehr gefragten Gut wurde. Im Verlauf des ersten Millenniums wurde der mittlere Niger zu einer Schlüsselregion des Fernhandels, da in seinen größeren Orten die Kamelkarawanen des Transsaharahandels endeten, deren Handelsgüter auf Boote verladen oder von dort aus auf Esels- und Menschenrücken in Richtung des südlichen Waldlandes getragen wurden. Bis ins 15. Jahrhundert hinein konnten freie Städte wie Jenné-jenno sich im Handel gegenüber den Staaten noch einigermaßen behaupten, von denen manche in den Gegenden des Sudan um die Jahrtausendwende entstanden,

141 Jones 2016: 98.

während andere im Kontext des zunehmenden Transsaharahandels erstarkten. Doch dann gerieten sie entweder in deren Abhängigkeit oder sie entvölkerten sich, weil mehr und mehr Menschen in die kommerziell prosperierenden neuen Zentren abwanderten.

Ein großer Teil der ländlichen Gemeinschaften Afrikas gestaltete ihr Leben freilich nach wie vor jenseits staatlicher Organisationsformen, die in Westafrika, wenn überhaupt, nur punktuell konzentriert ihre militärische Dominanz ausspielen und nur zeitweilig ihre Präsenz demonstrieren konnten. Gerade um die Fernhandelsrouten herum konzentrierten sich allerdings die Zentralisierungsbemühungen und die erfolgreichen Staatenbildungen seit der Millenniumswende – insbesondere in den westafrikanischen und zentralsudanischen Sahel-Räumen sowie an der ostafrikanischen Swahiliküste, wo kommerzielle stadtstaatlich organisierte Handelsorte aufblühten, die Handel mit der Welt des Indischen Ozeans trieben. Vereinzelt entstanden auch in zentral- und südafrikanischen Regionen staatliche Verhältnisse, in denen diversifizierte Landwirtschaft und Handel mit ausgesuchten, seltenen Produkten (wie zum Beispiel Salz und Kupfer) betrieben wurden. Doch auch hier waren sie an Bevölkerungskonzentrationen in einem überschau- und kontrollierbaren Rahmen gebunden. Diese Bedingungen war in den meisten Teilen Afrikas über die längste Zeit der Geschichte rar; es sollte nicht vergessen werden, dass noch zu Anfang des 20. Jahrhunderts weniger als fünf Prozent der Bevölkerung des Kontinents in Städten, also in Siedlungskonzentrationen, lebten (und noch gegenwärtig sind es weniger als die Hälfte). Es ist darum weniger verwunderlich, als es auf den ersten Blick vielleicht scheinen mag, dass die Existenz von Staaten in Afrika – richtiger: von Herrscherhöfen, von Hofstaaten – häufig umstritten und prekär blieb.

Afrikanische Staats- und Reichsbildungen

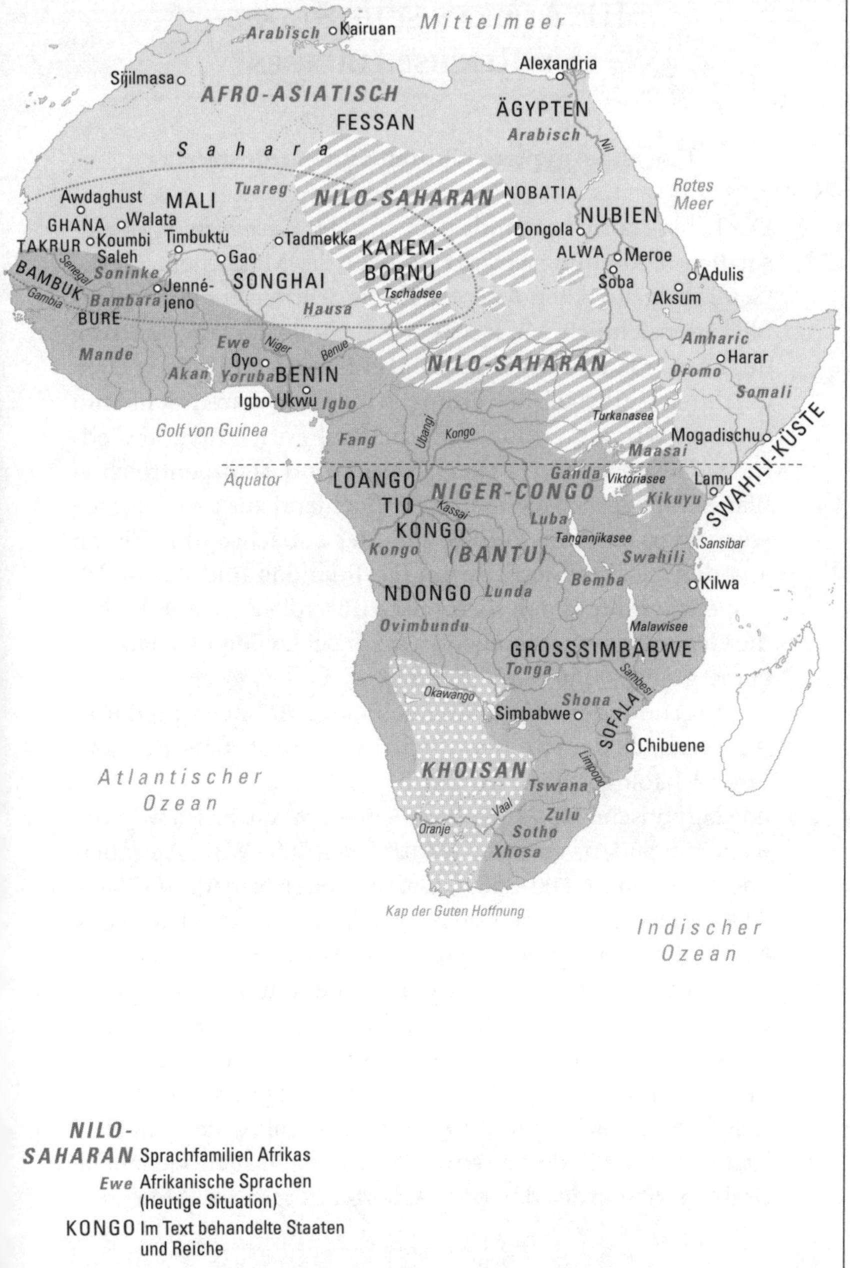

III. Afrikanische Staats- und Reichsbildungen

Das alte Ägypten, Nubien und Nordostafrika

Der Lebensraum hat für das Leben jeder Gesellschaft grundsätzliche Bedeutung, er setzt Grenzen des Möglichen. Für die Geschichte des Alten Ägypten ist die zentrale Bedeutung des Nils offensichtlich. Mit fast 7 000 km Länge der längste Strom der Erde, erlaubte der Untere Nil entlang seiner beiden Ufer, die durch jährliche Überflutungen mit fruchtbarem Schlamm versorgt wurden, schon früh dichtere Formen der Besiedlung. Gespeist durch den wasser- und sedimentreichen Blauen Nil, der im abessinischen Hochland aus dem Tanasee entspringt, und den Weißen Nil, der zunächst von Flüssen aus den Hochländern Burundis, Ruandas und Tansanias gespeist wird und den Victoriasee durchfließt, schuf der Nil die Grundlage einer intensiven agrarischen Bewirtschaftung entlang seines unteren Verlaufs.

Aufgrund der reichhaltigen Belege können im Raum Ägyptens seit dem fünften vorchristlichen Jahrtausend mehrere archäologische Traditionen unterschieden werden: die nordägyptische Maadi-Kultur (4000–3200 v. Chr.), sowie die weiter im Süden verortete Badari-Zeit (4500–3800), Amratien oder Naqada I (4000–3500), Gerzéen oder Naqada II (3500–3200). In Dörfern siedelnde Bauern bauten an den Ufern des Nils – vor allem in der Fayumsenke sowie an den Rändern des südwestlichen Nildeltas (Unterägypten) – eine ganze Reihe an Produkten an, darunter Zweikorn-Weizen (Emmer), Gerste, Linsen, Kichererbsen, Gemüse, Früchte, Sesam und Flachs. Ein Zuzug von Menschen, die vor der austrocknenden Sahara nach Osten zogen, sorgte dafür, dass an den Rändern des Niltals, an seinen Höhenzügen auch Viehzucht praktiziert wurde, der den Ackerbau ergänzte. Mitte des

4. vorchristlichen Jahrtausends bestanden in Oberägypten bereits große Siedlungen wie Hierakonpolis, Koptos, Naqada und Abydos, deren Grundlage die landwirtschaftliche Produktion war, die aber auch manche Spezialisierung aufwiesen. Einige entwickelten sich zu Zentren der Verwaltung oder kultischer Aufgaben, andere zu Handwerkszentren oder militärischen Stützpunkten, manche erfüllten mehrere dieser Rollen zugleich. Doch zwischen solchen städtischen Zentren und ihren Eliten scheint es schon damals heftige Rivalitäten gegeben zu haben, die auch gewaltsam ausgetragen wurden. Unter solchen Umständen kam es zu politischen Zentralisierungsprozessen, zu Staatsbildung und schließlich zur Schaffung eines imperialen Herrschaftsbereichs. Die Archäologen nennen die Phase von 3200 bis 3000 v. Chr., in der sich diese Reichsgründung vollzog, Naqada III, die konventionell staatszentrierten Historiker hingegen sprechen eher von der ›Dynastie 0‹ und von der ›vordynastischen‹ Zeit, die nun ein Ende nahm.

Was folgte, war die Pharaonenherrschaft, die mehrere tausend Jahre andauerte. Mit ihr begann die sogenannte dynastische Zeit, von 3000 v. Chr. bis zur Eroberung durch den Mazedonier Alexander im Jahr 332 v. Chr., für die es schriftliche Quellen ägyptischer Herkunft gibt: niedergeschrieben auf Papyrus und auf anderen Materialien, insbesondere Stein; zu offiziellen Zwecken mit Hieroglyphen, zu Gebrauchszwecken in hieratischer und, später, demotischer Schrift. Tatsächlich begann die Geschichte der modernen Ägyptologie im Zusammenhang mit den Entzifferungsbemühungen der ägyptischen Schriftzeichen, die mit Jean-François Champollion Anfang der 1820er-Jahre erstmals Erfolg hatten. Der Durchbruch gelang anhand des Vergleichs verschiedener Papyri und Steininschriften, die durch den militärisch misslungenen Ägyptenfeldzug von Napoleon Bonaparte 1798–1801 nach Frankreich gekommen waren. Die Ägyptologie konstituierte sich nun im Wesentlichen als eine philologische Disziplin, die erst gegen Ende des

19. Jahrhunderts durch archäologische Grabungen ergänzt wurde. In beiden Fällen zeigt sich der Zusammenhang mit zeitgenössischen imperialen Verhältnissen. Die philologische Ägyptologie verdankt sich Napoleons Reichsträumen, die archäologische Ägyptologie entstand erst, nachdem das Land seit 1881 unter britische Kontrolle gebracht worden war.

Der imperiale Zusammenhang wird noch in einer weiteren Hinsicht deutlich. Er zeichnet sich deutlich in der Tendenz der Ägyptologie ab, sich das Alte Ägypten als eine ›weiße‹ Zivilisation vorzustellen, es also durch die modernen Rassenkategorien hindurch zu betrachten, an deren Realität im 19. und bis Mitte des 20. Jahrhunderts alle Welt glaubte. Man erkennt, dass diese Tendenz nach wie vor wirksam ist, etwa an der merkwürdig aufgeregten (und vor rassistischen Attacken nicht zurückschreckenden) Rezeption von Martin Bernals ›Schwarzer Athene‹ durch Ägyptologen seit Erscheinen des ersten von drei Bänden im Jahr 1987, in dem Bernal den »afroasiatischen Wurzeln des antiken Griechenland« nachspürte.[142] Diese tendenziöse Ägyptologie steht in der fragwürdigen Tradition der diffusionistischen und rassistischen Hamitentheorien, die parallel zur kolonialen Okkupation Afrikas durch europäische Mächte entwickelt wurden und die europäische Landnahme als entwicklungsfördernde Notwendigkeit rechtfertigten. Es ist ein bleibendes Verdienst des senegalesischen Ägyptologen Cheikh Anta Diop, dem ›weißen‹ Ägypten seiner Fachkollegen seit den 1950er-Jahren ein ›schwarzes‹ Ägypten entgegengesetzt und dadurch einen hegemonialen kolonialrassistischen Diskurs zumindest aufgebrochen zu haben.[143] Gleichwohl wäre es im 21. Jahrhundert höchst an der Zeit einzusehen, dass das Alte Ägypten weder eine ›weiße‹ noch eine ›schwarze‹ Zivilisation gewesen ist – ganz einfach deshalb, weil diese Rassenkategorien erst sehr

142 Bernal 1987, zur teils aberwitzigen Kritik siehe die Beiträge in Lefkowitz/MacLean Rogers 1996.

143 Diop 1987 [1960], Diop 1990 [1959]. Zur afrikahistorischen Kritik an Diop siehe Eckert 1995, Sonderegger 2008: 565–567.

viel später, im 17. und 18. Jahrhundert, entwickelt wurden und sie nachweislich keinerlei biologische Realität haben.

Haben frühere Generationen von Ägyptologen oft angenommen, dass die Anfänge der altägyptischen Kultur in Einflüssen (oder gar Einwanderungen) aus Vorderasien zu suchen seien, so gibt es laut Ian Shaw »inzwischen äußerst überzeugende Belege dafür, dass die Entwicklung hin zur Pharaonenzeit und ihr Beginn im Wesentlichen ein rein ägyptisches Phänomen war, das sich kontinuierlich und beinahe zwangsläufig aus sozialen, ökonomischen und politischen Veränderungsprozessen im Niltal in der späten prädynastischen Zeit entwickelte«[144]. Aufgrund der reichhaltigen schriftlichen Überlieferungen liegt für Ägypten eine sehr präzise Chronologie seiner politischen Geschichte vor. Bis zur Einrichtung der ptolemäischen Herrschaft werden 30 pharaonische Dynastien gezählt. Der Terminologie des Priesters Manetho aus dem ersten vorchristlichen Jahrhundert zufolge entstand nach einer sogenannten *Frühdynastischen Zeit* (3000–2686 v. Chr.; Dynastien 1 und 2) das *Alte Reich* (2686–2181 v. Chr.; Dynastien 3 bis 6), dem eine knapp 130-jährige *Erste Zwischenzeit* (2181–2055 v. Chr.; Dynastien 7 bis 11) folgte, eine Zeit der Instabilität, in der zahlreiche Hungersnöte, Bürgerkriege und Thronkämpfe herrschten, »und aus der Wüste strömten Bevölkerungsgruppen zu, die vor den schlimmsten Trockenperioden in der Geschichte der Region geflohen waren«[145].

Die elfte Dynastie, die zunächst nur in Theben geherrscht hatte, führte neuerlich eine Reichseinigung herbei und begründete das sogenannte *Mittlere Reich* (2055–1650 v. Chr; Dynastien 11 bis 14), in dem die staatliche autoritäre Bürokratie tonangebend war. Auf eine 100-jährige *Zweite Zwischenzeit* (1650–1550 v. Chr.; Dynastien 15 bis 17), die im Zusammenhang mit dem Einfall der Hyksos entstand und den

---

144 Shaw 2007: 69.
145 Iliffe 1997: 33.

pharaonischen Herrschaftsbereich verkleinerte, folgte eine knapp 500-jährige Phase stabiler politischer Verhältnisse, das *Neue Reich* (1550–1069 v. Chr.; Dynastien 18 bis 20), das von einem starken Militarismus gekennzeichnet war: »Die großen Pharaonen des Neuen Reiches waren in erster Linie Kriegerkönige, die Bronzewaffen und Pferdewagen verwendeten.«[146] Die Ägyptologie unterscheidet weiterhin eine gut 400 Jahre dauernde *Dritte Zwischenzeit* (1069–664 v. Chr.; Dynastien 21 bis 25), bevor sie die *Spätzeit* der pharaonischen Geschichte (664–332 v. Chr.; Dynastien 26 bis 30) angebrochen sieht, in deren Verlauf Ägypten immer wieder von Herrschern fremder Herkunft regiert wurde. An deren Ende in den Jahren 343 bis 332 v. Chr. stand Ägypten dauerhaft unter persischer Herrschaft.

Als die Mazedonier unter Alexander dem Großen die Perser besiegt hatten, begründete einer seiner Feldherren, Ptolemaios, eine neue ägyptische Herrscherdynastie mit der neuen Hauptstadt Alexandria. Die Ptolemäerzeit, die, wie der sogenannte Hellenismus überhaupt, von starker Orientalisierung gekennzeichnet war – die neuen Herrschenden passten sich an vorgefundene Bedingungen und kulturelle Lebensformen weitgehend an – endete anschließend 30 v. Chr. mit dem Tod der berühmten Kleopatra VII. und der Eingliederung Ägyptens ins Römische Reich. Nach der Teilung des Römischen Reichs Ende des 4. Jahrhunderts gehörte Ägypten zum Herrschaftsbereich Ostroms, des Kaiserreichs Byzanz. Nach den arabischen Eroberungszügen geriet Ägypten seit dem 7. Jahrhundert schließlich unter dauerhaften islamischen Einfluss. Nach der Interpretation von Ian Shaw setzte erst mit der Islamisierung Ägyptens ein entscheidender Bruch in der *histoire de la longue durée* des Alten Ägyptens ein, weil nun erst tieferreichende gesellschaftliche, kulturelle, politische und wirtschaftliche Änderungen veranlasst wurden. Er schreibt: »Anstatt davon auszugehen, dass die Ankunft Alexanders

146 Iliffe 1997: 34.

des Großen und seines Generals Ptolemaios eine deutliche Zäsur in der ägyptischen Geschichte darstellt, könnte man sehr wohl argumentieren, dass es zwischen der Mitte des ersten vorchristlichen und der Mitte des ersten nachchristlichen Jahrtausends zwar fraglos eine Reihe bedeutender politischer Veränderungen gab, diese jedoch inmitten sich verhältnismäßig gemächlich vollziehender Prozesse sozialen und ökonomischen Wandels stattfanden. Entscheidende Elemente der pharaonischen Kultur haben möglicherweise relativ intakt mehrere Jahrtausende überdauert und erst mit Beginn der islamischen Zeit im Jahr 641 n. Chr. [als die byzantinische Garnison in Ägypten kapitulierte] eine umfassende kulturelle und politische Veränderung durchgemacht.«[147]

Das Alte Ägypten der Pharaonen war ein hierarchischer Staat, an dessen Spitze ein Gottkönig stand, der sowohl sakrale als auch weltliche Aufgaben erfüllte. Die Autorität des Staates stützten eine große Priesterschaft, eine schriftkundige Bürokratie und eine starke Armee, die die Macht des Pharao nicht nur sicherten, sondern sie auch beschränkten. Sie traten als eigenmächtige Akteure in der politischen Arena auf. Die Bevölkerung lebte teils in Städten und Dörfern, teils auf Landgütern. Den Großteil davon bildete eine arme Bauernklasse, von denen der Staatsapparat Naturalabgaben abpresste und die er auch zu Zwangsarbeiten für staatliche Bergbau- und Steinbrucharbeiten sowie öffentliche Bauvorhaben heranzog. Das Schicksal ausgebeuteter Arbeitskraft teilten auch die Sklaven und Sklavinnen, eine soziale Gruppe, die sich überwiegend aus Kriegsgefangenen zusammensetzte. Die soziopolitische Ordnung im Alten Ägypten war ein durchaus repressives System: »Gewöhnlich überbesteuert und häufig unterernährt, wurde wahrscheinlich jedem Widerstand der niedrigeren Klassen gegen den Staat mit Gewalt begegnet: Züchtigungen, Einkerkerung, Tötung – die Werkzeuge eines unterdrückerischen Regimes. […] Der pharaonische Staat

147 Shaw 2007: 86.

basierte auf einer extrem ungleichen Gesellschaft.«[148] Die Sterblichkeitsrate war sehr hoch, Krankheiten waren weit verbreitet: »In schriftlichen Quellen ist von Fieber die Rede (vermutlich Malaria)«, schreibt John Iliffe, »während mumifizierte Relikte zeigen, daß die Ägypter auch an Tuberkulose, Krebs, Bilharziose, Arthritis und wohl auch an Pocken starben […].«[149]

Diejenigen, die sich weiter oben in der Hierarchie befanden, profitierten freilich von der herrschenden Ungleichheit, je weiter oben, desto mehr, erlaubte sie doch der herrschenden Minderheit ein Schwelgen in unvorstellbarem Luxus. Davon zeugen die Monumentalbauten Ägyptens, die weitläufigen Tempelanlagen, riesigen Pyramiden und Felsengräber. Der Luxus hörte auch mit dem Ableben nicht auf: Das Leben im Jenseits, so dachten wenigstens die Herrschenden, würde sich in gleicher Weise fortsetzen lassen, sofern die richtigen Vorkehrungen getroffen würden. Die Körper derer, die es sich leisten konnten, wurden einbalsamiert und mumifiziert, die Gräber mit reichhaltigen Beigaben und Lebensmitteln versehen, und den Pharaonen wurden Dienerinnen und Diener ins Jenseits mitgeschickt. Die komplexe ägyptische Religion mit ihren zahlreichen Göttergestalten (darunter viele Tier- und Halbmenschformen) und die Priester und Priesterinnen, die den Glauben verwalteten, sorgten für die Legitimation solcher Praxis.

Im Hinblick auf das Alte Reich der zweiten Hälfte des 3. vorchristlichen Jahrtausends, in dem sich die ägyptische Ordnung paradigmatisch ausbildete, spricht Jan Assmann von »einem souveränen Herrschaftssystem und einem Weltbild von einzigartiger Konsequenz und Kompaktheit«, dessen Erklärungs- und Rechtfertigungskraft sich in einem Wort, *Maat*, bündeln lässt, das als Prinzip Wahrheit, Gerechtigkeit und Echtheit zugleich bedeutet und den ganzen Kosmos ein-

148 Connah 2016: 34–35.
149 Iliffe 1997: 32–33.

schließlich der menschlichen Gesellschaft durchwirkt: »Den Mittelpunkt dieser Weltordnung der Wahrheit, Gerechtigkeit und Echtheit bildet der König. Er ›schafft‹ diese Ordnung und zerstört, was ihr entgegenwirkt, das Volk hingegen ›tut‹ und ›sagt‹ sie. [...] Der König ist der einzige Schöpfer der Ordnung, und das Volk kann nur dank seines gläubigen Vertrauens auf diese Ordnung leben. Das Alte Reich war die absoluteste Theokratie der bekannten Geschichte. Der Pharao besaß nicht nur die üblichen Monopolbefugnisse der Zentralherrschaft wie Macht, Besteuerung und Rechtsprechung, er monopolisierte auch alles menschliche Handeln. Er war das Haupt oder – in ägyptischer Metaphorik – das Herz des Landes, dachte für jedermann, bestimmte Ziele und setzte alles in Bewegung. [...] In der ägyptischen Welt war der König das Sinnzentrum.«[150] Zumindest sah das die offizielle Staatsideologie so vor, und ein ganzes Heer an Regierungsbeamten und Priesterbeamten beiderlei Geschlechts arbeitete fleißig daran, ihr nachdrücklich Wirkung zu verschaffen.

Der Herrscher und seine Angehörigen bildeten den Gipfelpunkt der Herrschaftspyramide. Darunter angesiedelt war eine Elite, die aus Priestern und Priesterinnen, Verwaltungsbeamten und Heerführern bestand. Eine weitere Stufe darunter standen die spezialisierten Handwerker, die wichtige Güter herstellten (Bootsbauer, Schneider, Töpfer usw.) bzw. eine ganze Fülle von Materialien kenntnisreich zu bearbeiten wussten (Metalle wie Gold und Kupfer, Holz, Papyrus usw.). Im Rahmen häuslicher Industrien wurden Brot und nahrhaftes Bier hergestellt – die beiden Grundnahrungsmittel der einfachen Leute im Alten Ägypten –, aber auch das Schlachten von Tieren, die Honigproduktion, die Weinbereitung und die Herstellung von Kosmetikartikeln liefen im großen Maßstab ab. Wie die Handwerker gehörten auch die Händler und die gewöhnlichen Soldaten nicht zur ägyptischen Elite, befanden sich aber ihrem sozialen Ansehen nach weit über

150 Assmann 1992: 248–249.

der Mehrheit der Bevölkerung, der ägyptischen Bauernschaft und Sklavenpopulation.

Der Handel spielte für den Unterhalt des ägyptischen Staates eine durchaus wichtige Rolle. Eingeschlossen von den Wüsten im Westen und Osten, dem Mittelmeer im Norden und den Felskatarakten im Süden, musste das Land am Nil Ressourcen importieren, die ihm abgingen. Ägyptische Händler unterhielten Kontakte in die Wüstengebiete und überbrückten den Weg ans Rote Meer, wo sie entlang der Küste weit nach Süden segelten. Als im ausgehenden vierten vorchristlichen Jahrtausend die Domestikation des Esels gelang, der seitdem als Pack- und Lasttier verwendet wurde, erleichterte das die Intensivierung der Beziehungen in den Nahen Osten hinein ungemein. Im dritten Jahrtausend importierte Ägypten Zedernholz in großen Mengen von dort, das vor allem als Bauholz für den Bootsbau genutzt wurde. Im zweiten Jahrtausend führte Ägypten Pferde ein, gebrauchte sie jedoch ausschließlich für militärische Zwecke: als Zugtiere für Streitwägen. Andere Importgüter waren Kupfer, Silber, seltene Gesteine, Weine und Öle. Im Gegenzug exportierte Ägypten Gold, Flachsleinwand, Getreide und Papyrus. Bis ins späte 5. Jahrhundert v. Chr. funktionierte der ägyptische Handel als nichtmonetäre Wirtschaft, kam also ohne ein Münzwesen aus, und praktizierte einen durchwegs systematisierten Tauschhandel, in dem der Wert einer Sache in Werteinheiten ausgedrückt werden konnte, die sich aus Mengen bestimmter anderer Güter ergaben.

Nubien: Kusch, Meroë und die christlichen nubischen Königtümer

Auch nach Süden richtete sich der kommerzielle Blick des ägyptischen Handels. Nubien war für Ägypten via Nil erreichbar, und damit das Tor zum Inneren Afrikas. Von dort bezog Ägypten Gold, Elfenbein, Weihrauch, exotische Tiere und Tierhäute, aber auch Baumaterial für Königsgräber und andere Monumente; und mitunter auch Menschen. Klar ist, dass es bei diesem Fernhandel, anders als in dem auf den Nahen Osten gerichteten, wo auch elementare Gebrauchs- und Nutzgüter getauscht wurden, primär darum ging, Luxusgüter zu erlangen. Ganz in diesem Sinne wurde auf der Wand eines Felsengrabs in Assuan Mitte des 3. Jahrtausends folgende Botschaft eingemeißelt, die den Auftrag des Pharaos an den hier bestatteten Händler notiert: »Eile und bringe mir diesen Zwerg, den du lebend, gesund und heil aus dem Land der Geister geholt hast, für die Tänze Gottes und für die Belustigung und zur Unterhaltung des Königs von Ober- und Unterägypten, Neferkare. [...] Stelle gute Leute an, die bei ihm sein sollen [...], um zu verhüten, dass er ins Wasser fällt.«[151] Die Flucht in den Tod auf der langen Schiffsreise zurück auf dem Nil wurde dem teuren Gut, in diesem Fall: einem kleinwüchsigen Menschen aus dem nördlichen Zentralafrika, nicht vergönnt. Die lange Interaktionsgeschichte dieser beiden Räume war später auch immer wieder durch Phasen gekennzeichnet, in der die Herrschenden den Warenfluss durch militärische Mittel und territoriale Okkupation unter ihre Kontrolle zu bringen versuchten.

Gräber in Unternubien, die auf das spätere vierte vorchristliche Jahrtausend datiert und einer A-Gruppe genannten Bevölkerung zugewiesen werden, die Weizen- und Gerstenanbau betrieb, zeigen, dass schon damals intensive Austauschbeziehungen mit Ägypten geherrscht haben. Sie enthielten Keramik, Kupferartefakte und manch andere Objekte ägyptischer Herkunft. Die Siedlungen der A-Gruppe waren durchaus groß, und manche der Gräber ihrer Herrschaften übertreffen jene, die man zeitgleich in Ägypten errichtete. Ihr Wohlstand scheint die Begehrlichkeiten der frühen Pharaonen auf sich gezogen haben: »Ein Relief aus dem Beginn der Ersten Dynastie zeigt einen nubischen

151 Zit. in Van Reybrouck 2013: 31.

Gefangenen, der am Bug eines ägyptischen Schiffes festgebunden ist – was vermutlich auf den ersten bekannten Vorstoß Ägyptens Richtung Süden hindeutet. Seit der Zeit der Dritten ägyptischen Dynastie (ab etwa 2695 v. Chr.) verlieren sich die Spuren der A-Gruppe in Unternubien. Die ägyptische Stadt Buhen nahe dem Zweiten Katarakt wurde bald zu einem Zentrum der regionalen Kupferschmelztechnik; die Anwesenheit nubischer Sklaven und Soldaten in Ägypten zur Zeit der Vierten Dynastie mit ihrer regen Pyramidenbautätigkeit läßt auf das mögliche Schicksal dieser A-Gruppe schließen.«[152]

Seit dem späteren dritten Jahrtausend ermöglichten die innenpolitischen Schwierigkeiten Ägyptens eine Wiederbesiedlung Unternubiens durch Menschen, die mehrheitlich wahrscheinlich aufgrund der fortschreitenden Trockenheit aus dem Sahararaum einwanderten und sich mit den verbliebenen Einheimischen vermischten. Diese C-Gruppe genannten Personen betrieben vorrangig Viehwirtschaft. In ägyptischen Quellen wird im frühen zweiten Jahrtausend erstmals ein obernubisches Königreich erwähnt, das allerdings, wie John Iliffe bemerkt, »stets als ›elendes Kusch‹ abqualifiziert wird«[153]. Dies hing ganz offenbar damit zusammen, dass Kusch ein gewisses Hindernis für die Interessen des ägyptischen Mittleren Reiches darstellte, in der Ostwüste ungestört Gold abzubauen. Seine Hauptstadt war Kerma, das wohl seit etwa 2500 v. Chr. besiedelt und mit der Zeit zu einer befestigten Stadt rund um ein religiös-kultisches Zentrum ausgebaut wurde.[154] Große Hügelgräber waren die letzten Ruhestätten der Könige von Kusch. Zu den Grabbeigaben zählten nicht nur Waffen, Schmuck, Keramik, Kosmetika, Holzbetten und -truhen, sondern auch lebend begrabene Gefolgsleute in großer Zahl. Südlich des dritten Nilkataraktes

152 Iliffe 1997: 41.
153 Iliffe 1997: 41.
154 Siehe Bonnet/Valbelle 2014.

gelegen, wies Kerma zwei zentrale Vorzüge auf: Die Gegend war fruchtbar und für Ackerbau bestens geeignet, und sie lag strategisch günstig, um den Handel mit dem Süden zu kontrollieren.

Zur Zeit des Neuen Reichs seit Mitte des zweiten vorchristlichen Jahrtausends unternahm Ägypten nicht nur Feldzüge gen Süden, sondern integrierte Teile Nubiens sogar in sein Territorium. Die Südprovinz um die Hauptstadt Napata fungierte dann weiterhin unter dem Namen Kusch, die Grenze verlief bei Kurgus zwischen dem vierten und fünften Nilkatarakt. Ägyptische Adelige und Priester wurden Grundbesitzer und machten die C-Gruppe zu Abhängigen, zu Pächtern oder Landarbeitern. Das Land wurde massiv ausgezehrt. Dass der Wasserspiegel des unteren Nils sich stark abgesenkt und damit die Fruchtbarkeit beeinträchtigt hatte, machte die Situation rund um Kerma nicht besser – auch nicht, nachdem die ägyptischen Truppen seit 1070 v. Chr. abgezogen waren. In Nubien agierte Kusch nun neuerlich als unabhängige Herrschaft, aber von einer neuen Hauptstadt aus, Napata, das weiter stromaufwärts, nahe dem vierten Katarakt lag. Sein Herrschaftsstil richtete sich stark am ägyptischen Beispiel aus, was sich in der Anlage von Tempeln und Gräbern niederschlug, in Bildhauerei und Handwerk sichtbar wird sowie in ihrer Übernahme der ägyptischen Schriftsprache.[155]

Kusch gewann auch an politischer und militärischer Stärke. Seinem König Piankhi (reg. 750–719 v. Chr.) gelang es sogar, um 728 v. Chr. gen Norden bis nach Memphis vorzustoßen und die ›schwarze‹ 25. Dynastie zu begründen, die in der Folge ein Jahrhundert lang ganz Ägypten beherrschte. Assyrischer Druck drängte die Herrscher von Kusch 656 v. Chr. allerdings dauerhaft nach Nubien zurück. Weitere ägyptische Attacken auf Nubien folgten, unter anderem wurde sogar Napata 593 v. Chr. angegriffen. Kusch befand

155 Siehe O'Connor 1993, Shinnie 1996, Shinnie 2004, Török 1997, Edwards 2004, Harkless 2006.

sich in einem bedrohlichen Rückzugsgefecht, auf das es mit der Verlagerung seines Zentrums weiter nach Süden reagierte: »Die Könige von Kusch verlegten nach 590 v. Chr. ihre Hauptstadt von Napata nach Meroë (zwischen dem fünften und sechsten Katarakt, etwa 150 Kilometer nördlich des heutigen Khartoum).« Dort konsolidierte sich das Reich neu: »Bergbau – Gold und Eisen – sowie die Kontrolle des Fernhandels über Land in den ferneren Süden erlaubten ihnen, [den Herrschenden in Kusch,] einen Lebensstil (und den Bau von Pyramiden als königliche Grabstätten) nach pharaonischem Vorbild aufrecht zu erhalten. In ihren Tempeln wurden nicht nur Amun und andere ägyptische Götter, sondern auch der einheimische Löwengott Apedemak verehrt.«[156] Außerdem bildete die Viehzucht einen wichtigen Teil der meroitischen Traditionen und leistete wesentliche Beiträge zum Wohlstand des Staates. Südlich der Wüste gelegen, konnte das Vieh während der Feuchtperiode in den Ebenen Meroës weiden, und Sorghum und Baumwolle konnten ohne zusätzliche Bewässerung angebaut werden.

Der erwirtschaftete Wohlstand war beträchtlich, wie auch Meroës Wille zur Eigenständigkeit. So notierte man die meroitische Sprache seit dem zweiten vorchristlichen Jahrhundert mit einer eigenen Alphabetschrift, die aus 23 ägyptischen Schriftzeichen heraus entwickelt wurde; und anders als die ägyptischen Herrscher mussten sich die meroitischen einem Auswahlverfahren stellen, in dem die Vornehmen königlicher Abstammung, die politisch Einflussreichen und besonders die Königinmutter gewichtige Mitspracherechte besaßen. Über lange Zeit gelang es Meroë, seine innere Stabilität zu wahren. Geschwächt wurde Meroë wohl über einen längeren Zeitraum hinweg durch die Verlagerung des Handels weg vom Nil und hin zum Roten Meer. Sie setzte seit der Zeit der römischen Besetzung Ägyptens ein

---

156 Ansprenger 2004: 17. Siehe auch Trigger 1976, O'Connor 1993, Welsby 1998.

und marginalisierte Meroë handelswirtschaftlich nach und nach. Der Staat bestand jedoch noch bis Mitte des vierten nachchristlichen Jahrhunderts, als er unter den Angriffen des äthiopischen Aksum unterging.

Nubischsprachige Völker, für die, wie man den Grabbeigaben entnehmen kann, das Pferd und die Kavallerie zentral waren, gründeten in dem entstehenden Machtvakuum drei Königreiche: Im Norden entstand rund um das Zentrum Faras das Königtum Nobatia, im Süden Alwa rund um die Stadt Soba; dazwischen bildete sich Makuria um das Zentrum Dongola heraus. Via Ägypten gelangte spätestens im 5. Jahrhundert das Christentum nach Nubien. In Nobatia waren es zunächst einfache Leute, die den neuen Glauben pflegten, während die Herrschaft bis etwa Mitte des 6. Jahrhunderts dem ägyptischen Isis-Kult zugeneigt blieb. Seit 543 wirkten allerdings monophysitische Missionare aus Ägypten in diesem nubischen Königreich, in dem zunehmend Dorfkirchen neben einheimischen Tempeln errichtet wurden. In Alwa ließen sich Herrscher und versammelte Nobilität 580 von einem Missionar aus Konstantinopel taufen. Ähnliche Missionsvorgänge sorgten auch in Makuria dafür, dass sich die monophysitische Version des Christentums dort durchsetzte. In Nubien hielt sich die christliche Religion für ein gutes Jahrtausend.

Nachdem die nubischen Bogenschützen den wiederholten Ansturm islamischer Truppen aus Ägypten seit 641 erfolgreich zurückgeschlagen hatten, kam es zur Aushandlung beidseitig akzeptabler und förderlicher Verträge. Sie schlossen, so John Iliffe, »mit dem Königreich Makuria eine Waffenruhe, den *baqt* von 652. Makuria verpflichtete sich, im Ausgleich für ägyptische Produkte jährlich 360 Sklaven zu liefern. Ein weiteres Abkommen gewährleistete die gegenseitige Respektierung der Kaufleute. […] Araber siedelten sich in den christlichen Königreichen als Händler, Gold- und Edelsteinschürfer sowie ab dem 10. Jahrhundert als Viehzüchter an. Die fatimidischen Herrscher Ägyptens, die zwischen 969 und 1170 regierten, sicherten ihre Macht durch schwarze Sklavensoldaten; ihre Herrschaft fiel mit der Blütezeit des christlichen Nubien zusammen.«[157] Mit dem Machtwechsel in Ägypten, der um den Preis des Gemetzels an den nubischen Soldaten im Dienst der Fatimiden erfolgte, zerschlugen sich allerdings die friedlichen Beziehungen zueinander. Wechselseitige Plünderungszüge waren eine Folge, die Flucht und Vertreibung arabischer und islamischer Oppositioneller gen Süden eine zweite. Nach dem gescheiterten Aufstand der arabischen Banu Hilal 1253 wurden sie in großer Zahl nach Nubien vertrieben, wo diese nomadischen Viehhirten die lokalen Verhältnisse ordentlich durcheinanderwirbelten.

Konflikte um Landnutzung traten auf, und die christlichen Herrscherfamilien zerstritten sich in zunehmendem Maße. Muslime gewannen auch politisch an Einfluss. In Makuria etwa bestieg um 1317 erstmals ein Muslim den Thron, gegen Ende des 14. Jahrhunderts bestand das Königtum nicht mehr. Das weiter südlich gelegene Alwa konnte sich hundert Jahre länger halten, ging dann jedoch ebenfalls an den ungelösten Spannungen mit den nomadisierenden (und islamisierten) Hirten zugrunde.[158] Bereits 1504 geriet dieser Raum allerdings unter die Herrschaft eines neuen Staats, der im Zug einer Eroberung rund um Sennar errichtet wurde: Die Herrscher von Funj konvertierten freilich ihrerseits bald zum Islam und begründeten ein Sultanat, das bis zur Kolonialzeit Bestand haben sollte.[159] Im Nubien nördlich des Dritten Katarakts besetzten hingegen eine Art Flussräuber, *meks* genannt, das Machtvakuum, das der Niedergang der nubischen Königtümer hinterlassen hatte. Bei ihnen handelte es sich um »räuberische Adelige, die von Lehmziegelfestungen aus ganze Flußabschnitte kontrollierten.«[160] Für Ägypten wurde

157 Iliffe 1997: 77.
158 Siehe Holt/Daly 1988: 15–25.
159 Siehe Spaulding 1989, Spaulding 2007 [1985], Spaulding 2010 [2000].
160 Iliffe 1997: 78.

die Eroberung des Sudan – des ›Landes der Schwarzen‹ – erst Jahrhunderte später wieder zu einer realistischen Option, als Mehmet Ali seit 1821 seine Truppen mit dem Auftrag ausschickte, ihm das schwarze Gold des Südens zu besorgen.

Nordostafrika: D'mt, Aksum und Äthiopien

Als Kerma in Nubien herrschte, verlief eine Handelsroute von dort zum Roten Meer. Im Gash-Delta, im Grenzland zwischen dem heutigen Sudan und Äthiopien, entstand schon zwischen 2500 und 1500 v. Chr. eine zentralisiertere Form der Sozialorganisation rund um die Kontrolle dieses Handels. In den Hochländern des heutigen Eritrea und der äthiopischen Provinz Tigray bildete sich im 8. Jahrhundert v. Chr. ein Reich heraus, das nach den aufgefundenen Inschriften, die in südarabischer Schrift notiert wurden, den Namen D'mt hatte und mehrere Jahrhunderte bestand. Es zerfiel zwischen dem fünften und dritten vorchristlichen Jahrhundert. Die lokale Keramik weist sowohl Einflüsse Kermas und Ägyptens auf, die über das Gash-Delta vermittelt worden sein dürften, als auch tigrayisches Gepräge. Allerdings dominierten die südarabischen Einflüsse die Elitenkultur von D'mt: Tempel, Paläste, Bronze- und Eisengegenstände sowie sabäische Inschriften zeugen davon.

Mit der ptolemäischen Herrschaft in Ägypten begann ein boomender maritimer Handel. Das wirkte sich auch auf das Rote Meer und sein Hinterland aus. Die Region wurde in stärkerer und direkterer Weise in die mediterrane Wirtschaftssphäre eingebunden als je zuvor. Vom Hafen Adulis aus verbreiteten sich Güterverkehr und Wohlstand. Die politische Einigung der Region gelang im 1. Jahrhundert n. Chr. den Herrschern von Aksum, die sich kulturell stark an Südarabien orientierten. Sie »schmückten ihre Hauptstadt mit prunkvollen Steinbauten und die königlichen Grabanlagen mit hohen Stelen und legten einen Gürtel mit ländlichen

Villen um die Stadt herum an. 200 Jahre später prägten sie Münzen nach römischem Vorbild.«[161] Der Handel mit dem römisch kontrollierten Wirtschaftsraum war für Aksum lukrativ und wichtig. Daraus erklärt sich auch, dass sein König Ezana um 333 n. Chr. zum Christentum übertrat, das ägyptische Missionare aus Alexandria vermittelt hatten. Freilich war das Christentum an seinem Hof nur eine von mehreren tolerierten Religionen. Auch Juden lebten in Aksum. Ezana war ein ambitionierter Herrscher. Einer seiner Kriegszüge besiegelte das Ende Meroës. In Aksum selbst verbreitete sich der christliche Glaube zunächst nur am Hof, mit der Zeit und mit Unterstützung des Staates bemühten sich Priester und Missionare aber auch um die Bekehrung breiterer Bevölkerungsteile. Vielerorts funktionierte man lokale Tempel in Kirchen um. Zum Zweck der Bekehrung übersetzte man die Bibel zwischen dem 5. und 7. Jahrhundert in die volkstümliche Sprache Aksums, in das Ge'ez. Gleichzeitig expandierte Aksum auch ins äthiopische Hochland. Dorthin kam dann die neu implantierte Herrschaft schon mit dem Christentum im Gepäck.

Seit dem ausgehenden 6. Jahrhundert litt Aksum unter mehreren Problemen, die seinen Niedergang einleiteten. Wirtschaftlich war die Landwirtschaft für die Existenz des Staates immer wichtiger geworden, doch nun sorgten seltenere Regenfälle für mehr Trockenheit und geringere Erträge. Der Handel erfuhr einen Niedergang, weil die Verhältnisse im östlichen Mittelmeerraum und im Nahen Osten durch Auseinandersetzungen zwischen Byzanz und Persien destabilisiert waren. Schließlich trat im 7. Jahrhundert der Islam auf den Plan, der rasch zu einer starken arabischen Expansion führte. Adulis, der wichtige Hafen Aksums, der das Reich wohlhabend gemacht hatte, fiel der Zerstörung anheim. Das politische Zentrum orientierte sich nun stärker Richtung Südwesten und mehr ins Inland. Im 9. Jahrhundert gab man

161 Iliffe 1997: 58.

Aksum als Hauptstadt auf. Um 960 schließlich eroberte die legendäre Königin Gudit das Reich. Sie soll eine Spur der Verwüstung durch Kirchen und Denkmäler gezogen und den letzten Dynasten Aksums beseitigt haben.

Anstelle von Tigray wurde das südlich gelegene Wollo zum staatlichen Kerngebiet Äthiopiens, in dem Staat und Kirche gemeinsam operierten. Von 1137 bis 1270 regierte eine durchgehende Dynastie, die kuschitischsprachige Zagwe-Dynastie, die ihr Expansionsstreben weiter nach Süden orientierte, wo reichere Niederschläge und damit fruchtbarere Böden lockten sowie die »Aussicht auf Handel in den östlichen Tiefebenen bis hinunter zur Küste bei Zeila, wo Sklaven, Gold und Elfenbein gegen Salz aus den Tiefebenen und gegen importierte islamische Luxusgüter getauscht werden konnten«[162]. Allerdings kontrollierten Muslime diesen Handel. Damit wirkten sie auf die ansässige Bevölkerung, besonders die Somali, attraktiv und bewegten viele von ihnen zur Konversion. Es entstanden mehrere islamische Fürstentümer.

Die Zagwe-Dynastie fiel 1270 einem gewaltsamen Staatsstreich zum Opfer. Mit Yikunno Amlak, der sich gut biblisch als Nachfahre Salomons und der Königin von Saba inszenierte, begann die Ära der Salomoniden. Unter dem Kriegerkönig Amda Siyon, der von 1314 bis 1344 regierte, erweiterte sich das Staatsgebiet des christlichen Äthiopien beträchtlich – »nach Süden und Westen in nichtchristliche kuschitische Gebiete und zu Lasten von Gruppen, die die alten jüdischen Traditionen von Aksum bewahrten; deren zäher Widerstand gegen die Oberherrschaft des Königs verband sie zur Gemeinschaft Beta Israel (heute bekannt als Falascha).«[163] Muslime gefährdeten die christliche Herrschaft nur einmal ernsthaft, als 1529 der Imam Ahmad ibn Ibrahim Truppen aus dem Sultanat von Harar ins äthiopische

162 Iliffe 1997: 79.
163 Iliffe 1997: 79. Siehe dazu Tamrat Tadesse 1972.

Hochland führte, die von Somalis unterstützt wurden und dort 14 Jahre lang marodierten. Erst als es einem christlichen äthiopischen Heer 1543 gelang, den Imam zu töten, zogen sich dessen Leute nach Harar zurück.

Nach innen herrschten die salomonidischen Könige und die berittene Nobilität im Wesentlichen durch Waffengewalt, bzw. ihre Androhung, und sie pflegten ein starkes Standesbewusstsein. Sie knöpften den Bauern bis zu einem Drittel ihrer Ernte ab, unterhielten andererseits jedoch ein ganzes Heer an Bediensteten und zeigten sich gegenüber den zahlreichen Armen, die sich im öffentlichen Raum aufhielten, demonstrativ großzügig. Permanente Residenzen bezogen sie erst seit Mitte des 15. Jahrhunderts, zuvor unterhielten sie mobile Zeltlager, also ›wandernde Höfe‹. Der dynastische Mythos von der biblischen Abkunft verfolgte einen durchsichtigen Rechtfertigungszweck, band aber die Interessen der politisch Mächtigen und der christlichen Kirche in genuiner Weise engstens aneinander.

Die äthiopische Kirche legitimierte die Herrschaft, von der sie im Gegenzug profitierte, weil sie ihr ein weites Missionsfeld erschloss: »Ihre Prediger waren das spirituelle Gegenstück des kriegerischen Helden«, schreibt John Iliffe: »Heilige Männer [...] gründeten Klöster in nichtchristlichen Regionen, übten sich in strenger Selbstkasteiung, kämpften heldenhaft gegen die angestammten Naturreligionen und gewannen Anhänger durch ihre Macht, ihre Heiligkeit, ihre Wundertätigkeit und die Dienste, die sie als Diener der neuen christlichen Ordnung erweisen konnten.«[164] Der weltliche Herrscher war idealerweise gleichzeitig ein Priesterkönig, der die Kirche und die mönchische Missionierung anleitete und das Christentum gegenüber lokalen Gepflogenheiten stärkte. Nicht alle Salomoniden erfüllten diese Funktion so gut wie Zara Yaqob, der von 1434 bis 1468 mit eiserner Hand regierte und den christlichen Glauben rigoros durchzusetzen

164 Iliffe 1997: 83.

trachtete. Über weite Strecken der äthiopischen Geschichte herrschte keine analoge zentralistische Machtausübung vor, sondern eine Vielzahl an adeligen Grundeigentümern agierte in relativ autonomer Art und Weise. Zu einer tatsächlichen Reichseinigung mit anschließender imperialer Expansionsphase kam es erst seit Mitte des 19. Jahrhunderts.

Kontinuitäten und Brüche in der jüngeren Geschichte des altägyptischen Raums

Während der gesamten Existenz Altägyptens bildete Nubien die Landbrücke in weiter südlich gelegene Länder, zu denen das Neue Reich Handelskontakte auch über See pflegte. Hatshepsut, die von 1479 bis 1458 v. Chr. Ägypten regierte, schickte »eine Flotte von fünf Schiffen in das Land Punt«, das wahrscheinlich an der nördlichen Somaliküste, in der Gegend des heutigen Eritrea gelegen war, »um Weihrauch erzeugende Bäume anzuliefern. Später kamen Fürsten aus Punt mit Geschenken an den Hof der Pharaonen. Um 1150, als das Neue Reich verfiel, scheint der Handelsverkehr zwischen Ägypten und Punt abgebrochen zu sein.«[165] Die Handelsverbindungen über das Rote Meer bis hin zum Horn von Afrika und zur ostafrikanischen Küste hin erlebten erst ein Jahrtausend später wieder eine Renaissance.

Besonders seit der römischen Zeit nahm die Bedeutung des ägyptischen Handels am Roten Meer stark zu, weil hier nun Güter bezogen werden konnten, die aus der fernen Welt des Indischen Ozeans stammten. So gelangte in den ersten nachchristlichen Jahrhunderten schwarzer Pfeffer aus Indien an die ägyptische Küste am Roten Meer, aber auch weitere Gewürze wie Ingwer, Kurkuma, Kardamom und die Betelnuss. Für die islamische Zeit lassen sich dort auch Zitrusfrüchte, Reis, Baumwolle, Bananen, Auberginen, Zuckerrohr

165 Ansprenger 2004: 16.

und Taro (Wasserbrotwurzel) belegen sowie eine ganze Reihe von indischen Textilien, chinesischen und südostasiatischen Keramiken. Der Handel mit der Welt des Indischen Ozeans dürfte aber schon zu pharaonischen Zeiten bestanden haben oder zumindest für wünschenswert gehalten worden sein. So veranlasste Pharao Nekau II. (26. Dynastie) Ende des 7. Jahrhunderts v. Chr., dass zwischen dem Nil und dem Roten Meer ein Kanal gegraben werde. Diesen stellten Arbeiter in der Herrschaftszeit des Perserkönigs Darius I. im Jahr 497 v. Chr. auch tatsächlich fertig, doch verschlammte dieser ›erste Suezkanal‹ der Geschichte in der Folge wieder.

Es gibt freilich noch andere Kontinuitäten, die die pharaonische Zeit überdauerten. Maurice Lombard nennt einige weitere: »Man hat von Ägypten gesagt, es sei ein Geschenk des Nils; man sollte hinzufügen: und der Arbeit der Fellachen. […] die unaufhörliche Arbeit der Bauern, die ein ungeheures Bewässerungssystem aufbauen und unterhalten, ein System, das kollektive Dienste, sehr genau geregelte Fronarbeiten und ständig verfügbare Arbeitskraft erfordert. Dieses System von staatlichen Anforderungen […] setzt sich bis in die Zeit nach den islamischen Eroberungen fort.«[166] Auch der Export ägyptischen Getreides und Leinens ging ungebrochen fort, ebenso wie die Verstädterung sich seit dem 7. Jahrhundert weiter intensivierte. Umgekehrt blieb Ägypten auch weiterhin ein Importland von grundlegenden Gütern: etwa Eisenwaffen, die Ägypten aus Indien und Europa einführte, sowie Holz, das für den Schiffbau und im Städtebau sowie als Brennmaterial für Glasbläsereien, Keramikmanufakturen und Zuckerrohrsiedereien benötigt wurde.

Wie Ian Shaw bemerkt, zog die islamische Eroberung in den Jahren 639 bis 642 – von der Eröffnung der Feldzüge bis zum Fall der Stadt Alexandria – Entwicklungen nach sich, die deutlichere Brüche in der Kultur Ägyptens produzierten, als das die mazedonische, römische und byzantinische

166 Lombard 1992: 34.

Beherrschung vermocht hatte. Kurzfristig brachte sie reiche Beute und eine gewaltige Zahl von (primär städtischen) Gefangenen, die versklavt oder gegen Lösegeld freigelassen wurden. Rasch folgten pragmatische Arrangements mit den verbliebenen alten Eliten. Mit der Etablierung einer politisch geeinten islamischen Ökumene, die von Spanien bis Persien reichte, später bis nach Indien und Südostasien hinein, entstand jedoch auch ein riesiger einheitlicher Wirtschafts- und Interaktionsraum – und daraus formte sich eine neuartige ›Zivilisation‹ im Sinne Fernand Braudels heraus, die die besondere Verflechtung geographischer, gesellschaftlicher, wirtschaftlicher, kultureller und weltanschaulicher Komponenten zu einem erkennbar distinkten Gepräge meint.[167] Das Arabische – die Sprache, in der dem Propheten Muhammad das Wort Gottes, der Koran, offenbart worden ist – entwickelte sich zur neuen Verkehrssprache, auch wenn das Koptische in Wort und Schrift (Altägyptisch notiert mithilfe des griechischen Alphabets) im Alltag der koptischen Christen noch bis um das Jahr 1000 gebräuchlich blieb. Mittelfristig betrachtet (und in weltlichen Zusammenhängen), ersetzte allerdings die arabische Schrift die überlieferten Schreibweisen generell. In langfristiger Perspektive gesehen, stellte das eine radikale, an die Wurzeln Altägyptens rührende Änderung dar.

Die Arabisierung der örtlichen Bevölkerung ging verhältnismäßig rasch und umfassend vor sich. Zunächst auf die Lagerstätte von Fusṭāṭ (Altkairo) konzentriert, verstärkte die Einwanderung zahlreicher Beduinensippen aus Arabien diesen Prozess. Sie versuchten teils ihr Nomadenleben in den östlichen und westlichen Wüstenstreifen längs der kultivierten Zonen am Nil fortzuführen. Teils ließen sie sich am Land nieder und vermischten sich mit der lokalen Bauernschaft. Der fortgesetzte Zuzug von Bauern in die Städte trug seinerseits zur Arabisierung wachsender Bevölkerungsteile bei. Außerdem zogen im 9. Jahrhundert vermehrt Händler,

167 Braudel 1995 [1987].

Gelehrte und Bürokraten aus dem Irak und Syrien nach Ägypten. Die ägyptischen Christen freilich, die schon lange im Gegensatz zur byzantinischen Orthodoxie gestanden hatten, übernahmen zwar verhältnismäßig rasch das Arabische, nicht aber die neue Religion. Nehemia Levtzion erklärt das so: »Die bevorzugte Behandlung, die die Araber den monophysitischen Kirchen nach der Eroberung gewährten, stärkte die Stellung dieser Führung. Kommunale Solidarität schränkte die Konversionsrate ein [...].«[168] Mit anderen Worten: Es gab keinen unmittelbaren Zwang zur Bekehrung, und eine breite Islamisierung Ägyptens entfaltete sich erst langsam während der folgenden Jahrhunderte. Maxime Rodinson bringt das folgendermaßen auf den Punkt: »Doch der leise Druck durch soziale und besonders steuerliche Vorteile infolge des Beitritts zum Islam hatte einen langsamen, aber wirksamen Effekt.«[169]

In politischer Hinsicht änderten sich die Zeiten definitiv, weil im Gepäck der arabischen Eroberungen die islamischen Vorstellungen einer umfassenden gerechten Ordnung – sozial, wirtschaftlich und politisch – von der arabischen Halbinsel hinausgetragen wurden. Mit dem islamischen Kalender begann eine neue Zeit: Die muslimische Zeitrechnung beginnt mit dem Ereignis der Hidschra im christlichen Jahr 622, als Muhammad aus Mekka nach Medina flüchten musste. Damit hatten die Expansionsbewegung und der globalhistorische Prozess, die die Weltkarte in wenigen Jahrzehnten von Grund auf änderten, ihren Anfang genommen. Realpolitisch herrschten freilich die Konsolidierungsbemühungen um die Aufrechterhaltung der Herrschaft im riesigen Abbasiden-Kalifat vor, das bis Mitte des 10. Jahrhunderts für weitgehende politische Einigkeit über die gesamte muslimische Welt zu sorgen vermochte, auch wenn seine Hegemonie schon die hundert Jahre zuvor immer deutlicher sichtbare

168 Levtzion 1992: 230.
169 Rodinson 1981: 69.

Risse zeigte. So agierte ein türkischer Offizier, Ahmad ibn Tulun, den der Kalif 868 nach Ägypten entsandt hatte, faktisch selbständig und etablierte dort die Dynastie der Tuluniden. Erst 905 gelang es den Abbasiden, die Kontrolle über Ägypten wiederherzustellen. Freilich nutzte nur 30 Jahre später ein anderer ihrer Statthalter, der Usbeke Muhammad ibn Tughdsch alias ›der Ikhshide‹, die Gunst der Stunde und begründete die, freilich kurzlebige, Ichschiden-Dynastie, in der zeitweilig der dunkelhäutige Eunuch Kafur die Regentschaft führte, der als großer Förderer der Wissenschaften und Künste erinnert wird.

Im Jahr 969 schließlich eroberten die Fatimiden, eine schiitische Splittergruppe, die ihre politische Stellung unter den Berbern in Nordafrika konsolidiert hatte, Ägypten. Sie verlagerten ihre Hauptstadt von Kairouan, das sie seit 910 beherrschten, nach Kairo. Damit setzte eine 200-jährige Phase der dynastischen Stabilität ein, unter welcher der maritime Handel blühte. Kairo zog Kaufleute aus aller Herren Länder an, das Handwerk gedieh prächtig. Die Bauernschaft hatte nun auf arbeitsintensive Weise Zucker, Baumwolle und Reis anzubauen und mehrfach im Jahr zu ernten. Für sie war also auch die Fatimiden-Herrschaft kein Honiglecken. Sie hatte nicht nur unter der realwirtschaftlichen Ausbeutung zu leiden, sondern auch unter der Verachtung, welche die städtischen Eliten den ländlichen Regionen insgesamt entgegenbrachten. In der zweiten Hälfte des 12. Jahrhunderts brachen Hungersnöte aus, das Fatimiden-Reich zerfiel. Ihr kurdischer Großwesir Saladin stürzte 1171 die Fatimiden und begründete die sunnitische Dynastie der Ayyubiden, die bis 1252 Ägypten regierte, dann ihrerseits Opfer eines Staatsstreiches durch die eigenen mamlukischen Truppen wurde.

»Die Mamluken waren ursprünglich Sklaven, die als Kinder den Reitern der eurasischen Steppe abgekauft worden und nach einer strengen islamischen Erziehung zu berittenen Bogenschützen ausgebildet worden waren. Zu Freien erklärt, wurden sie Berufssoldaten, die einander und ihrem früheren Herrn gegenüber loyal waren. Sie bildeten eine Elitenkaste […]. Mamlukische Generäle beherrschten Ägypten bis 1517. Sie teilten das Land in Lehnsgüter auf, von denen die Offiziere Tributzahlungen forderten, um sich und ihre Männer zu finanzieren. Sie förderten die Bewässerung und Besiedlung des Landes, hoben das Niveau der medizinischen Ausbildung und ließen die größten ägyptischen Bauwerke seit ptolemäischer Zeit errichten.«[170] Dennoch war auch die Herrschaftszeit der Mamluken weit davon entfernt, eine rosige Ära gewesen zu sein. Die Ausbeutung menschlicher Arbeitskraft setzte sich ungebrochen fort. Zudem sorgten globalhistorische Prozesse für Verschiebungen und manche Ereignisse, unter denen die Menschen unabhängig von ihrem sozialen Rang und Status zu leiden hatten: So nahm der im Handel begründete Wohlstand Ägyptens als Folge des Zerfalls der mongolischen Hegemonie in Zentralasien zu Beginn des 14. Jahrhunderts ab, und zwischen 1348 und dem frühen 16. Jahrhundert wurde Ägypten von fast 30 Lungenpestepidemien heimgesucht, die die Bevölkerung drastisch reduzierten. Politisch rivalisierten mehrere mamlukische Gruppen um Macht und Einfluss, was die Stabilität des Staates untergrub. Dem osmanischen Ansturm war das mamlukische Ägypten dann auch wenig überraschend nicht gewachsen. 1517 wurde Ägypten zum Teil des Osmanischen Reiches.

Staaten und Reichshegemonien im westafrikanischen Savannenland

In den an die Sahara angrenzenden Savannen, zwischen Wüste und Waldländern, verdichteten sich bis in die ersten nachchristlichen Jahrhunderte die Bevölkerungskonzentrationen. Seit dem 4. Jahrhundert waren aus einigen der konzentrierten Siedlungen hierarchisch gegliederte und,

170 Iliffe 1997: 67.

zumindest im Kern, zentral geführte Staatswesen geworden, die um die Figur eines Herrschers und um eine königliche Familie kreisten, denen man besondere Bedeutung und eine herausragende Stellung zuschrieb. Das älteste bekannte dieser Staatswesen firmiert unter dem Namen Takrur, über das allerdings wenig bekannt ist. Es hatte seinen Mittelpunkt südlich des mittleren Senegalflusses und formte sich wohl in der Interaktion von Vorfahren der Serer und Wolof, beide zur Gruppe der Niger-Congo-Sprachen gehörend, und saharischen Berbern heraus. Durch seine Beteiligung an der Kontrolle eines Streckenabschnitts, über den der Goldhandel aus dem östlich gelegenen Bambuk abgewickelt wurde, sicherte sich Takrur seine herrschaftliche Position in den Gebieten nahe dem Atlantik.

Sein König War Jabi, der um 1040/41 verstarb, war der erste Herrscher eines westafrikanischen Staates, der zum Islam konvertierte, und unter seinem Sohn Labi, der sich mit der islamischen Reformbewegung der Almoraviden verbündete, die aus dem Maghreb einwirkte, trat der gesamte Hofstaat Takrurs zum Islam über. Takrur war damit der erste nominell islamische Staat Westafrikas. Unter den Einheimischen, deren Sprachen als westatlantischer Zweig des Niger-Congo klassifiziert werden, bildete sich mit der Zeit eine lebendige islamisch geprägte lokale Kultur heraus; es kam zur erfolgreichen »Afrikanisierung des Islam«, um die schöne Wendung von David Robinson zu gebrauchen.[171] Ful-sprachige Viehhirten, die den Islam nicht angenommen hatten (*Wodabe*), begannen seit dem 14. und 15. Jahrhundert mit ihren Herden in die südlichen Hochländer des heutigen Guinea sowie ostwärts durch die Savannenzonen bis zum Tschadsee und darüber hinaus in den Norden des heutigen Kamerun zu ziehen. Zahlreiche fulophone muslimische Gelehrte (*Torodbe*), die in Takrur eine städtische Lebensweise angenommen hatten, folgten auf den Spuren ihrer

171 Robinson 2004: 42. Zur Geschichte Takrurs siehe Hiskett 1984: 27–28.

nomadisierenden, viehhaltenden Verwandten und siedelten sich quer über die westafrikanische Savanne an. Auf ihre ursprüngliche Herkunft aus Takrur blieben die Torodbe, die wesentlichen Anteil an den Dschihadbewegungen haben werden, die im 18. und 19. Jahrhundert Westafrika politisch veränderten, dauerhaft stolz.

Das alte Ghana

Die Anfänge des alten Ghana liegen auf dem Gebiet des heutigen Südmauretanien. Dort bildete sich im 4. Jahrhundert n. Chr. der Kern des Staates heraus – rund um die Stadt Kumbi Saleh und rund um eine Dynastie namens Kaya Maga, die wahrscheinlich von Mande-Herkunft war, mitunter aber auch als eine Gründung von Berbern angesehen wird. Sicher vollzog sich diese Staatsbildung in einer seit langem dynamischen kulturellen Interaktions- und Begegnungszone zwischen Sahara und Sudan, zwischen pastoralen und agrarischen Gesellschaften, zwischen Nomaden und sesshaften Dorfbewohnern. »Die Ländereien der landwirtschaftlichen Völker des Sudan an der Südgrenze der Sahara waren über Jahrhunderte hinweg Plünderungen, Einwanderung, Eroberung und Besiedlung durch aus der Wüste kommende nomadische Viehhirten ausgesetzt«, so John Fage, der eine historische Erklärung modelliert: »Aus der Wüste gelangten ganze Gruppen mobiler Reiter nach Süden […]. Im Buschland zwischen den landwirtschaftlichen Dörfern weideten sie ihre Tiere und tauschten Fleisch, Häute und Milchprodukte gegen die Feld- und Handwerkserzeugnisse der Dörfer. Zunächst hatten sie kein festes Lager und keine formal festgelegte politische Beziehung mit den Dorfchefs, sie richteten aber begehrliche Blicke auf den Wohlstand und die Stabilität der Ackerbaugesellschaft. Ihre Mobilität, die sie dem Besitz von Pferden und Kamelen verdankten, ermöglichte ihnen, sie mit wachsender Selbstverständlichkeit zu plündern. Ihre eigenen Fehden und Bündnisse vermengten sich dadurch mit den politischen Bedingungen der Dorfleute. Ihre Führer verbündeten sich durch Heirat mit einigen der führenden Dorffamilien und gewannen auf diese Weise einen gewissen Anspruch auf die Herrschaft über die Dörfer und deren Felder.«[172]

Diese Darstellung akzentuiert die bestimmende Rolle der berberischen Hirten, wie es schon der arabische Historiker Ibn Khaldun aus Tunis im 14. Jahrhundert getan hatte, und übergeht damit die handlungsmitbestimmende Komponente der sesshaften sudanischen Bauernschaft. Komplementär wirkte jedoch noch eine andersgelagerte historische Dynamik, auf die Fage ebenfalls hinweist: »Die Plünderungen durch die Wüstenhirten regten die Bauern des Sudan dazu an, sich zu größeren und leichter zu verteidigenden Gemeinschaften und Siedlungen zusammenzuschließen. Dörfer wurden gegenüber zerstreuten Gehöften bevorzugt, und manche Dörfer konnten sich zu befestigten Städten entwickeln. Diese Veränderungen in der räumlichen Verteilung der Bevölkerung induzierte zweifellos auch soziopolitischen Wandel.«[173] Gemeint sind endogene, ohne direkte äußere Einwirkung erfolgte Änderungen innerhalb der agrarischen Gesellschaft in Richtung auf stärker zentralisierte Autoritätsverhältnisse. Mündliche Überlieferungen, die seit dem späteren 19. Jahrhundert notiert wurden, schreiben den Anlass zur Gründung Ghanas einem Mann namens Dinga zu, der von Osten kommend einen lokal ansässigen Trickster tötete – also einen jener legendären Charaktere, von denen die afrikanischen Mythenerzählungen nur so wimmeln, die in ihrem Verhalten und buntem Treiben offen ausleben, was von normalen Menschen als widersprüchlich und ambivalent erfahren würde, im gemeinschaftlichen Leben für dementsprechend inopportun gilt und konsequenterweise nicht (oder nur heimlich)

172 Fage 2002: 64.
173 Fage 2002: 66.

getan wird. Mit der Tochter des Tricksters zeugte Dinga jene Kinder, aus denen die führenden Clans hervorgingen. Nach Dingas Tod wetteiferten zwei seiner Söhne um die Nachfolge in Wagadu, und der siegreiche Dyabe gilt in den mündlichen Quellen als der eigentliche Gründer Ghanas.

Schon seit dem zweiten nachchristlichen Jahrhundert scheinen erste Handelsbeziehungen durch die Sahara aufgenommen worden zu sein, die den Raum vom alten Ghana über Gao am Nigerbogen bis nach Ägypten überbrückten, während ab dem 8. Jahrhundert neue Routen nach Nordafrika führten – über Audoghast an der Wüstengrenze nach Tahert (Algerien), Sijilmasa (Marokko) und, über die Wüstenstadt Tadmakkat, nach Kairouan (Tunesien), Ghadames und Tripolis (Libyen). Dieser Ausbau des Transsaharahandels stand in unmittelbarer Verbindung mit der arabisch-islamischen Expansion in Nordafrika, womit Afrika südlich der Sahara zur äußeren Randzone einer riesigen islamischen Ökumene und einheitlichen Wirtschaftszone wurde. Mitte des 8. Jahrhunderts gelangte in Ghana eine neue Dynastie an die Macht. Es waren einheimische Soninke, Sprecher einer Niger-Congo-Sprache, die den Staat in weiterer Folge zu einem bedeutenden Reich ausbauten, dessen ausgedehnte Einflusssphäre beispiellos war.

Das Land wurde durch Bauern, Viehhirten und Fischer diversifiziert bewirtschaftet. Die einen lieferten Getreide, Wurzelknollen und Gemüse, tierische Produkte (Hühner, Ziegen, Schafe), die anderen Fleisch, Häute, Lederwaren und Salz aus den Abbaugebieten der Sahara, wieder andere frischen und getrockneten Fisch. Jäger aus der Waldlandzone versorgten den Wirtschaftsraum mit Produkten des Waldes wie Honig und Wild. Die Landbevölkerung war gegenüber den Herrschenden tributpflichtig und ernährte den Hofstaat durch seine Naturalabgaben. Im Gegenzug funktionierte die lokale Verwaltung autonom, ohne zentralistische Eingriffe vonseiten Ghanas. Dessen Führung beanspruchte hingegen ein Handelsmonopol auf Gold, Salz, Sklaven und Sklavinnen, das sie durch ihre militärische Stärke auch recht erfolgreich behaupten konnte. Innerhalb des Herrschaftsbereiches von Ghana existierten eine Reihe von Vasallenstaaten, die in Zeiten der Stärke der Zentralmacht über tributäre Beziehungen ins Reich integriert waren, in Zeiten der Schwäche jedoch von diesem abzufallen drohten oder abfielen. Ghanas Reichsgeschichte weist darum dezidiert zentrifugale Tendenzen auf, wie sie für die alten Reiche weltweit charakteristisch sind.

Die Herrscher Ghanas waren keine Muslime, der Staat keine Gründung von Muslimen, doch standen sie durch den lukrativen Fernhandel in regelmäßigem Kontakt mit dem islamischen Nordafrika. In arabischen Quellen findet Ghana seit dem 8. Jahrhundert als »Goldland« Erwähnung, erstmals 773 bei dem Mathematiker, Astronomen und Geographen Ibrahim al-Fazari.[174] Tatsächlich hatte Ghana aufgrund seiner Lage eine strategisch günstige Position inne: Zum einen lag es nahe den reichen Goldminen von Bambuk am oberen Senegal, wo Einheimische das wertvolle Metall schürften, zum anderen vermochte es den Goldhandel bis zum Wüstenrand unter seine Kontrolle zu bringen, von wo ihn Berbergruppen weiter nach Norden betrieben. Ghana war »mehr daran gelegen […], den Goldhandel als die Goldgewinnung zu kontrollieren«,[175] wie John Iliffe schreibt, allerdings lag das daran, dass seine Versuche, die Produktionsorte des Goldes dem eigenen Regiment zu unterstellen, erfolglos geblieben waren: Das Gold versiegte einfach, nachdem »die Händler einmal versucht hatten, die Quelle des Goldes dadurch zu entdecken, dass sie einen der eingeschüchterten Schwarzen heimtückisch gefangen nahmen. Er verstarb, ohne auch nur ein Wort zu sagen, und es dauerte ganze drei Jahre, ehe die Schwarzen den Handel wieder aufnahmen; und auch dann nur, weil sie keine andere Möglichkeit hatten, ihren Salzbedarf zu decken.«[176]

174 Bovill 1995 [1958]: 80/Fn.*.
175 Iliffe 1997: 71.
176 Bovill 1995 [1958]: 82.

So konzentrierte sich die herrschende Dynastie Ghanas darauf, den sicheren Transport dieser Rohstoffe – Gold und Salz, aber auch Sklavinnen und Sklaven, die aus Nordafrika nachgefragt wurden – zu gewährleisten. Die Wende zum 9. Jahrhundert markiert einen deutlichen globalhistorischen Einschnitt für die Region, wie Frederick Cooper schreibt: »Einmal führte der Handel mit Gold aus den Minen südlich der Sahararegion in die nordafrikanischen Märkte zu einer Vermehrung der Handelsrouten durch die Wüste. Sodann breiteten die Geistlichen und Gelehrten, die in den Fußstapfen der Händler reisten, den Islam entlang dieser Routen aus. Dadurch, dass sie die Schlüsselorte in diesem lukrativen Netzwerk von Handelsstraßen kontrollierten, breiteten die Herrscher des Königtums Ghana ihren Einfluss über ein großes und wachsendes Territorium aus. Auch boten sie lokalen Eliten und Händlern starke Anreize, sich mit der dynastischen Macht zu arrangieren und die Vorteile des Schutzes und der Beziehungen zu ergreifen, die sie bot.«[177] Ghanas Herrschaftsbereich erstreckte sich im 11. Jahrhundert durch die Sahelzone vom Niger im Süden bis zum Senegal im Westen. Neben dem Goldhandel mit dem Maghreb kontrollierte Ghana auch den wichtigen Salzhandel. Damit wurde es zur dominanten Hegemonialmacht im gesamten Westsudan, nur die Stadt Gao am Nigerbogen, die am Ende der Wüstenstraßen aus Tunesien und Libyen lag, begrenzte seine Einflusszone im Osten der Region. Zwar fluktuierte die Macht, die Ghana innerhalb seiner beanspruchten Bereiche und auf seine Nachbarn auszuüben vermochte, im Lauf der Zeit, doch vom 8. bis ins 13. Jahrhundert wies der Staat eine beeindruckende Stabilität auf.

Muslimische Händler bildeten eine einflussreiche Gemeinschaft am herrschaftlichen Hof, und islamische Gelehrte dienten als königliche Berater. Um 1068 bereiste der andalusische Geograph und Historiker Abu Abdullah

177 Cooper 2014: 43.

al-Bakri die Hauptstadt Ghanas, die er ausführlich beschrieb. Unter anderem betonte er, dass »die Stadt aus Holz und Stein, nicht Lehm erbaut«[178] und zu seiner Zeit in zwei getrennte Viertel gegliedert war, die in etwa sechs Kilometer Entfernung voneinander lagen, deren Zwischenraum jedoch durchaus besiedelt war. Das eine Stadtviertel, das der muslimische Besucher abwertend »al-Ghaba oder den Wald« nannte, weil dort die in seinen Augen Ungläubigen wohnten, hegte den königlichen Hof durch einen heiligen Hain ein, der »eifersüchtig gegen Eindringlinge abgeschirmt wurde, denn er bildete das Zentrum des nationalen spirituellen Lebens. Auch barg er die Grabstätten der Könige«, so Edward Bovill.[179] Dort spielte sich die zentrale Herrschaftsausübung ab – Beratungen, Rechtsprechung und Audienzen inklusive –, ebenso wie das alltägliche Leben des Hofstaats. Das zweite Stadtviertel bot der muslimischen Bevölkerung Platz, die dort mehrere Moscheen errichtete. Daran, dass der normale Alltag in Ghana und die Herrschaftsausübung der Soninke nicht islamischen Sitten folgten, scheinen die ansässigen Muslime keinen Anstoß genommen zu haben: »Für lange Zeit lebten Muslime unter ungläubigen Königen, die sie im Allgemeinen für ihr Wohlwollen gegenüber den Gläubigen priesen«, schreiben etwa Nehemia Levtzion und Randall Pouwels.[180] Zwar bekehrten sich später manche Herrscher zum Islam, aber selbst dann übten die Islamgelehrten Einfluss nur auf den Monarchen und Teile des Adels aus, nicht auf die Mehrheit der Bevölkerung, sodass die Mächtigen sich sowohl auf die islamischen Religionsspezialisten als auch die traditionelle Priesterschaft stützten.

Eine Schlüsselrolle für die stärkere Islamisierung des Hofes von Ghana spielten die Ereignisse von 1076 n. Chr. Der Fernhandel war für Ghana zu einem immer wichtigeren

178 Hiskett 1995: 93.
179 Bovill 1995 [1958]: 80.
180 Levtzion/Pouwels 2010: 3.

Gewerbe geworden. Um 999 war es den Soninke gelungen, die Handelsstraße nach Audoghast so effektiv zu blockieren, dass die dortigen Zanata-Berber die ghanaische Oberherrschaft akzeptierten. In Marokko veränderten sich seit Mitte des 11. Jahrhunderts die Verhältnisse durch die Dschihadbewegung des Abdallah ibn Yasin, der den Staat der Almoraviden begründete, grundsätzlich. Mit Unterstützung der Sanhaja-Berber führten die Almoraviden Krieg gegen die Zanata-Berber und eroberten die Karawanenstädte Sijilmasa und Audoghast. Dadurch kam es zum offenen Konflikt mit Ghana, denn die radikalisierten Sanhaja ersetzten die kooperativen Zanata. Ob es 1076 zur Eroberung der Hauptstadt Ghanas durch die Almoraviden gekommen war oder nicht, ist umstritten.[181] Wahrscheinlicher ist, dass die wiederholten Belagerungs- und Plünderungszüge im folgenden Jahrzehnt zu einer Änderung der strategischen Ausrichtung geführt hatten. Unter dem agitatorischen Druck des almoravidischen Reformeifers übernahm die Herrscherelite Ghanas in den folgenden Jahren den Islam, die Almoraviden der Wüste wurden zu Alliierten der Soninke Ghanas.

Das imperiale Zentrum Ghanas verlor seit dem ausgehenden 11. Jahrhundert langsam seine innere Kompaktheit, auch wenn es sich noch mehr als hundert Jahre lang als die dominierende Regionalmacht im Westsudan behaupten konnte. Abtrünnige Vasallenstaaten und rivalisierende Fürstentümer sorgten für einen gewissen Zerfall der Reichseinheit. Manche Historiker machen dafür die wachsende Bedeutung des Islam am Hof und die daraus resultierende wachsende Entfremdung zwischen Herrschenden und Untertanen verantwortlich, welche die zugebilligte Legitimität des Staates untergrub. Andere weisen auf Verschiebungen der Fernhandelsrouten hin, die im Gefolge der seit dem 11. Jahrhundert noch einmal stark steigenden mediterranen Nachfrage nach Gold einsetzten und anderen afrikanischen Akteuren Mög-

181 Conrad/Fisher 1982, Conrad/Fisher 1983.

lichkeiten boten, zu erstarken. Bis ins frühe 13. Jahrhundert vermochte Ghana seine Rivalen um die Vormachtstellung noch in Schach zu halten, doch dann übernahm eine neue Kraft, das um seine Hauptstadt Niani weiter östlich gelegene Mali, die Hegemonialmacht in der Großregion des Westsudan. Ghana wurde zunächst zu einem Verbündeten, sank aber bald auf den Status eines untertänigen Vasallenstaates Malis ab. In den ehemals westlichen Zonen Ghanas übernahm zunächst Takrur die Kontrolle über den dortigen Saharahandel, ehe auch Takrur die Oberherrschaft Malis akzeptieren musste.

Das Reich Mali

Den mündlichen Traditionen der Mande zufolge, die als Savannenbauern von den Erträgen des Landes lebten, Schafe, Ziegen und Hühner hielten und politisch einerseits die Autorität eines ›Herren des Landes‹ (*farma*) akzeptierten, andererseits auch dem Vorsteher eines Dorfverbandes (*kafu*) gehorchten, begann die Reichsbildung Malis auf sehr dramatische Weise. Das berühmte Sundjata-Epos erzählt davon, wie die Susu unter ihrem Anführer Sumanguru Kanté zu Anfang des 13. Jahrhunderts die Herrschaft Ghanas in den südlichen Landesteilen erfolgreich beendet hatten, und von dem anschließenden Kampf um die Macht zwischen Sumanguru und Sundjata Keita, der in der Schlacht von Kirina gipfelte, die sich 1235 zugetragen haben soll. Damit war Mali als Großmacht etabliert. Südöstlich des alten Zentrums gründete Sundjata, ›der Herr der Löwen‹,[182] eine neue Hauptstadt, Niani, die er mit einer Festungsmauer aus getrockneten Ziegelsteinen umgeben ließ und die auch einem sogenannten ›arabischen Dorf‹ Platz bot.[183] Sundjata gilt als

182 Collins/Burns 2007: 83.
183 Niane 1987 [1960]: 120.

Archetyp des charismatischen Kriegerkönigs und mächtigen Zauberers, aber auch des muslimischen Führers, der die Stärke des neuen Glaubens verkörperte: »Einerseits stellt er den großen legendären Helden der Mande dar, für dessen viele Erfolge man besonders seine magischen Fähigkeiten verantwortlich macht. Andererseits wird er auch als einer dargestellt, der einen islamischen Hintergrund hatte.«[184] Da die Keita im Handel aktiv waren, ist letzteres durchaus wahrscheinlich. Freilich überwogen bei Sundjata, der von 1230 bis 1255 regierte, die lokal geprägten Vorstellungen und Allianzmuster bei weitem. Für Mervyn Hiskett war Sundjata, lediglich oberflächlich islamisiert, de facto ein »Polytheist«.[185]

Die Rolle des Islam am Hof Malis wurde unter Sundjatas Sohn und Nachfolger, Mansa Uli, massiv gestärkt, der zirka von 1250 bis 1270 regierte. Er dehnte das Reich weiter aus, brachte die wichtigen Nigerstädte Walata, Timbuktu und Gao unter den Einfluss Malis und knüpfte enge Handels- und Kulturbeziehungen in den Maghreb. Er war auch der erste in einer Reihe von Herrschern Malis, die den Hadsch, die Pilgerfahrt nach Mekka, unternahmen. Damit setzte er die wohl am schwierigsten zu verwirklichende der fünf islamischen Glaubenssäulen in die Tat um. (Die anderen vier sind: das islamische Glaubensbekenntnis, das fünfmalige tägliche Gebet, die Einhaltung des Fastenmonats Ramadan, die Entrichtung von Almosen an Bedürftige.) Mansa Uli statuierte mit seiner Verwirklichung des Hadsch ein Exempel, das für seine Nachfolger auf dem Thron beispielhaft und maßgeblich wurde. Eine weitere Reichsausdehnung erfolgte Ende des 13. Jahrhunderts unter der Führung eines befreiten Sklaven namens Sakura, der die Macht übernommen hatte, auf seiner Rückreise von dem Hadsch allerdings verstarb.

Zentral für die Handelswirtschaft war Malis Kontrolle der reichen Goldgründe von Bouré. Die Blüte Malis wird

184 Fage 2002: 74.
185 Hiskett 1984: 28.

von den arabischen Quellen der Regentschaft von Mansa Musa zugeschrieben, die von 1312 bis 1337 dauerte. Die Verbindung zum mediterranen Wirtschaftsraum war nun besonders intensiv. Der Goldhandel Malis und der legendäre Protz Mansa Musas, der auf seiner Pilgerreise 1324/25 Kairo mit Goldgeschenken überhäufte und damit die Finanzwelt des gesamten Mittelmeerraums ordentlich durcheinanderwirbelte, ist sicher nicht unbeteiligt an dieser Zuschreibung. »Dieser Mann«, schrieb der arabische Historiker al-Umari wenige Jahre später, »überflutete Kairo mit seinen Wohltaten. Kein Emir und kein Träger eines königlichen Amtes entgingen der Beschenkung mit einer Ladung Gold. Kaufend und verkaufend, gebend und nehmend zogen die Leute aus Kairo unvorstellbaren Profit aus ihm und seinem Gefolge. Sie tauschten Gold bis hin zu seiner Entwertung in Ägypten, und sie verursachten seinen Preisverfall.«[186] Mansa Musas Nachruf schadete das freilich keineswegs.

Auf einer katalanischen Landkarte aus dem Jahr 1375 thront Mansa Musa – Jahrzehnte nach seinem Tod – sogar über dem gesamten SaharaRaum. Tatsächlich umfasste Mali zur Zeit seiner größten Reichsausdehnung Gegenden, »die im Westen durch den Atlantik begrenzt waren, im Osten durch Gao, im Norden bei Audoghast und Walata endeten und im Süden bei Niani.«[187] Auch die wichtige Handelsstadt Jenne am Niger und die Wüstenstadt Tadmakkat unterstanden nun malischer Jurisdiktion. Der Handel war nun insgesamt durch islamische Rechtsformen geregelt, während in allen anderen Lebensbereichen die lokal gebräuchlichen Gewohnheitsrechte angewendet wurden. Mit der islamischen Gelehrsamkeit kamen in der höfischen Gesellschaft Astronomie und Schriftkundigkeit in Gebrauch. Muslime wurden in die Verwaltung integriert, sie dienten in beratender Funktion und als Lehrer. Der malische Hof übernahm islamische Klei-

186 Al-Umari, zit. nach Levtzion/Hopkins 1981: 272.
187 Hiskett 1995: 94.

dung, die öffentliche Abhaltung des Freitagsgebetes sowie die Einhaltung islamischer Feiertage, zugleich aber blieben traditionelle Moralstandards und -festivitäten aufrecht.

Nach der Regentschaft von Mansa Sulayman (1341–1360) ging Mali nach und nach an seiner territorialen Überdehnung zugrunde. »Die Reichtümer des Reiches zogen den Neid seiner Nachbarn auf sich«, wie Robert Collins und James Burns bemerken.[188] Vor allem Nicht-Mande-Gruppen versuchten das Joch der Herrschaft Malis abzuschütteln: Im Westen gelang es im 14. Jahrhundert den Wolof und Serer, Takrur aus der Abhängigkeit von Mali zu lösen, freilich um den Preis des Zerfalls dieses Staates und der Reorganisation in mehrere kleinere Staatswesen, die sich nur kurzfristig noch einmal in einem Groß-Jolof genannten Reich bündelten. Den Fulbe Senegals gelang es im 15. Jahrhundert, mit Futa Toro einen ebenfalls unabhängigen Staat zu etablieren. Damals erstarkten auch die Berber und Tuareg im Norden neuerlich; so übernahmen sie zum Beispiel 1433 die Kontrolle in Timbuktu. Und von Süden her unternahmen die Mossi, die sich erst kürzlich zu mehreren militarisierten Staaten zusammengeschlossen hatten, wiederholt Raub- und Plünderungszüge auf malisches Territorium. Malis Zusammenhalt fiel so weit auseinander, dass 1545/46 seine Hauptstadt Niani von den Songhai geplündert wurde, die seit einem halben Jahrhundert dabei waren, zur neuen dominanten Kraft in der Großregion zu werden. Am Ende des 16. Jahrhunderts war Mali ein Schatten seiner einstigen Größe; anstelle des Großreichs bestand die politische Welt der Mande nun nur mehr aus einer Reihe kleiner Fürstentümer, von denen viele die Oberhoheit anderer akzeptieren mussten.

188 Collins/Burns 2007: 85. Siehe auch Ly-Tall 1984.

Die Herrschaft Songhais

Auf Kukiya, einer Insel im östlichen Niger (zirka 150 Kilometer südlich der Handelsstadt Gao), bildete sich unter den Songhai, Sprechern einer nilosaharanischen Sprache, seit dem 7./8. Jahrhundert eine stärker zentralisierte politische Ordnung aus, die seit dem arabischen Reisenden al-Yaqubi 873 auch unter dem Namen Kaukauw bekannt ist und mit dem Handelszentrum Gao in Verbindung gebracht wird. Die Songhai lebten teils als Bauern von der Landwirtschaft (*gabibi*), teils als Fischer (*sorko*), und manche von ihnen engagierten sich als spezialisierte Händler aktiv in den regionalen Austauschbeziehungen. Diese diversifizierte wirtschaftliche Ausgangssituation markiert den Kontext, in dem sich soziale Schichtungsprozesse abspielten, die zur Herausbildung einer staatlichen Ordnung führten, die – in einer ihrer späteren Manifestationen: im 15. und 16. Jahrhundert – die letzte der drei großen, einander ablösenden westafrikanischen Reichshegemonien etablieren würde.[189]

Historisch greifbare Gestalt bekommt die staatliche Ordnung mit der Dynastie der Za, die um 850 einsetzte und bis 1275 die Herrscher Songhais stellte. Um 1009 soll sich ein Za-Herrscher zum Islam bekannt haben, an der religiösen und sozialen Lebenswelt der Mehrheit der Bevölkerung änderte sich durch diese Bekehrung jedoch, sollte sie tatsächlich zu diesem frühen Zeitpunkt stattgefunden haben, ebenso wenig wie am faktischen Herrschaftsstil des Monarchen. Andere Quellen deuten darauf hin, dass es zur herrschaftlichen Konversion erst um 1087 gekommen war. Der wesentliche Grund für diesen Schritt war freilich, dass die Dynastie, die 1009 von Kukiya nach Gao umsiedelte, nun die Kontrolle über Gao übernommen hatte – über jenes lebendige Handelszentrum im östlichen Nigerraum, das den Handel am Niger mit jenem in die südöstlichen Waldlandzonen und mit

189 Siehe Levtzion 1977, Cissoko 1984, Conrad 2010.

dem Saharahandel verknüpfte. Über den Transsaharahandel wurden Pferde und Waffen eingehandelt, aber auch textile Stoffe, Glas und Perlen. Wie weiter westlich wurden auch von hier Gold und Sklaven besonders nachgefragt und in den Karawanenhandel eingespeist. Das Salz der Wüste war eines der wichtigsten Güter, das von Gao aus nach Süden weiter getragen und verkauft wurde; im Gegenzug versorgte Gao den Norden und angrenzenden Osten mit den Produkten der Waldlandzone, etwa der Kolanuss.

Als Mali im 13. Jahrhundert Gao und Songhai annektierte, kamen Angehörige des Adels als Geiselpfand an den dortigen Hof, wo sie den Glanz und die Glorie des imperialen Hofes kennenlernten. Eine von diesen ›Prinzengeiseln‹ kehrte nach Gao zurück und beendete 1275 die Herrschaft der Za. Mit diesem Mann, Ali Kolon, begann die Herrschaft der Sonni-Dynastie, die Gao mehr als zwei Jahrhunderte hindurch dominierte. Unter dem letzten ihrer Repräsentanten, Sonni Ali, der von 1464/65 bis 1492 regierte, begann schließlich der Aufstieg Songhais zu einer Großmacht. Er löste es gänzlich aus der Oberherrschaft Malis und unterwarf neue Territorien: So fielen 1468 Timbuktu, das ebenso wie das eroberte Walata seinerzeit von Tuareg beherrscht gewesen war und unter Einfluss strenggläubiger Sanhaja-Gelehrter stand, und 1473 Jenne an den großen Feldherren, der zwar nominell Muslim zu sein beanspruchte, in seinen Worten und Taten aber den traditionellen Sitten und Gebräuchen folgte. Die kooperationswilligen Islamgelehrten Jennes förderte Sonni Ali, die widerspenstigen Gelehrten Timbuktus, die seit 1396 stolz auf ihre eigene Universität und ihren Rang in der islamischen Welt waren, waren hingegen nicht vor seiner Verfolgung sicher. Durch seine Eroberungen war Sonni Ali nicht nur Herr über das östliche westafrikanische Savannenland geworden, sondern er kontrollierte es entlang des Nigerflusses seiner gesamten Längserstreckung nach. Angesichts seines kompromisslosen Umgangs mit manch alten Eliten in den eroberten Städten ist es wenig verwunderlich, dass ihn die arabischsprachigen Quellen meist in den schlechtesten Farben darstellen.[190] Entsprechend ranken sich auch alle möglichen Gerüchte um seinen Tod, der ihn auf der Heimkehr von seinem letzten Feldzug 1492 ereilte, als er bei einer Flussüberquerung vom Pferd geglitten sein soll und ertrank.

Seinem plötzlichen Tod folgten Rivalitäten um die Nachfolge, aus denen ein Heerführer mit Namen Muhammad Ture erfolgreich als Sieger hervorging. Er begründete 1493 die Askiya-Dynastie, der eine Dauer von knapp einhundert Jahren beschieden war und welche die Zeit von Songhais größter Ausdehnung markiert. Die Angehörigen der früheren Dynastien, der Sonni und der Za, ließ er beseitigen und vertreiben. Im Islam suchte und fand Muhammad Askiya, der von 1493 bis 1528 regierte, eine neue Legitimität für seine Machtübernahme. Er scharte Islamgelehrte als Berater und Hofbeamte um sich. Auch suchte er rasch den Ausgleich mit den Islamgelehrten Timbuktus, um seine innenpolitische Position abzusichern, und begab sich 1496/97 auf Pilgerfahrt nach Mekka; mit in seinem Gefolge, wie gesagt wird, 1000 Mann Bodentruppen und 500 Reiter sowie eine unvorstellbare Menge an Gold.[191] Auf seiner Reise lernte er den großen Kairoer Gelehrten Jalal al-Din al-Suyuti kennen, der sich um praktikable Ratschläge bemühte, wie der Islam im Sudan zu verbreiten sei und dabei der Aufrechterhaltung von Frieden und Ordnung den Vorrang vor erzwungener Bekehrung einräumte. Al-Suyuti vermittelte ihm auch eine Bestätigung, ausgestellt vom letzten Abbasiden-Kalifen und bestätigt durch den Scharifen von Mekka, die Muhammad Askiya zum ›Kalifen des Sudan‹ erklärte.

So gegenüber den islamisierten Eliten der Handelsstädte am Niger bestens legitimiert, machte sich Muhammad Askiya nach seiner Rückkehr daran, seine Macht auszubauen und

---

190 Siehe dazu Hunwick 1999.
191 Boahen 1979 [1966]: 27.

auszuweiten. Er reorganisierte sein Heer, bildete eine stehende Armee, bestehend aus Reiterei, Bodentruppen und Bogenschützen; daneben unterhielt Songhai auch eine Nigerflotte. Territorial dehnte er den Machtbereich Songhais nach Süden bis Segu aus und sicherte die Grenze gegenüber den Mossi durch wiederholte Feldzüge ins Mossiland. Nach Norden reichte die Herrschaft nun bis zu den Salzminen von Taghaza, im Nordosten bis nach Agadez, im Osten bis ans Hausaland: Einige der Stadtstaaten der Hausa, etwa Kano, Katsina und Zamfara, scheinen sogar unter Tributzwang geraten zu sein. Im Westen dauerten kriegerische Auseinandersetzungen um die Kontrolle von malischen Territorien gut dreizehn Jahre an, ehe sie schließlich definitiv inkorporiert werden konnten.

Neben dem Bündnis mit Islamgelehrten und stetiger Kriegsführung bemühte sich Muhammad Askiya durchaus auch, sein Reich durch andersgeartete Neuerungen zu stabilisieren. So richtete er eine Art Ministerrat ein, in dem Repräsentanten aller möglichen Interessensgruppen – von Befehlshabern der Streitkräfte über einen Schatzmeister bis zu einem Minister der Flussschifffahrt – als Amtsträger fungierten. Er betrieb eine funktionelle dynastische Heiratspolitik, die Heiratsbande zwischen seiner Familie und Verbündeten stiftete, aber auch mit den eroberten Regenten engere Verbindungen knüpfte. Muhammad Askiya stellte eigene administrative Posten ab, die für Ruhe und Ordnung in den vier Reichsteilen verantwortlich gemacht wurden, in die er sein Reich neu strukturierte. Jeder der vier Regionen stand eine Art Vizekönig vor, des Weiteren Provinzen mit Provinzgouverneuren, denen die lokale Einhebung von kommerziellen Zöllen und die bäuerliche Steuereintreibung oblagen. Tribute der peripheren Vasallenstaaten trugen zum Staatseinkommen bei, dessen Basis primär die Kontrolle der Salzminen und der goldproduzierenden Regionen sowie der damit einhergehende lukrative Handel bildeten. Sklaven und Sklavinnen bearbeiteten eigene königliche Ländereien, die bestimmte Produktionsquoten an landwirtschaftlichen Erzeugnissen (Getreide, getrockneter Fisch) und handgefertigten Gegenständen (Boote, Speere, Lanzen, Pfeile) erfüllen mussten, um damit die stehende Armee des Askiya zu ernähren und auszurüsten.

Alt und erblindet, entthronten 1528 seine Söhne Muhammad Askiya. Sie verbannten ihn auf die Insel Kankaka im Niger, wo er zehn Jahre später verstarb. Bis zum Ende der von ihm begründeten Dynastie im Jahr 1591, in kaum mehr als 60 Jahren, folgten ihm insgesamt neun verschiedene Herrscher. Den ständigen Thronrivalitäten zum Trotz blieb die Hegemonie Songhais während des 16. Jahrhunderts bestehen. Grenzkriege waren zwar an der Tagesordnung, wurden von den Truppen Songhais aber erfolgreich geschlagen. Die Handelskontakte nach Nordafrika florierten, und die Askiyas nahmen sogar permanente diplomatische Beziehungen mit dem Osmanischen Reich auf. Eine gewisse Stabilität und Blütephase zeichnete die Regentschaft von Askiya Dawud (1549–1582) aus, an deren Ende sich aber schon ein Konflikt mit Marokko abzuzeichnen begann, der den Zerfall Songhais einleitete.

Der marokkanische Sultan Ahmad al-Mansur, der während seiner Regentschaft von 1578 bis 1603 die Beziehungen Marokkos zu Europa stark intensivierte, begehrte den Goldreichtum Songhais. 1584 eroberte er die Salzminen von Taghaza, die im Besitz Songhais waren und wo Songhai-Sklaven den Salzabbau betrieben hatten. Da jene abgezogen worden waren, konnte al-Mansur aus dieser Eroberung jedoch keinen unmittelbaren wirtschaftlichen Nutzen ziehen. Es folgten jahrelange militärische Vorbereitungen und das Engagement einer riesigen Söldnerarmee, in der auch zahlreiche iberische Gefangene und Renegaten dienten, die erst kürzlich konvertiert waren. Mit Artilleriegeschützen ausgerüstet, machte sich al-Mansurs Heer unter Führung von Pasha Jawdhar auf den Weg durch die Wüste. 1591 fielen Gao – und damit das Großreich Songhai – dieser ›marokkanischen Invasion‹ in der berühmten Schlacht bei Tondibi zum Opfer. Die Herrscher Songhais zogen sich in ihr altes, weiter südlich gelegenes Kerngebiet am Niger zurück, die Macht in den Handelsstädten am Niger wurde zum Gegenstand von Aushandlungsprozessen zwischen lokalen städtischen Eliten und den militarisierten Invasoren. Deren Nachfolger, die *Arma*, verloren rasch jeden Bezug zu Marokko und agierten autonom. Eine neue Reichshegemonie im westafrikanischen Savannenland zu schaffen, die zumindest in kommerzieller Hinsicht eine Phase der Ordnung und der Prosperität produzierte, wie sie Ghana, Mali und Songhai etabliert hatten, dazu war niemand mehr in der Lage. Eine der globalhistorischen Ursachen dafür benennt Frederick Cooper auf indirekte Weise, wenn er schreibt: »Die Bedeutung Ghanas als Pionier und jene Malis und Songhais als den Nachfolgereichen des Sahel zur Geschichte der Weltwirtschaft war ganz erheblich. Bis die Eroberungen der Amerikas im 16. Jahrhundert neue Quellen aufgetan hatten, war Afrika der hauptsächliche Goldlieferant für Europa gewesen.«[192] Die lokale Verfügungsgewalt über Gold einerseits, die externe Nachfrage danach andererseits und der beidseitige Mangel an Alternativen waren elementare Voraussetzungen für die Herausbildung dieser großen Reiche gewesen: von starken Staaten, die aus der Perspektive der ihnen Unterworfenen (und das ist immer eine klare, wenn auch oft stille Mehrheit) ebenso als Räuber, Plünderer und Unterdrücker erfahren wurden wie als Garanten der gegebenen Ordnung.

Kanem-Bornu

Ähnlich wie das fruchtbare Binnendelta des Niger bildeten auch die Gegenden um den Tschadsee vor dem Hintergrund der stetigen Ausdehnung der Sahara die Rolle von Räumen, an denen sich Bevölkerungen konzentrierten. Auch hier wurden agrarische und pastorale Wirtschaftsweisen nebeneinander

192 Cooper 2014: 44.

praktiziert sowie Fischerei betrieben. So legen archäologische Befunde nahe, dass dort, wo später das Königtum Kanem entstehen sollte, schon um 500 v. Chr. die soziale Komplexität der lokal ansässigen und semi-nomadisierenden Gesellschaften stark ausgeprägt war. Die genaue Zeit und die näheren Umstände der Gründung Kanems liegen im Dunkeln, die Staatsgründung setzte aber nicht vor der zweiten Hälfte des ersten nachchristlichen Millenniums ein und hatte auch hier, wie aufgrund anderer bekannter Fälle anzunehmen ist, primär lokale Ursachen.[193]

Freilich bietet solche Ungewissheit im Detail auch Raum für abenteuerlichste Geschichtsdeutungen: So hat Dierk Lange kürzlich die weit hergeholte These eines »Neo-Assyrischen Reichs« vorgeschlagen, um Kanem zu einer auf 600 v. Chr. zurückgehenden Gründung assyrischer Migranten zu erklären, und kritisiert: »Die Historiker verstehen die staatsgründenden Zaghawa als ein Volk, das aus der Südostsahara kam und die sesshaften Ackerbauern der Tschadseeregion dominierte.«[194] Doch gerade daran gibt es eigentlich nichts zu kritisieren. Das ist das Wenige, das man mit größter Sicherheit über die Frühgeschichte Kanems sagen kann. Gemeinhin wird angenommen, dass sich mehrere kleine Verbände von Zaghawa, Halbnomaden und Sprecher einer nilosaharanischen Sprache, mit der Zeit einten und dass sich daraus im Verbund mit lokal ansässigen Menschen ein Staat ausformte. Dafür sprechen konkrete Belege verschiedener Art: So sind das Kanuri, die Sprache der Kanembu (›der Leute von Kanem‹), und das Zaghawa, das von den heutigen saharischen Viehhirten desselben Namens gesprochen wird, die weiter ostwärts leben, sprachgeschichtlich eng miteinander verwandt. In arabischen Quellen wurden die Zaghawa im 8. Jahrhundert zum ersten Mal erwähnt, und der arabische Geograph al-Yaqubi identifizierte sie um 872

193 Siehe Brenner 1973, Fisher 1977, Barkindo 1985.
194 Lange 2011: 11.

mit den Bewohnern von Kanem. Außerdem bestärken auch einheimische Quellen die Annahme einer endogenen und verhältnismäßig kurzfristigen Entwicklung: Die Königsliste des Königtums versammelt nämlich nur zehn Namen von Herrschern (*mai*) vor der islamischen Zeit des Hofes, die der Duguwa-Dynastie zugeordnet sind.

Das frühe Kanem war jedenfalls ein sakrales Königtum mit einem allverantwortlichen *mai* an der Spitze. Der König galt als Personifikation der natürlichen Ordnung, verantwortlich für Leben und Tod, Gesundheit und Krankheit, Garant des Wohlergehens seiner Untertanen. Die Tschadseeregion war über Transsaharawege schon seit mehreren Jahrhunderten mit Nordafrika verbunden. Eine Route, die nach Kanem führte, ging über die Kawar-Oase und Zawila im Fessan nach Tripolis, eine andere führte nach Ägypten. Schon Mitte des 8. Jahrhunderts existierten damit engere Kontakte zur islamischen Welt. Deren Einfluss verstärkte sich durch die Intensivierung des Transsaharahandels in den folgenden Jahrhunderten. Eine der Folgen war der Sturz der Duguwa-Dynastie in der zweiten Hälfte des 11. Jahrhunderts, der sich um 1068, 1075 oder 1085 zutrug.[195] Es war eine Machtergreifung durch einen Muslim namens Umme, der die Dynastie der Saifawa begründete, die bis ins 19. Jahrhundert Bestand hatte. Die neue Herrschaft gab sich dezidiert islamisch, auch wenn zahlreiche Bräuche des sakralen Hofzeremoniells beibehalten wurden. Arabische Reisende beschrieben Kanem auch weiterhin, wie Nehemia Levtzion deutlich macht, in Begriffen des sakralen Königtums, woraus klar wird, dass »sogar in [Kanem-]Bornu, dem am stärksten islamisierten unter allen afrikanischen Staaten, vorislamische Elemente überdauerten«[196]. Tatsächlich war der Islam am Hof Kanems wahrscheinlich nicht durch das punktuelle Ereignis

195 Das erste Datum nennt Lange 2011: 11, die beiden anderen Hiskett 1984: 59–63, der prinzipiell vertrauenswürdiger argumentiert.

196 Levtzion 2010: 81.

der Machtergreifung eingeführt worden, sondern seine Einführung hatte sich über mehrere Jahrzehnte, ja Jahrhunderte hinweg vorbereitet, als mit der Zeit immer mehr muslimische Händler an den Tschadsee strömten, um dort Gold, Kupfer, Elfenbein, Tierhäute, Sklaven und Sklavinnen anzukaufen.

Um seine Hauptstadt Njimi entwickelte sich Kanem in diesem Verband schnell zur dominanten Kraft im Zentralsudan. Es lebte gut davon, in den südlich gelegenen Regionen Jagd auf Menschen zu machen und sie als Sklaven und Sklavinnen in den Transsaharahandel einzuspeisen. Im Gegenzug erhielt es Pferde aus Nordafrika, was es ihm ermöglichte, diese Plünderungs- und Beuteökonomie nicht nur beizubehalten, sondern auszubauen. Der Transsaharahandel brachte allerdings noch andere wichtige Güter wie Salz aus der Sahara sowie Manufakturgüter und, später, Feuerwaffen aus dem Mittelmeerraum. Die Kontrolle der Handelsrouten und die Ausschaltung bestimmter Zwischenhändlergruppen, wo immer möglich, waren auch im Fall Kanems elementare Aufgaben des Staatsapparats. Mai Dunama Dibalami, der von 1210 bis 1248 regierte, expandierte zu diesem Zweck etwa nach Norden und besetzte ganze Teile des Fessan. Mit den tunesischen Hafsiden-Herrschern unterhielt er diplomatische ebenso wie kommerzielle Kontakte. Kulturelle Beziehungen verbanden ihn auch mit Kano im Hausaland. Seine Herrschaft gilt als eine Blütezeit.

Hundert Jahre später hingegen setzte eine Krisenzeit ein, die das 14. Jahrhundert insgesamt kennzeichnete: Nun bröckelte die Kontrolle Kanems über den Fessan. Der Widerstand mancher Bevölkerungsgruppen gegen die herrschende Ausbeutung und drohende Versklavung nahm zu und wurde nun, etwa im Fall der südlich des Tschadsees lebenden So, besser organisiert. Arabischstämmige Banden drangen von Osten her ins Land, plünderten es und machten ebenfalls Sklaven – freilich eine intolerable Konkurrenz zum Staat. Schließlich trat ein Zweig der Herrscherfamilie, der zur Macht strebte, die Bulala, eine Revolte los, die zwanzig

Jahre lang tobte. Infolge dieser Thron- und Machtwirren floh Mai Umar ibn Idris gegen Ende des 14. Jahrhunderts aus Njimi und bezog südwestlich des Tschadsees sein neues Lager. In Bornu stabilisierte sich die Saifawa-Dynastie nur langsam. Erst in den 1470er-Jahren, unter Mai Ali Gaji ibn Dunama (reg. 1465–1475), bezog sie mit Ngazargamu wieder eine befestigte Hauptstadt. Unterdessen thronte im alten Teil Kanems noch eine Bulala-Dynastie. Seit dem späten 15. Jahrhundert näherten sich die beiden ›Reichshälften‹ wieder etwas aneinander an. Die definitive Wiedervereinigung von Kanem mit Bornu gelang Mai Idris Aloma (reg. 1564–1596), als er das alte Kernland in den 1570er-Jahren zurückeroberte.

An der grundsätzlichen Ausrichtung des Staates änderte sich in weiterer Folge nichts mehr. Kanem-Bornu blieb im Wesentlichen, was schon Kanem und Bornu gewesen waren: ein menschenraubender Staatsapparat. Die Basis, die ihn dazu instand setzte, war – wie in analogen Fällen der westafrikanischen Savannenzone – die Reiterei.[197] Adam Jones formuliert es gemäßigt: »In den Staaten Bornu, Songhai und (ab dem 15. Jahrhundert) den Hausa-Stadtstaaten spielten Pferde eine entscheidende Rolle in der Kriegsführung, und die Aristokraten, die Pferde besaßen, konnten von der […] ländlichen Bevölkerung Tribut einfordern. Diese Aristokratie nutzte ihre Position entsprechend aus und betonte mit ihrer Kleidung und ihrem Verhalten, wie sehr sie sich vom Rest der Bevölkerung unterschied. Um große Pferde zu halten, brauchte man allerdings viele Sklaven […]«.[198] Und viele, viele Menschen versklavte Bornu tatsächlich. In auffälligem Gegensatz zu der aufregenden und wechselhaften politischen Geschichte dieses Reiches steht darum seine einfache ökonomische Grundlage: Pferde gegen Menschen, Menschen gegen Pferde.

197 Siehe dazu Law 1980.
198 Jones 2016: 186.

Die Swahili-Zivilisation des ostafrikanischen Küstenraums

Die Swahili-Zivilisation hat ihren Namen von der gegenwärtig wichtigsten Verkehrssprache Ostafrikas. Das historische Kernverbreitungsgebiet lässt sich hingegen auf einem schmalen, zirka 3500 Kilometer langen Streifen entlang der ostafrikanischen Küste auffädeln, von Somalia im Norden bis ins heutige Mosambik im Süden. Das Gepräge der dortigen lokalen Kulturen, die sich in den letzten 2000 Jahren in ihrer Lebens- und Denkweise mehr und mehr auf die See ausgerichtet haben, begann sich vor allem seit Ende des ersten Millenniums immer deutlicher vom ostafrikanischen Binnenland zu unterscheiden;[199] erst die kommerzielle Erschließung und koloniale Durchdringung Ostafrikas seit dem 19. Jahrhundert führte einen gewissen Bruch in dieser tiefenhistorischen Grunddifferenz herbei – und zu einer neuerlichen Annäherung von Küste und Inland. Während die Bevölkerungen des ostafrikanischen Inlandes als Bauern und Hirten oder vom Jagen und Sammeln lebten, bildete der Handel zunehmend die charakteristische Grundlage des Lebens an der Küste und auf den ihr vorgelagerten Inseln. Auf lange Sicht betrachtet führt an der Anerkennung dieser Differenz nichts vorbei. Die Ausrichtung aufs Meer, auf die weite Welt des Indischen Ozeans, machte die Swahili nicht weniger afrikanisch, auch wenn ihre Zivilisation aufgrund dieser Orientierung ein ganz besonderes Gepräge entwickelte.

Dieses Gepräge gab immer wieder Anlass für problematische Geschichtsdeutungen. Während der europäischen Kolonialherrschaft wurden asiatische Ursprünge der Swahili-Kultur beschworen, weil, gemäß den damals dominierenden Rassenvorstellungen, afrikanische Menschen nicht für imstande gehalten wurden, Gebäude und Anlagen aus

---

199 Siehe Alpers 2009; Middleton 2004; Middleton 1992; Sutton 1980; Chittick 1977.

dauerhaftem Material, aus Stein und Korallen, zu errichten. Dem Vorurteil afrikanischer Urtümlichkeit und Primitivität gemäß, imaginierte das koloniale Denken Afrikaner als bloß passive Objekte einer Geschichte, die auf sie von außen einwirkte. Die historisch wirkende Kraft, die aktive Handlungsfähigkeit, lag in dieser kolonialen Bewusstseinsformation ausschließlich bei hellhäutigen Fremden. Waren es zur Zeit der Kolonialherrschaft Europäer, die die Geschichte bewegten, so mussten es, so die kolonialrassistische Logik, früher Menschen aus Asien gewesen sein, die die unleugbaren zivilisatorischen Errungenschaften der Vergangenheit geleistet hatten.

Aspekte dieser kolonialen Mythologie teilten auch manche Swahili selbst, die, über lange Zeit islamisiert, dazu tendierten, ihr gesamtes Erbe auf die Heimstätten des Islam zurückzuführen, also einen südarabischen Ursprung ihrer Kultur annehmen. Dass seit dem späten 18. Jahrhundert das Sultanat von Oman die Herrschaft über Sansibar und andere Inseln der Swahili-Zone errungen hatte, massiv in agrarische Sklavenwirtschaft investierte und Sansibar zu einem der führenden Umschlagplätze des Weltmarkts im Raum des Indischen Ozeans machte, trug seinerseits zur vermeintlichen Überzeugungskraft dieser Geschichtsdeutung bei. Im Gefolge dieser politischen und wirtschaftlichen Übermächtigung, die darin gipfelte, dass das Sultanat 1840 seine Hauptstadt nach Sansibar verlegte, zogen auch eine ganze Menge muslimischer Immigranten an die ostafrikanische Küste. Seit dem frühen 19. Jahrhundert beteiligten sich viele von ihnen an der aggressiven kommerziellen Erschließung und Durchdringung Ostafrikas, um die auf dem kapitalistischen Weltmarkt verstärkt nachgefragten Güter der Region auf direktem Wege, unter Ausschluss der afrikanischen Zwischenhändler, zu beschaffen – Elfenbein, das nun nicht mehr als rare Luxusware betrachtet wurde, sondern als Rohstoff für die industrielle, maschinengefertigte Massenproduktion von Klaviertasten und Billardkugeln gesucht war, sowie die billigste menschliche Arbeitskraft, die sich denken lässt: die von Unfreien, von Sklavinnen und Sklaven.

Eine andersgeartete lokale Mythologie belegt den Ursprungsort der Swahili mit dem Namen Shungwaya.[200] Sie situiert diesen Ort irgendwo an der Somali-Küste und jedenfalls in vorislamischer Zeit. Diese legendäre Erzählung passt besser zu den bekannten historischen Tatsachen, weil die Besiedlung des ostafrikanischen Küstenraums, gleich wie die des Binnenlandes, von Nord nach Süd erfolgt ist. Doch die damit verknüpfte Vorstellung einer präformierten Swahili-Identität aus Shungwaya, die seit den frühen nachchristlichen Jahrhunderten südwärts getragen worden wäre, mit sich selbst ident geblieben und im Wesen unberührt von vorgefundenen lokalen Einflüssen, entbehrt jeder historischen Überzeugungskraft.[201] Die ostafrikanischen Küsten waren ein intensiver Interaktionsraum, in dem über Jahrhunderte hinweg Menschen verschiedener Herkunft miteinander interagierten, die auch ihre Geschichte mit sich brachten – ihre Überlieferungen, Erinnerungen, Erzählungen und Geschichten. Ganz augenfällig sind darum die Vielfalt, Differenz und Dynamik, mit der hier um die Hegemonie in der Frage nach der Bedeutung der Geschichte – genauer: nach der Bedeutung verschiedener lokal operierender Akteure *in* der Geschichte – gerungen wird. Eine Ursache für die Virulenz umstrittener Geschichtsdeutungen über diesen Raum besteht auch in der problematischen Quellenlage. In schriftlicher Form sind über die längste Zeit ausschließlich Fremdzeugnisse überliefert (früh in Griechisch, Arabisch, Chinesisch; seit dem 16. Jahrhundert in Portugiesisch und anderen europäischen Sprachen), von denen viele – und insbesondere die europäische Produktion – stark im Bann von rassischen Überlegenheitsphantasien standen. Aber auch die lokale Produktion von Geschichte lag in der Hand einer

200 Siehe Allen 1993.
201 Collins/Burns 2007: 103–104.

schmalen Schicht der Bevölkerung – bei den ökonomisch Mächtigen, die wirtschaftlich mächtig aufgrund ihrer Außenbeziehungen durch den Handel waren und daher allen Grund hatten, ihre genealogische Abstammung aus der fernen Welt zu behaupten, mit der man alltäglich im Verkehr war.

So nehmen auch Geschichtsmythologie und Genealogie breiten Raum in der ältesten schriftlichen Überlieferung, der Kilwa-Chronik, ein, die in einer portugiesischen Übersetzung aus dem 16. Jahrhundert sowie in einer arabischen Abschrift aus dem Jahr 1862 erhalten ist. Andere Chroniken, wie etwa die Geschichte von Pate, die 1910 niedergeschrieben wurde, stammen allesamt aus der zweiten Hälfte des 19. Jahrhunderts bzw. dem frühen 20. Jahrhundert;[202] wenig überraschend betonen auch sie übermäßig stark die Rolle fremdländischer Einflüsse und unterschlagen die Bedeutung lokaler Akteure und ihrer wirtschaftlichen wie soziokulturellen Grundlagen. Mit Blick auf archäologische und sprachgeschichtliche Befunde wird allerdings deutlich, dass die anfängliche Swahili-Kultur als wesentlich afrikanisch interpretiert werden muss, getragen von Bantu-sprachigen Küstenbewohnern und -bewohnerinnen, die über Jahrhunderte hinweg ihren Einfluss von Kenia bis Mosambik geltend machten, ehe sie dann, immer mehr und sehr signifikant, durch den Handel im Indischen Ozean geprägt wurden.[203]

Grundlagen: Das Land und das Meer

Die Umweltbedingungen entlang der ostafrikanischen Küste variieren. An der Somali-Küste existieren wenige natürliche Häfen, erst südlich von Mogadischu finden sich vermehrt Anlegeplätze, die ein geschütztes Ankern erlauben. Ihr Hinterland ist sehr trocken. Von der Grenze zum heutigen Kenia

202 Connah 2016: 231.

203 Siehe Nurse/Spear 1985; Middleton 1992; Chittick 1974.

an nimmt nicht nur die Niederschlagsmenge zu, was das Hinterland fruchtbarer macht, auch die natürlichen Häfen werden mehr. Der Küste vorgelagerte Koralleninseln, die Bajun-Inseln im Norden, der Lamu-Archipel (Pate, Manda, Lamu), schließen sich an. Hier liegt das Kernzentrum der sogenannten Swahili-Zivilisation. »Viele Küstenabschnitte boten mit einem vorgelagerten Inselgürtel und Korallenriffen gut geschützte Ankerplätze oder Sandstrände, an denen die leicht gebauten, vernähten Boote, die man damals verwendete, bei Flut anlanden und bei Ebbe be- und entladen werden konnten.«[204] Viele der vorgelagerten Inseln waren für eine landwirtschaftliche Produktion wenig geeignet, weil die Böden relativ nährstoffarm waren und leicht unter Übernutzung litten und weil die Versorgung mit Frischwasser oft problematisch war, da die Brunnen leicht versalzten. Gut möglich, dass dies wesentliche Gründe dafür waren, dass etliche Siedlungen seit Beginn des zweiten Millenniums wieder aufgegeben wurden. Obwohl dann auch andere Faktoren, etwa die wachsende Konkurrenz im und um den Handel, oder eingeschleppte Krankheiten, dahin gewirkt haben könnten, sie aufzugeben.[205]

Die lokalen Grundlagen der Küstensiedlungen waren jedenfalls zunächst agrarische. Das Meeresklima sorgte vielerorts für ausreichende Niederschlagsmengen und entsprechend fruchtbare Böden. Sprecher und Sprecherinnen kuschitischer Sprachen, die pastoral wirtschafteten, besiedelten die nördlichen Küstenlandstriche schon vor Beginn unserer Zeitrechnung. Seit dem 2. Jahrhundert siedelten sich auch Bantu-sprachige Bauern entlang der Küste an.[206] Das erlaubte eine produktive Landwirtschaft, die auf verhüttetes und weiterverarbeitetes Eisenerz zurückgriff.[207] Man baute verschiedene Getreidesorten an, insbesondere Sorghum

204 Connah 2006: 162.
205 Connah 2016: 230.
206 Collins/Burns 2007: 101.
207 Siehe Chami 1994.

und Hirse, sowie eine Vielzahl aus Südostasien stammender Nahrungspflanzen wie Bananen, Zuckerrohr, asiatischen Reis, Zitrusfrüchte und Kokospalmen. Die Bauern hielten auch Schafe, Ziegen, Rinder und Hühner. Ergänzt wurde die landwirtschaftliche Produktion durch die Nutzung weiterer reichhaltiger und vielgestaltiger Umweltressourcen. Fische und Meeresfrüchte gehörten dazu ebenso wie die Wildbestände des Hinterlandes. Aus verdunstetem Meerwasser gewannen die Menschen Salz. Holz benutzten sie vor allem für den Schiffbau, während sie Mangrovenwurzeln als Baumaterial für Hütten und Häuser verwendeten. Aus Korallen stellten sie Kalk und Mörtel her, außerdem verwendeten sie sie als Bausteine. Die diversen Palmenarten stellten eine ganze Fülle von nutzbaren Produkten bereit: Kokosnuss und Wein, Taue und Seile, Matten und Dichtungsmaterial.

Die Sprachgeschichte verrät vielfältige und vielseitige Einflüsse, die von den Küstenbewohnern und Küstenbewohnerinnen, die in den arabischen Quellen unter dem Namen ›Zanj‹ (Schwarze) auftauchen, im Lauf von Jahrhunderten aufgegriffen und eingemeindet worden waren: »Das Swahili ist in Lautbestand, Grammatik und Grundwortschatz eine Bantusprache«, schreibt Reinhard Klein-Arendt, »in seinem Kulturwortschatz jedoch zeigt es vielfältige Einflüsse aus kuschitischen und noch nicht näher identifizierten Sudansprachen sowie aus dem Arabischen und Persischen; auch europäische Kolonialsprachen wie Englisch, Portugiesisch und Deutsch haben Spuren im Wortschatz hinterlassen.«[208] Die Sprache der Bauern bildet also das Grundsubstrat des Swahili. Zu den frühesten sprachlichen Fremdeinflüssen gehören die kuschitischen (afroasiatischen) und sudanischen (nilo-saharanischen); die Einflüsse aus dem Mittleren Osten traten verstärkt erst seit Ende des ersten nachchristlichen Jahrtausends auf den Plan. »Die distinkte Kultur, die entlang dieses Küstenstreifens entstand, war zumindest teilweise städ-

208 Klein-Arendt 2001: 613.

tisch, kaufmännisch, schriftkundig und islamisch«,[209] schreibt Graham Connah im Rückblick auf die Situation, in der, gegen Ende des 15. Jahrhunderts, portugiesische Seefahrer diesen Teil der Welt neuerlich für europäische Augen ›entdeckten‹.

Schriftkundigkeit und islamische Religion folgten historisch freilich der lokalen Entwicklung, sind also sekundäre Elemente, aktive Handelsunternehmungen und Verstädterung gingen ihnen um Jahrhunderte voraus. Der älteste schriftliche Beleg für den Handel an der ostafrikanischen Küste ist der *Periplus Maris Erythraei*, ein in Alexandria auf Griechisch verfasstes Werk aus der Mitte des ersten nachchristlichen Jahrhunderts, das penibel Seefahrtrouten und Handelshäfen auflistet und die kommerziellen Bedingungen beschreibt. Es war eine Art Handbuch für Seeleute, die mit den Menschen am Roten Meer (›Punt‹) und der nördlichen Ostküste Afrikas (›Azania‹) Handel trieben. An der Ostküste standen die griechischen Händler in Konkurrenz zu solchen aus Südarabien, Persien und Indien. Die lokalen Bewohner, damals wahrscheinlich noch ausschließlich Sprecher des Kuschitischen, wurden »als ›rote Menschen‹ beschrieben, die fischen, jagen und Rinder, Schafe und Ziegen halten«[210]. Die Monsunwinde erlaubten einen verhältnismäßig unkomplizierten und zuverlässigen Segelschiffsverkehr zwischen der ostafrikanischen Küste und Südarabien, dem Persischen Golf und Indien, da sie die eine Jahreshälfte (Dezember bis März) von Nordost her wehen, die andere (April bis November) von Südwest. Innerhalb eines Jahres konnten so Hin- und Rückfahrt zurückgelegt werden. Zudem sind die Hauptmeeresströmungen West-Ost-gerichtet und wechseln im halbjährlichen Rhythmus; auch das erleichterte den Seeverkehr in der Welt des Indischen Ozeans ungemein und ermöglichte, auch weitere Entfernungen zurückzulegen. So bildeten schon früh nicht nur Südindien, sondern auch

209 Connah 2016: 222.
210 Collins/Burns 2007: 97.

Indonesien und Südostasien einen Teil der Welt, mit der die ostafrikanischen Küstenbewohner in Verbindung standen.[211] Die Besiedlung Madagaskars schließlich, sporadisch seit dem vierten nachchristlichen Jahrhundert einsetzend, dauerhaft seit dem siebten, fand dann auch überwiegend von Indonesien her statt.[212]

Handel, Gesellschaft und Politik im Küstenraum

Die ältesten archäologischen Hinweise auf den internationalen Handel an der Ostküste Afrikas datieren auf die Zeit kurz vor Beginn unserer Zeitrechnung: Keramik aus dem Raum des Roten Meers und des Persischen Golfs in Nordsomalia (Ras Hafun), römische Glasperlen aus dem tansanischen Rufiji-Delta (Mkukutu), römische Keramikfragmente auf Sansibar (Unguja Ukuu).[213] Freilich sind diese Funde vereinzelt und machen nur einen geringen Anteil an aufgefundener zeitgenössischer lokaler Keramik aus; das ist ein deutlicher Hinweis darauf, dass der frühe Handel für die Küstenbewohner eine noch untergeordnete Rolle spielte. Seit dem 7. Jahrhundert mehren sich die Funde externer Keramik (aus Arabien, Persien und Südostasien) merklich, auch ihr Verbreitungsgebiet ist weiter geworden: von den Komoren (Dembeni) bis ins südliche Mosambik (Chibuene). Seit Ende des ersten Jahrtausends nimmt auch die Zahl schriftlicher Zeugnisse zu, die sich auf die ostafrikanische Küste beziehen. Neben arabischen Autoren existieren auch einige chinesischsprachige Quellen.[214] Schon im 7. Jahrhundert erreichten nämlich die ersten chinesischen Seeleute die ostafrikanische Küste, wo sie Elfenbein, das Horn des Nashorns und Schildkrötenpanzer gegen chinesisches Porzellan einhandelten,

211 Curtin/Feierman/Thompson/Vansina 1995: 122.
212 Siehe Randrianja/Ellis 2009: 17-43.
213 Connah 2006: 163.
214 Connah 2016: 231.

aber erst im frühen 15. Jahrhundert intensivierte die chinesische Handelsflotte unter Admiral Cheng Ho diesen Fernhandel. Zwischen der chinesischen Ming-Dynastie und den Swahili-Städten Mogadischu, Malindi, Mombasa und Kilwa wurden damals sogar offizielle Beziehungen eröffnet: Eine Abordnung aus Malindi, die mit Cheng Ho zurücksegelte, brachte 1415 eine seltene Sensation an den Pekinger Hof: eine lebende Giraffe.[215]

Aufgrund innerer Schwierigkeiten – eine Folge von Naturkatastrophen, Dürren und Pestepidemien in den Jahren 1430 bis 1450 – stellte die Ming-Dynastie ihre Reisen gen Westen ein und verkleinerte ihre kostenverursachende Handelsflotte massiv. Die chinesische Handels- und Flottenpolitik konzentrierte sich seither auf die ostasiatischen Gewässer. Anders als der chinesische Einfluss auf die Küstenregionen Ostafrikas blieb jener aus den arabischen und indischen Räumen über viele Jahrhunderte hinweg konstant aufrecht. Zudem verstärkte sich dieser Handel infolge des Aufstiegs des Islam von Spanien und dem Maghreb bis nach Indien und Indonesien, weil er politisch und ökonomisch eine neu stabilisierte Weltordnung schuf und religiös-kommerziell strukturierte Netzwerke des gegenseitigen Vertrauens beförderte. Es war um die Jahrtausendwende, dass die Bedeutung des internationalen Handels an der Küste Ostafrikas jener der lokal basierten Landwirtschaft den Rang ablief und zur primären Grundlage der städtischen Siedlungen wurde, die vom 10. Jahrhundert an aus älteren und kleineren Ansiedlungen entstanden: etwa in Kilwa (heutiges Tansania), in Manda, Shanga und Gedi (alle heutiges Kenia).

Arabien und Persien wurden gelegentlich mit Nahrungs- und Gebrauchsgütern – Getreide und Mangrovenwurzeln – beliefert, doch der Handel mit Luxuswaren herrschte vor. Verschiedene Swahili-Städte steuerten hier verschiedene Produkte bei. Zu diesen zählten Elfenbein, Gold, Sklaven und

215 Collins/ Burns 2007: 99.

Sklavinnen sowie eine Reihe anderer exotischer Produkte, die vorrangig vom ostafrikanischen Festland bezogen werden mussten: das Horn des Nashorns, Schildpatt, Sandel- und Ebenholz, die ›Düfte‹ Weihrauch, Myrre und Ambra. Die Swahili wurden so zum Verbindungsglied zwischen der Welt des Indischen Ozeans und dem Inneren Afrikas, und sie gehörten beiden Welten an. Sie importierten prächtige Keramiken aus Arabien und China, hochqualitative Stoffe, Glas, Glasperlen und Halbedelsteine sowie Eisen und Kaurischnecken. Mit dem intensivierten Handel kam auch eine neue Religion. Die Übernahme des Islam durch ostafrikanische Küstenbewohner ging allerdings nicht abrupt vor sich, sondern allmählich und punktuell. »Im Gefolge der ersten Bekehrungen an der nördlichen Küste«, so Randall Pouwels, »blieb die Zeit zwischen dem 10. und dem 15. Jahrhundert eine, in der sich eine stetige und friedliche Ausbreitung in südlicher Richtung vollzog, immer im Gefolge eines weiter ausgebauten Handels. Um 1500 – und in einigen wenigen Gegenden sogar schon um 1200 – war der Islam zur Religion der Mehrheit der Küstenbewohner geworden.«[216] Die Blüte der Swahili-Zivilisation, die gemeinhin in die zwei, drei Jahrhunderte nach 1250 datiert wird, hing mit diesen beiden Prozessen, die sich wechselseitig verstärkten, eng zusammen. Sie vollzog sich vor dem Hintergrund eines ins erste Millennium zurückreichenden beispiellosen »Systems friedlicher Ozeannavigation«, an dem Seeleute aus unterschiedlichen Weltgegenden teilnahmen, ohne dass »das große Meer […] der Macht irgend eines besonderen Staates oder Regenten« unterstanden hätte: »Das einzige, was die Händler auf See fürchteten, waren die Piraten und die Gefahren der Natur, von Wind und Strömung.«[217]

In Shanga (auf Lamu) wurde die älteste Moschee und islamische Grabstätte freigelegt, die man auf das späte 8., frühe 9. Jahrhundert datiert. Bis ins frühe 15. Jahrhundert, als

216 Pouwels 2010 [2000]: 251.
217 Chaudhuri 1989: 63–64.

sie aufgegeben wurde, war sie gut 25 Mal umgebaut worden. Andernorts tauchen erste Zeugnisse islamischer Präsenz seit dem 10. Jahrhundert auf. Der Rückgriff auf lokale Sitten und Gebräuche blieb freilich generell vorherrschend. So bauten die Muslime von Shanga noch lange, nachdem sie zur Mehrheitsbevölkerung geworden waren, ihre Moscheen und Gräber in lokaltypischer Manier und unter Rückgriff auf lokale Baumaterialien – etwa Korallen, Kokosnussabfälle und ortsüblichen, besonders klebrigen Lehm. Und arabische Besucher, von al-Masudi im 10. über al-Idrisi im 12. zu Ibn Battuta im 14. Jahrhundert, klagten wiederholt über manch Gesehenes, das ihnen als unislamische Praktiken erschien; dazu gehörte Brauchtum wie Skarifizierungen, also das Anbringen von Ziernarben auf die Haut, Zauberei oder Geisterbeschwörungen.[218] Doch die arabischen Kommentatoren sparten auch nicht mit Lob. So meinte etwa Ibn Battuta, der um 1325 mehrere Städte an der Swahili-Küste besuchte: »Ich bin in Mogadischu an Bord gegangen, um ins Swahili-Land zu schippern, um die Stadt Kilwa im Land der Schwarzen (Zanj) zu besuchen. Wir erreichten Mombasa, eine große Insel, zwei Tage Seereise vom Swahili-Land entfernt. Mombasa besitzt keinen Anteil am Festland. Sie haben Obstbäume auf der Insel, aber keinerlei Getreide. Das muss ihnen von den Swahili gebracht werden. Ihre Nahrung besteht hauptsächlich aus Bananen und Fisch. Die Bewohner sind fromm, ehrenhaft und aufrichtig. Auch haben sie schön gebaute hölzerne Moscheen.« Und weiter: »Wir sind eine Nacht auf dieser Insel (Mombasa) geblieben und haben dann unsere Reise nach Kilwa fortgesetzt, das eine große Stadt an der Küste ist. Die Mehrheit ihrer Bevölkerung sind Schwarze (Zanj), von tiefschwarzer Hautfarbe und mit Markierungen in ihren Gesichtern. Ein Händler erzählte mir, dass die Stadt Sofala etwa zwei Wochen südlich von Kilwa liegt und dass Goldstaub [aus dem Landesinneren, durch eine einmonatige

218 Pouwels 2010 [2000]: 252–255.

Reise] dorthin gebracht wird. Kilwa ist eine sehr vornehme und wohlgebaute Stadt, alle ihre Gebäude sind aus Holz.«[219]

Die Situation synkretistischer Zusammenführung von Anschauungen und Verhaltensformen aus verschiedenen Wurzeln war für die gesamte Swahili-Küste charakteristisch. Eine weitere Folge der Intensivierung des Handels und des grenzüberschreitenden Friedens, der durch die universelle Akzeptanz des Islam in der Welt des Indischen Ozeans bestärkt wurde, war die Zunahme des materiellen Wohlstands. Der Wohlstand mehrte sich, mindestens der eines Teils der Bevölkerung. So haben die Grabungen in Gedi einen Stadtplan ergeben, der innerhalb der Stadtmauern eine ältere Siedlung sowie eine jüngere und kleinere Stadt aufweist, die einer Reihe von Steinhäusern Platz bot; in den Zwischenräumen, so ist anzunehmen, standen einstmals Gebäude aus Lehm, Holz und Palmblättern – die Behausungen der Mehrheit der Bevölkerung. Im späten 14. und 15. Jahrhundert hatte Gedi seine größte Ausdehnung, und damals »existierte bereits eine Klasse kultivierter, wohlhabender, kaufmännischer Städter« dort, wie Connah schreibt: »Es scheint, diese Leute lebten auf einem materiellen Wohlstandsniveau, welches das ihrer meisten Zeitgenossen weit überragte: Ihre Häuser hatten verputzte Wände, Innenlatrinen, Waschplätze mit Bidets, Unterbodensickergruben und Regenwasserkanäle.«[220] Regiert wurden die Swahili-Städte auf verschiedene Weise. Manche größeren Städte wurden »von Alleinherrschern regiert, von denen einige sogar ihre eigenen Münzen prägen ließen. […] Auf der anderen Seite […] war häufig an der Führung des Ortes eine Ratsversammlung beteiligt, der die angesehensten Bürger angehörten, gelegentlich gab es aber auch Staatsformen ohne einen Herrscher an der Spitze.«[221] Eine übergeordnete Reichsstruktur existierte nicht.

219 Ibn Battuta, um 1325, zit. nach Halsall 2011: 112–113.
220 Connah 2016: 234–236.
221 Connah 2006: 166.

Die Swahili-Gesellschaft war stark stratifiziert. Ein deutlicher Graben trennte jene, die den Wohlstand kontrollierten, den sie aus dem Handel am Indischen Ozean generierten, von denen, die die Güter für den Export produzierten bzw. bereitstellten. Die reichen Händler waren eine Art Patrizier, die als *Big Men* mit ihren Familien über die Arbeitskraft der Bevölkerungsmehrheit verfügten. Sie waren afrikanische Muslime, die behaupteten, von arabischer oder persischer Abkunft zu sein, weil sie daraus sowohl religiöse als auch soziale Legitimität sowie kommerzielle Vorteile gewannen. Neben der Distinktion im Lebens- und Wohnstil war gerade auch die Schriftkundigkeit der Swahili-Eliten, die sie als Förderer der Künste und der Literatur auswies, ein wichtiges Mittel, durch das sie sich von den einfachen Leuten, den nichtmuslimischen Mijikenda, deutlich abgrenzten. Sie agierten als große Grundherren, die in der Umgebung der Städte Ländereien besaßen, auf denen Sklaven und Sklavinnen Hirse, Baumwolle, Früchte und Gemüse anbauen mussten – sowohl für die regionalen Märkte als auch für den Exporthandel.[222] Die Zivilisation der Swahili hatte sich zu einer stabilen Gesellschaftsordnung entwickelt, sie war aber definitiv keine egalitäre Idylle.

Als Vasco da Gama nach Umrundung der Südspitze Afrikas 1497 mithilfe eines indischen Navigators nach Indien segelte und 1498 vor Kalikut ankerte, signalisierte das das Ende des Friedens in der Welt des Indischen Ozeans. Mit sich brachten die Portugiesen nämlich die Idee der (Re-)Conquista und die (im Mittelmeer und Atlantik wohlerprobte) Praktik, Handel und Krieg, an Land wie auf See, miteinander gleichzusetzen. In diesem Verständnis war Handel gleich Krieg. Nur drei Jahre nach dem Erstbesuch durch Vasco da Gama zerschossen die Portugiesen unter Francisco de Almeida die aus Korallen erbauten Stadtmauern Kilwas und plünderten die damals bedeutendste der Swahili-Städte. Deren Kämpfer

222 Collins/Burns 2007: 106-112. Siehe auch Horton/Middleton 2000.

hatten gegen die portugiesischen Kanonen und Musketen keine Chance. Für die Portugiesen waren die Jahre 1500 bis 1515, in denen sie ihre maritime Position im Indischen Ozean, von Ostafrika bis zur Straße von Malakka, durch Krieg und Plünderung errangen, »Jahre der heroischen Taten auf See«.[223] Von 1515 bis 1560 hatten sie dank ihrer militärischen Stärke eine Art Monopol im Pfeffer- und Gewürzhandel inne. Das portugiesische Vizekönigreich Goa kontrollierte eine Reihe befestigter Anlagen quer über den Ozean, von denen aus seine effektive Flotte rasch manövrierbar war, um konkurrierende Handelsstädte durch Plünderungszüge zu terrorisieren. Um freies Geleit zu haben, waren lokale Händler nun genötigt, bei den Portugiesen um Erlaubnis anzusuchen und Zollabgaben zu leisten. Zwischen 1560 und 1600 verlor Portugal seine Vormachtstellung in der Welt des Indischen Ozeans jedoch wieder. Zum einen erwuchs ihm damals Konkurrenz im Pfeffer- und Gewürzhandel dadurch, dass das Rote Meer und das Mittelmeer neuerlich zu Kanälen im Gewürzhandel wurden. Zum anderen orientierten sich Portugals Interessen selbst weiter nach Fernost; die intensivierten Bemühungen um den Handel mit China und Japan hatten den Nebeneffekt, dass sich seine Kontrolle über die Welt des Indischen Ozeans lockerte.[224] Die alte Blüte erreichten die Handelsstädte der Swahili allerdings dennoch nicht mehr wieder.

Städte und Staaten im südlichen Afrika

Lange Zeit war das südliche Afrika ausschließlich von den Vorfahren der San besiedelt gewesen, die ihren Lebensunterhalt durch Sammeln und Jagen bestritten. In den trockenen Grasländern im heutigen Botswana übernahmen vor etwa 2000 Jahren manche dieser Wildbeutergemeinschaften die

223 Chaudhuri 1989 [1985]: 66.
224 Siehe Pearson 1998.

Diese Karte entnahm ich dem Buch:

____

☐ Bitte senden Sie mir Ihr Büchermagazin.

☐ Bitte informieren Sie mich über Ihre Neuerscheinungen.

☐ Ja, ich möchte Ihren Newsletter erhalten.

Alle Informationen unter www.verlagshausroemerweg.de

Absender

Name, Vorname

Straße, Nr.

Plz, Ort

Telefonnummer*

Faxnummer*

E-Mail*

Unterschrift

*freiwillige Angabe

Für Ihre schnelle Anfrage:
info@verlagshausroemerweg.de

Bitte
ausreichend
frankieren

Rückantwort

Verlagshaus Römerweg GmbH
Römerweg 10
D-65187 Wiesbaden

Praxis der Rinder- und Schafhaltung von ihren nördlichen Nachbarn. Daraus entwickelten sie eine pastorale Lebensweise, in der das Vieh weniger als fleischliche Nahrungsquelle diente, als vielmehr der Milch und Häute wegen gehalten wurde. Die Träger dieser neuen Lebensform waren die Vorfahren der Khoikoi, die, wie die San, sprachgenetisch der Khoisan-Sprachfamilie zugehören. Ihr Vieh stellte ein bewegliches Gut dar, dessen Besitz vererbt wurde. Als solches kam ihm Bedeutung als Wertanlage zu, ebenso als Tauschware. Im Austausch gegen Unterstützung und Dienstleistungen konnten erfolgreiche Viehhalter, die reich an Rindern waren, Menschen dauerhaft an sich binden. Auch hier stiegen manche Personen mit der Zeit zu *Big Men* auf – eine Position freilich, die auf Dauer ebenso schwierig beizubehalten war wie die Gesundheit und Größe der Herden, ihrer »gefährdeten Quelle des Wohlstands und der Autorität«.[225] Schließlich waren die Hirten mit ihren Herden auf ständiger Suche nach geeigneten Weiden und Wasserstellen. Auf diese Weise grasten die Khoikhoi-Herden im Buschwerk der Großen Karoo-Halbwüste und an den Ufern der Kalahari und gelangten endlich bis in die fruchtbaren Flusstäler der Kap-Region. Ihre Werkzeuge und Waffen aus Kupfer und Eisen stellten diese Pastoralisten nicht selbst her, sondern erwarben sie von Bantu-sprachigen Nachbargruppen.

Eisenverarbeitende Bantu siedelten seit zirka 200 n. Chr. südlich des Limpopo, seit etwa 300 in der südostafrikanischen Küstenregion Natal, und seit zirka 400 im Highveld des Transvaal. In ihrer Lebensweise verknüpften sie die Eisentechnologie mit einer diversifizierten Wirtschaftsweise. In Natal siedelten sie meist in kleinen Dörfern, die in Flusstälern lagen. Diese boten fruchtbare Böden für den Anbau von Pflanzen (Sorghum, Hirse, Bohnen, Kuhbohnen), Holz für die Eisenschmelzöfen und saftiges Weidegras für die Viehherden. Mit zunehmendem Bevölkerungsdruck zogen

225 Collins/Burns 2007: 161.

die Hirten in die höher gelegenen Plateauregionen Südafrikas, ins Highveld, wo zwar weniger günstige Bedingungen für die Landwirtschaft bestanden, aber ideale Möglichkeiten für einen weitläufigen Pastoralismus. Unter diesen Umständen begann das soziale und kulturelle Leben immer stärker um die Rinder zu kreisen. Während der Bodenbau den Frauen überantwortet wurde, behielten es sich die Männer vor, die Rinder zu halten und zu versorgen, die zum prinzipiellen Maß des Wohlstands wurden. Die Brautgabe, durch die ein Mann eine Ehefrau erwirbt und die von ihm bzw. seiner Familie an die der Braut übergeben wird, musste nun in Vieh bestritten werden. In Konsequenz führte das zur stärkeren Stratifizierung innerhalb der Gesellschaft und zu einem weitreichenden Paternalismus – sowohl was das Verhältnis der Geschlechter zueinander betraf als auch die Beziehung zwischen jenen Männern, die viele Rinder besaßen, und jenen, die weniger oder gar keine ihr Eigen nennen konnten. Die Reichen konnten sich Frauen und große Familien leisten, waren in der Gesellschaft hoch angesehen und gewannen, durch den Verleih von Tieren aus ihren großen Herden an ärmere und jüngere Männer, an direktem politischen Einfluss: Sie konnten auf die Dienstleistungen und Unterstützung dieser Abhängigen zählen.

Seit dem 7. Jahrhundert verdichtete sich die Bevölkerung im südlichen Afrika mehr und mehr. Die Archäologie weist zwischen 700 und 1200 n. Chr. die Existenz zahlreicher größer werdender Siedlungen nach. Dies hing unter anderem auch mit der Ausweitung der interregionalen Handelsnetzwerke zusammen, in denen Lebensmittel, Viehbestände und -produkte sowie Elfenbein getauscht wurden. Von den heimischen Wildbeutern erwarben die Agropastoralisten außerdem eine ganze Reihe von Produkten im Austausch gegen Eisen, Töpferware, Getreide und Vieh; so etwa Wild, Früchte und Beeren, wilden Honig und Kräuter. Von ihrem Naheverhältnis zueinander zeugt auch der Eingang des sprachlichen Grundmerkmals der Khoisan-Sprachen, der

Clicks, in manche südafrikanischen Bantu-Sprachen (wie zum Beispiel das Xhosa). Verstärkt wurde der doppelte Prozess von Bevölkerungswachstum und verdichteter Siedlungsweise auch durch den Fernhandel in Kupfer und Gold, der seit zirka 1000 verschiedene Gegenden am Limpopo, Sambesi und Kongo mit dem Highveld und der südostafrikanischen Küste verband.

Zwischen dem 9. und 13. Jahrhundert existierte in Toutswemogola, an der Grenze zur Kalahari, eine Siedlung mit bis zu 1000 Einwohnern, die auf einem Hügel lag, von dem aus die Rinderhirten das Highveld gut überblicken konnten. Solche Siedlungen, auf Erhebungen gebaut, zeugen von der starken Bedeutung, die den Rinderherden und ihrem Schutz vor Dieben und Räubern zukam. In den trockenen Verhältnissen von Toutswemogola dominierte der Pastoralismus ganz klar die Lebensweise.[226] Ein anderes Beispiel ist Mapungubwe, eine Anhöhe, die unweit des Zusammenflusses von Limpopo und Shashi liegt. Dort bestellten Menschen die fruchtbaren Böden am Fuß des Berges bereits im frühen 11. Jahrhundert und nutzten sie auch als Weidegrund, während sie die Kuppe dieser Sandsteinerhebung erst im 12. Jahrhundert besiedelten. Nahe am Fluss gelegen, erlaubte Mapungubwe nicht nur eine umfangreiche Viehhaltung, sondern auch eine ergiebige Agrarwirtschaft. Die Wohlstandsproduktion war beachtlich. Es bildete sich auch eine kunstfertige Handwerkskultur heraus. Töpferei, Elfenbein- und Knochenschnitzereien wurden ebenso vor Ort gefertigt wie Eisenwerkzeuge und -waffen. Schon um 1200 versorgte Mapungubwe die fernliegenden Küstenstädte mit Gold und Elfenbein, und seine Eliten bezogen im Gegenzug Glasperlen, Porzellan und Stoffe aus der Welt des Indischen Ozeans. Auf den Anhöhen ließen sie sorgfältig konstruierte Gebäude aus Stein errichten – sichtbare Monumente der entstandenen und gelebten Klassendifferenz. Gegen Ende des 13. Jahrhunderts verfiel Mapungubwe

---

226 Collins/Burns 2007: 163–164.

unter nicht restlos geklärten Umständen. Wahrscheinlich spielten Klimaveränderung und Verschlechterung der Böden entscheidende Rollen. Möglicherweise war auch der Aufstieg eines Konkurrenten im Goldhandel, das nördlich gelegene Großsimbabwe, eine gewichtige Ursache für den Niedergang Mapungubwes.[227]

Großsimbabwe und seine Nachfolgestaaten Mutapa und Torwa

Der bekannteste unter den frühen Staaten im südlichen Afrika ist Großsimbabwe, der vom 13. bis 15. Jahrhundert eine regionale Vormachtstellung innehatte und aufgrund seines Goldreichtums die Dominanz im Fernhandel mit der Küste – und damit der Welt des Indischen Ozeans – erringen konnte. Das Simbabwe-Plateau, das auf mehr als 1000 Metern Seehöhe liegt, wird im Westen von der Kalahari begrenzt, im Norden durch das Sambesi-Flusstal, im Süden durch das Flusstal des Limpopo, und im Osten durch einen steilen Geländeabbruch, an den sich die weiten Küstenebenen anschließen. Um die Millenniumswende wurde das südöstliche Plateau Simbabwes, westlich des Sabi-Flusses, mehr und mehr besiedelt. Dort, wo Großsimbabwe entstand, setzte die Besiedlung wahrscheinlich kurz vor der Millenniumswende ein. Seine Siedler und Siedlerinnen waren Shona-sprachige Agropastoralisten, die auf dem gut gewässerten Plateau beste Bedingungen vorfanden, um ihre Mischwirtschaft zu praktizieren. Die Regensaison dauert von November bis März, die Trockensaison von April bis Oktober, das Klima generell ist angenehm kühl. Die Bauern bauten Sorghum, Fingerhirse, Perlhirse, Bohnen und Erbsen an. Sie aßen auch das Fleisch von Rindern, Schafen, Ziegen und Hasen. Natürliche Ressourcen – Gold und Elfenbein, aber auch Eisen, Kupfer,

227 Connah 2016: 270–271. Siehe Chirikure/Pikirayi 2008, Huffman 2009.

Zinn und Silber sowie Salz und Granit – waren reichlich vorhanden.[228]

Außerdem nahm Großsimbabwe eine strategisch günstige Position ein, was seine Möglichkeiten anbelangte, am wachsenden Fernhandel teilzunehmen. So schreibt Peter Garlake: »Es lag am Rande der größeren Goldgewinnungsgebiete des zentralen Matabelelandes und an der kürzesten, direktesten Verbindungslinie zwischen ihnen und der Küste. Es lag auch im letzten fruchtbaren Landstrich und im letzten Graslandgebiet vor dem weniger menschenfreundlichen, von Tstetsefliegen verseuchten Mopane-Veld, dem ungastlichen Sabi-Flußtal und den Bergen östlich davon. […] Das Sabi-Tal bot die leichteste und direkteste Möglichkeit, die Ostberge zu umgehen, die sonst eine nur schwer zu nehmende Barriere zwischen der weiten Küstenebene und dem Innern Afrikas bilden.«[229]

Berühmt für seine Bauten aus Stein (*Zimbabwe* bedeutet ›Steinhäuser‹ in der Shona-Sprache), wurde Großsimbabwe seit seiner Erstbeschreibung 1871 durch den Deutschen Carl Mauch zu einem Paradefall diffusionistischer bzw. hamitentheoretischer Interpretationen. Dass Afrikaner fähig gewesen sein könnten, solche Monumente zu schaffen, noch dazu aus einem beständigen Material, schien den im kolonialrassistischen Geist befangenen Europäern schlicht undenkbar. Stattdessen wurden mehr oder weniger originelle Thesen über die fremdländischen Erbauer der Ruinen in den Raum gestellt, auch lange noch, nachdem die Archäologen David Randall-MacIver 1905 und Gertrude Caton-Thompson 1929 den Nachweis für ihren autochthonen Ursprung geführt hatten.[230] Später erkannte die Archäologie, dass die steinernen Einfriedungen Großsimbabwes und anderer südafrikanischer Siedlungen, auf die sich die Grabungen bis in

228 Connah 2016: 262–266, 286–287.
229 Garlake 1985 [1973]: 323–324.
230 Caton-Thompson 1971 [1929]; Connah 2016: 260–261.

die zweite Hälfte des 20. Jahrhunderts konzentriert hatten, zwar wichtige Teile, aber nur einen Bruchteil des gesamten bewohnten Siedlungsraumes abdeckten. Die Schätzung von Peter Garlake aus den 1970er-Jahren, dass Großsimbabwe etwa 1000 bis 2500 Erwachsenen Platz bot, wurde entsprechend der Anerkennung weiter Flächen, auf denen Menschen in Hütten lebten, die aus Holz, Gras und Lehm aus zersetztem Granit (*daga*) gebaut waren, auf eine Zahl von 11 000 bis zu 18 000 erhöht.[231] Damit war Großsimbabwe die größte Stadt im südlichen Afrika.

Die auffälligen Steinbauten, die auf den Hügeln einerseits, auf talwärts abschüssigen Abhängen andererseits errichtet wurden, sollten, wie Graham Connah schreibt, »Indikatoren für den Status der Eliten sein, ablesbar an ihren Wohnsitzen«[232]. Großsimbabwe stellte diesbezüglich keinen Einzelfall in der Region dar. Geschätzte 150 Ruinen dieser Bauweise existieren weitgestreut auf dem Simbabwe-Plateau; und sogar darüber hinaus, etwa im nordöstlichen Botswana, im nördlichen Transvaal und in Mosambik.[233] Die Mauern wurden nicht zu Verteidigungszwecken errichtet, sondern dienten der Demonstration von Rang und Stellung: »Die Mauern waren konstruiert, um die Elite in geräumigen Unterkünften abzuschirmen«, so Robert Collins und Martin Burns: »Dort umgab sie sich mit fremden Luxusgegenständen und konsumierte ungeheure Mengen an Fleisch. Noch wichtiger war, dass diese Wohnsitze den exklusiven sozialen Status seiner Bewohner anzeigten.«[234] Die Eliten von Großsimbabwe bildeten den Mittelpunkt eines weitgestreckten wirtschaftlichen und politischen Beziehungsgeflechts, über das sie im Sinne eines losen Reichsverbandes dominierten. Als sie in der ersten Hälfte des 15. Jahrhunderts die Kontrolle über den Küstenhandel nach Sofala verloren, konnten sie ihren

231 Huffman 1996: 125. Siehe Hall/Stefoff 2006.
232 Connah 2016: 273. Siehe Huffman 2010, Pikirayi/Chirikure 2011.
233 Connah 2016: 269.
234 Collins/Burns 2007: 166.

luxuriösen Lebensstil nicht länger aufrechterhalten. Auch bauten sie nur mehr wenig in Stein: Zu den Steinbauten, von denen viele zwischen 1275 und 1450 errichtet wurden, kamen in den folgenden einhundert Jahren kaum mehr welche dazu.[235] Großsimbabwe erfuhr einen Niedergang, der durch fortgesetzte Entwaldung, Bodenübernutzung und Überweidung mitverursacht war. Politisch führte das zur Fragmentarisierung des Reichs.

Nördlich von Großsimbabwe und südlich des Sambesi machte sich um die Mitte des 15. Jahrhunderts eine Gesellschaft unabhängig und begründete den Staat Mutapa.[236] Mündliche Überlieferungen führen die Gründung des Königtums auf einen gewissen Nyatsimbe Mutota zurück, der ursprünglich als Gesandter aus Großsimbabwe ins Land gekommen sein soll.[237] Seine Nachfolger trugen den Herrschertitel *mwene mutapa* bzw. *munhumutapa*, das in Shona ›Verwüster des Landes‹ bedeuten kann, aber auch im Sinn von ›Herr‹ und ›Eroberer‹ verstanden wird. Die Herrscher von Mutapa besteuerten den Fernhandel zur Küste, betrieben Erzabbau und generierten Einkünfte aus der Vieh- und Landwirtschaft. Außerdem erzwangen sie von unterworfenen Gemeinschaften Tribut. Im 16. Jahrhundert traten die Portugiesen, die an die Küste gekommen waren und entlang des Sambesi ins Landesinnere vorzudringen versuchten, in Beziehungen zu Händlern des Reichs Mwene Mutapa, das nun ein riesiges Gebiet südlich des Sambesi kontrollierte. Die Portugiesen unterhielten Handelsniederlassungen in Sena und Tete, direkt am Sambesi, wo es zu Markttreffen kam, auf denen sie Gold und Elfenbein erwerben konnten; doch der Zugang zum Territorium Mutapas blieb ihnen während des 16. Jahrhunderts verschlossen. Den ›Herrn der Bergwerke‹, als den sie den Herrscher mitunter bezeichneten, in Abhän-

235 Connah 2016: 273.
236 Siehe Mudenge 1988, Beach 1984 [1980]: 113–154, Randles 1981.
237 Oliver/Atmore 2003: 203–204.

gigkeit von den portugiesischen Interessen zu machen, gelang ihnen erst im 17. Jahrhundert, und auch dann war ihr bestimmender Einfluss nicht von Dauer.[238] Bis ins 19. Jahrhundert überlebte der Staat in relativer Eigenständigkeit.

Rund um die nach Großsimbabwe zweitgrößte Stadt der Großregion, Khami, die geschätzten 7000 Einwohnern Platz bot, bildete sich ein zweites Machtzentrum heraus, das Großsimbabwe als hegemoniale Herrschaft nachfolgte. Der Staat Torwa – sein Name bedeutet in Shona ›Fremder‹ – etablierte sich um zirka 1450 als eigenständige Einheit und dominierte mehr als 200 Jahre lang das wirtschaftliche und politische Geschehen auf dem südwestlichen Simbabwe-Plateau.[239] Ähnlich wie im Falle Mutapas lag auch Torwas Stellung der Rückgriff auf ein ganzes Arsenal an Einkunftsquellen zugrunde: Landwirtschaft, Viehhaltung und Fernhandel. Der Wohlstand und Reichtum von Torwa weckte auch Begehrlichkeiten. Durch seine Lage von den Ambitionen der portugiesischen Händler im 16. und 17. Jahrhundert abgeschirmt, wurde Torwa Opfer einheimischer kriegerischer Eindringlinge, des ebenfalls Shona-sprachigen Changamire-Clans, der um 1680 den Staat Rozwi etablierte, der die folgenden 150 Jahre fortdauerte.

Das westafrikanische Königtum von Benin

Das Königtum von Benin, das bis zur militärischen Eroberung durch britische Truppen 1897 bestand, war eine Gründung der Bini, die man mit dem Namen ihrer Sprache mitunter auch als Edo bezeichnet. Deren Vorfahren waren als Jäger und Sammler in die Regenwaldzone vorgedrungen, mit der Zeit jedoch agrarisch aktiv geworden. Archäologisch bezeugt sind landwirtschaftliche Tätigkeiten im Raum Benin

238 Oliver/ Atmore 2003: 207–208.
239 Beach 1984 [1980]: 188–235.

seit dem 1. Jahrhundert v. Chr., seit dem 5. Jahrhundert auch unter Nutzung von lokal produzierten Eisenwerkzeugen. Dort, wo später Benin City entstehen sollte, eignete sich der Regenwald, wie Graham Connah schreibt, »ausgezeichnet für eine äußerst produktive Landwirtschaft. Man rodete und bepflanzte Gegenden mit fruchtbaren Böden, die von einer weniger dichten Vegetation bestanden waren und sich gut entwässern ließen. Diese Felder mussten, nachdem sie über ein paar Jahre hinweg bewirtschaftet wurden, für lange Zeit brachliegen, damit sie sich regenerieren konnten. Besonders wichtig als Nahrungsquelle waren Yamswurzeln und Ölpalmen, doch es wurden [später] auch verschiedene Getreidesorten angebaut [...]. Domestizierte Tiere waren weniger von Bedeutung, da sie schnell an der Schlafkrankheit starben, die durch die überall in dieser Region verbreitete Tsetsefliege übertragen wurde. Einige Rinder- und Ziegenarten hatten jedoch durch zahlreiche Infektionen über die Jahrhunderte hinweg eine Resistenz gegen diese Krankheit entwickelt. Die Menschen versorgten sich mit Fleisch, indem sie im Wald jagten, und reichlich mit Fisch aus den Flüssen und Bächen der Gegend. Zusätzlich gab es im Urwald auch noch andere nützliche Dinge, wie Holz zum Haus- und Bootsbau oder für Kunstwerke, Laub zum Decken der Dächer, Rankgewächse für die Fertigung von Seilen, Pflanzen für Arzneimittel, Ton zur Gefäßherstellung, Elfenbein für Schnitzereien oder für den Handel und noch vieles mehr.«[240]

Die soziale Organisationsform bestand aus erweiterten Familienverbänden (Lineages), in denen ein Ältestenrat das Sagen hatte und, gemäß dem Prinzip der Seniorität, dem jeweils Ältesten, dem *Odionwere*, besondere Vorrechte, aber auch Pflichten zugewiesen waren. Langsam, aber stetig nahm die Bevölkerungszahl zu, Siedlungen verdichteten sich zu Dörfern und kleinen Städten. Großen Anteil daran hatte wahrscheinlich die Eisenverhüttung, welche die Her-

240 Connah 2006: 134–135.

stellung von Werkzeugen erlaubte, die es leichter machten, dem Regenwald bewirtschaftbare Flächen abzutrotzen. Gepaart mit der Notwendigkeit der Brachezeiten, die dem Wanderfeldbau eigen sind, führte die Bevölkerungszunahme zu einer stetigen Ausdehnung des Agrarlandes; gleichzeitig gab sie aber auch Anlass für Streitigkeiten um die Nutzung bestehender Landwirtschaftsflächen. Daraus entstanden neue politische Einheiten, häufig unter Führung eines *Big Man* (*Onogie*), eines meist jüngeren Mannes, der sich als besonders begabt erwies bzw. sich gegen Rivalen erfolgreich durchsetzen konnte. Mündliche Überlieferungen kommen auf eine Zahl von 130 derartiger Kleinstaaten, die in der Folgezeit entstanden.[241]

Einer davon war in der Gegend des heutigen Benin City angesiedelt. Seine Anfänge weisen auf das 7. Jahrhundert zurück, in den folgenden zwei Jahrhunderten konsolidierte sich dieses Zentrum und integrierte die meisten der anderen kleinstaatlichen Einheiten. Das daraus entstandene Gebilde wird auch ›Erste Siedlung‹ genannt (*Idumivbioto* oder *Uhunmwundidunmwun*). Um 900 begann die Zeit der ›Himmelskönige‹, die Epoche der *Ogiso*, eine halblegendäre Phase, in der 31 Könige geherrscht und bis Mitte des 12. Jahrhunderts für Frieden und Ordnung gesorgt haben sollen. Nach 1150 war es mit Ruhe und Stabilität vorbei, die Region geriet in eine schwere Krise, über deren Ursachen nichts bekannt ist. »Der erste Träger dieses Titels, Igodo, ist nach einigen Überlieferungen vom Himmel herabgestiegen, nach anderen wegen seiner großen Weisheit als Fremder vom Himmel verehrt worden«, schreibt Leonhard Harding: »Ob das Reich Igodomigodo und seine Himmelskönige historische Wirklichkeit waren, ist nicht sicher, ist aber auch nicht die entscheidende Frage.«[242] Schließlich bietet es eine Erklärung, wie und warum es um 1200 zur Etablierung eines neuen

241 Siehe Harding 2010, Roese/Bondarenko 2003, Bradbury 1973.
242 Harding 2010: 62 und 65.

Staates, des Königtums von Benin rund um die Hauptstadt Benin City, unter der Dynastie der Oba kommen konnte.

In den Krisenjahren nach 1150 teilten sich dominante Territorialherren die Macht mit Gruppenältesten, ohne jedoch dauerhaft stabile Verhältnisse schaffen zu können: Die Legitimität der veränderten Machtverhältnisse war nicht ausreichend gegeben. Unter diesen Umständen kam es zur Entsendung einer Delegation nach Ile-Ife, dem mythischen Ursprungsort aller Yoruba-sprachigen Gemeinschaften, die in weiten Teilen des heutigen Südwestnigeria (und im angrenzenden heutigen Staat Benin) siedelten und zwischen dem 8. und 12. Jahrhundert stadtstaatliche Strukturen geschaffen hatten. Die Abgesandten der Ältesten Edo erbaten von Ile-Ife, dass ein Prinz als Herrscher in Benin eingesetzt werden solle. Diesem Ansuchen wurde stattgegeben, und mit der Bestellung von Oranmiyan begann die Dynastie der Oba.

Das Königreich Benin lag im Südwesten des heutigen Nigeria, westlich des Niger, und war, obwohl ein Binnenland, über mehrere Flussläufe mit dem Atlantik verbunden. Die größte Ausdehnung hatte es im 15. und 16. Jahrhundert, als sich sein Dominanzbereich über eine Fläche von mehr als 30 000 km^2 erstreckte. Damals reichte es im Westen bis zur heutigen Stadt Lagos, im Osten bildete der Niger eine natürliche Grenze, und im Norden stieß es an den Einflussbereich von Oyo, das sich damals eine Hegemonialstellung über die zahlreichen Kleinstaaten der Yoruba errungen hatte. Das Land war weder sprachlich noch soziokulturell homogen. Neben den herrschenden Bini beziehungsweise Edo siedelten im Süden Benins eine Reihe anderer Völker, von denen viele vom Fischfang und Zwischenhandel lebten, etwa die Itsekiri.

In der politischen Struktur des Staates stand der König, der Oba, an der Spitze. Seine Herrschaft trug stark sakrale Züge. Ihm wurde die Abstammung von Oduduwa, dem Schöpfergott der Yoruba, nachgesagt, was ihn – in der Theorie zumindest – heilig und unantastbar machte. Zur herrschenden Schicht zählten die königliche Familie, die alteingesessenen Territorialherren sowie die Stadtvorsteher und die Verwalter des Palasts, außerdem einflussreiche Priester, Heerführer und wohlhabende Händler. Die Mehrheit der Bevölkerung, die den Hof mit Abgaben aus der Landwirtschaft, der Jagd und dem Handel versorgte und die für öffentliche Arbeitsleistungen und Kriegsdienst herangezogen werden konnte, lebte in Dörfern. Der Staat setzte seinen Führungsanspruch mit militärischer Gewalt durch, um Tributabgaben zu erzwingen. Tributzahlungen erfolgten in Naturalien – agrarische Produkte, durch Jagd erbeutete Tiere sowie Menschen im Status der Unfreiheit. Auch die militärischen Unternehmungen Benins produzierten regelmäßig Kriegsgefangene, und das bedeutet: Sklaven und Sklavinnen.[243]

In die inneren Angelegenheiten der peripheren, tributären Regionen mischte sich Benin nicht ein, solange der Fluss der Tributzahlungen nicht stoppte, für das Kernland freilich wurde die Herrschaft der Oba zum Modell der neuen Gesellschaftsordnung überhaupt. Wie Leonhard Harding schreibt: »Der Bewahrung der alles umfassenden Ordnung dienten auf lokaler Ebene die Sitten und Gewohnheiten jeder Gruppe, mit ihren Werten und Verhaltensvorschriften. [Doch] auf der Ebene des Volkes war der sakrale Herrscher für die Wahrung dieser Ordnung verantwortlich; er konnte nach den Überzeugungen der Edo durch die Kräfte, die ihm seit der Inthronisation eigen waren, Schäden an dieser Ordnung heilen und damit Unheil von seinem Volk abwenden. Darin lag seine Aufgabe: dafür Sorge zu tragen, dass das Volk in Einklang mit der Ordnung des Universums lebte, und gewissermaßen umgekehrt: dass Götter, Geister und Ahnen dem Volk gnädig gesinnt blieben. Diese Aufgabe konnte nur er erfüllen, durch die sakrale Macht, die ihm übertragen war.«[244]

---

243 Siehe Meillassoux 1989: 157, Eisenhofer 2007: 56.

244 Harding 2015: 8.

Doch Benin war keine Theokratie, die Monarchie war stark beschränkt: Zum einen durch die überkommenen Solidaritätsformen, zum anderen durch bestimmte politische Maßnahmen, die neu entwickelt und erfolgreich eingeführt wurden. Schon dem Sohn von Prinz Oranmiyan, Eweka I., deren beider Bindung an Ile-Ife eng war und bewusst gepflegt wurde, wird nachgesagt, die Institution der sechs Königsmacher, *Uzama Nihinron*, begründet zu haben, womit Benin zu einer Wahlmonarchie wurde: Der König musste fürderhin gewählt und im Amt bestätigt werden, freilich auch aus der königlichen Familie stammen. In der zweiten Hälfte des 13. Jahrhunderts gelang es Oba Ewedo durch eine Reihe von Reformen, seine Position gegenüber anderen Würdenträgern zu stärken: So schuf er neue Ämter und Titel rund um den Palast, die als Gegengewicht gegen den Einfluss der Uzama und anderer eingesessener Größen in Stellung gebracht werden konnten. Zu diesen zählten etwa das Amt eines obersten Stadtvorstehers (Iyase), der Wächter des königlichen Harems (Osodin und Uso), eines königlichen Kleidermachers (Ungue), sowie das Amt namens Esekhurhe, dessen Inhaber mit der Aufgabe betraut war, das Ableben eines Oba amtlich festzustellen. Außerdem soll Ewedo mehrere neue Kulte eingeführt haben, die das Wohl des Landes stärker an die Person des Oba banden.[245] Seinem Sohn Oguola schreiben die mündlichen Überlieferungen zu, Erdwälle um die Stadt angelegt zu haben. Zu dessen Regierungszeit scheint auch der Bronzeguss nach Benin gebracht und dort verfeinert worden zu sein.

Im Grunde war Ewedo recht erfolgreich darin, den Einfluss der Uzama zurückzudrängen, denen er das Recht absprach, ihrerseits Ämter und Titel zu kreieren, das Staatsschwert symbolisch und öffentlich zur Schau zu tragen, und die sich dem Oba in aller Öffentlichkeit demonstrativ unterwerfen

245 Für Benin gibt es reichhaltig dokumentierte mündliche Überlieferungen, von denen die von Jacob Egharevba 1936 die erste ist. Zur kritischen Einschätzung dieser Quelle und der Quellenart überhaupt siehe Eisenhofer 1996, Usuanlele 2007.

mussten: Während der Oba Platz nahm, mussten nun auch die Uzama, wie alle übrigen, aufrecht stehen. Doch seine Zentralisierungsbemühungen schalteten die gegenwirkenden Kräfte nicht restlos aus, im Gegenteil, sie produzierten eine Vielzahl zusätzlicher Akteure, die im politischen Spiel um Macht und Einfluss konkurrierten und die weitere Geschichte Benins mitbestimmten. Die bis Mitte des 15. Jahrhunderts folgenden Oba haben weniger Spuren in der Erinnerung hinterlassen, doch das Schicksal von einem, Oba Ohen, der um 1334 gekrönt wurde und für etwa ein Vierteljahrhundert regierte, ist aufschlussreich: Nachdem bekannt wurde, dass er an einer Beinlähmung litt, kam es zu einem Aufruhr und er, der qua offizieller Staatsideologie das Wohlergehen des Volkes repräsentierte, wurde zu Tode gesteinigt.

Auch um die Nachfolge um den Thron kam es immer wieder zu heftigen Auseinandersetzungen. Oba Ewuare, ›der Große‹, erlangte die Macht um 1440 infolge eines Brudermords. Entsprechend regierte er anschließend mit eiserner Hand und großer Strenge. Er begann auch die militärische Expansionspolitik, die aus Benin im Laufe der nächsten zwei Jahrhunderte ein Reich von beträchtlichen Ausmaßen machte. Ewuare gilt darum als der erste einer ganzen Reihe von Kriegerkönigen, die seit dem späten 15. Jahrhundert die Geschicke des Staates leiteten. Man geht nicht fehl in der Annahme, dass diese Kriege dazu beigetragen haben, die Macht des Oba nach innen zu stabilisieren und die potentiell widerstreitenden Interessen im Zentrum durch Vergünstigungen und Begünstigungen auszugleichen. Diese Note wird auch im Fall von Idia betont, die in mündlichen Überlieferungen als große Kriegerin erinnert wird und als verantwortlich für die Regentschaft ihres Sohnes Esigie gilt, die von zirka 1504 bis 1550 dauerte. Mit ihr kam es zur Einrichtung eines neuen politischen Amts: Idia wurde zur ersten *Iyoba* (Königinmutter) Benins, die in ihrem eigenen Palast Hof hielt und in den politischen Angelegenheiten des Reichs eine gewichtige Stimme hatte.

Benin und seine Außenbeziehungen

Die Hauptstadt Benins war ein attraktiver Ort, wo regelmäßig Märkte stattfanden, auf denen Nahrungsmittel, Werkzeug, Vieh, Stoffe, Gebrauchs- und Kunstgegenstände feilgeboten wurden. Das handwerkliche Niveau war exzellent, die Handwerker in Gilden organisiert. Die ersten europäischen Besucher Benins, die 1485 eintrafen, waren tief beeindruckt. Die begeisterten Schilderungen des Kunsthandwerks von Benin rissen nicht ab: »James Welsh schrieb 1590 nach einem Besuch beim Oba: ›Sie haben ein großes Angebot von Seife; sie riecht wie Veilchen. Sie bieten auch schöne und feingearbeitete Matten und Körbe an, Löffel, die kunstvoll aus Elfenbein geschnitzt sind und verschiedene Tiermotive darstellen.‹ Ein anderer Beobachter […] spricht 1602 von aus Eisen geschmiedetem Werkzeug, Messern, Waffen, Acker- und Angelgerät. [Olfert] Dapper erwähnt 1668 ausdrücklich die kunstvoll gefertigten Kupferplatten im Palast und die besondere Ausgestaltung von kleinen Türmen an den Häusern im Palastkomplex: ›Jede Ecke ist mit einem Turm in Form einer Pyramide verziert, auf deren Spitze ein aus Kupfer gearbeiteter Vogel sitzt, mit ausgebreiteten Flügeln.‹«[246]

Innerhalb der Hauptstadt werkten zahlreiche Handwerker im Auftrag des Oba sowie einflussreicher und wohlhabender Männer. Sie verfertigten Gegenstände aus Holz, schnitzten Elfenbein, bearbeiteten Eisen und gossen mittels des Wachsausschmelzverfahrens Messing und Bronze zu eindrucksvollen Figuren. Man nimmt an, dass sie vor allem religiös-kultische, aber auch memorative Zwecke erfüllten. Im Palast des Oba befand sich zum Beispiel eine Reihe gegossener Messingplatten, die Bildnisse früherer Oba und anderer wichtiger Persönlichkeiten zeigen, und auch Szenen des Alltagslebens der städtischen Eliten darstellen:

246 Harding 2010: 145–146. Siehe Ryder 1977, Osadolor/Otoide 2008: 403–406.

Dort treten Diener, Musiker und Soldaten auf, mit Musketen (und anderem) bewaffnete Europäer sowie Tiere, deren Opferung gezeigt wird. Lebensgroße Köpfe wurden nach dem Vorbild der Ahnen gegossen, anschließend auf Altären postiert. Das Kunsthandwerk Benins war fein ausgearbeitet und wichtiger Teil der städtischen Elitenkultur. Außerdem existierte in Benin City eine blühende Keramikindustrie, von der vermutet wird, dass ihre Produktion in weiblichen Händen lag.[247]

Das Marktwesen beschränkte sich nicht auf die Hauptstadt, sondern durchzog das ganze Herrschaftsgebiet mit einem breit gefächerten Austauschnetz, wo sich die Markthändler und Markthändlerinnen an den wichtigen Wegkreuzungen versammelten. Der maritime Handel mit den Europäern, der nichts als Luxusgüter – also eigentlich verzichtbare Ware – zu bieten hatte, war in diesem System des regionalen Binnenhandels, der das Leben aller Einheimischen grundlegend beeinflusste, von marginaler Bedeutung. Wichtig war der Handel mit den Europäern freilich für den Oba, weil er mit den seltenen und daher teuren Gütern, die nur für Würdenträger und Wohlhabende leistbar waren und für die Einfuhrzölle zu entrichten waren, zum einen Profit erwirtschaften, zum anderen seine politische Position stärken konnte. Das Mittel dazu war die Beanspruchung eines königlichen Monopols, das bis ins 17. Jahrhundert auch recht erfolgreich praktiziert wurde. In den Anfangsjahren wurden die Transaktionen in der Hauptstadt abgewickelt, doch Anfang des 16. Jahrhunderts wurde der Handel nach Ughoton (auch Gwato) verlagert, ein Flusshafen an einem der Seitenarme des Benin-Flusses, der diese Funktion bis zu Beginn des 18. Jahrhunderts erfüllte. Vor allem Portugiesen und Niederländer waren aktiv und unterhielten Lagerhäuser in Ughoton, aber auch Franzosen und Briten hielten sich dort auf. Viele kamen als

247 Siehe Plankensteiner 2007.

Händler, andere als Missionare, Matrosen, Soldaten oder Abgesandte.

Benin führte nicht nur Stoffe, Erzmaterialien (Eisen, Kupfer), Kaurischnecken, diverse Werkzeuge und Waffen, Alkohol, Trinkgefäße, Glasperlen ein, sondern exportierte eine ganze Reihe an lokal produzierten (oder auch aus dem Hinterland stammenden) Gütern, die von den europäischen Abnehmern teils an anderen westafrikanischen Küstenorten zum Verkauf angeboten wurden, teils in die transatlantische Zirkulationssphäre eintraten. Dazu zählen etwa einheimische Stoffe, Leopardenfelle, Elfenbein, Korallen, Pfeffer, Palmöl, Yams, Sklaven und Sklavinnen. Interesse hatten die europäischen Händler insbesondere auch am Erwerb von unfreien Menschen, vor allem, nachdem seit etwa 1530 die Nachfrage aus der Neuen Welt anzusteigen begann und sie einen regelmäßigen Verkehr über den Atlantik einrichteten; mit dem einsetzenden Boom der Zuckerindustrien in Nordostbrasilien und auf den karibischen Inseln sollte sich der transatlantische Sklavenhandel ab Mitte des 17. Jahrhunderts noch einmal ganz enorm intensivieren. Entsprechend steigerte sich auch das europäische kommerzielle Interesse am Menschenhandel im Verhältnis zum Erwerb von afrikanischen Sachgütern immer mehr.

Benins Rolle ist in diesem Zusammenhang allerdings durchaus ambivalent einzuschätzen, denn, wie Christopher Ehret schreibt: »Obwohl das alte Königtum von Benin an dem wachsenden Menschenhandel in gewissem Maße teilnahm, widerstand es erfolgreich dessen direkten und wuchtigen Auswirkungen.«[248] Dies gelang ihm einerseits dadurch, dass die Oba den Europahandel insgesamt recht erfolgreich monopolisiert hatten, andererseits durch konkrete staatlich oktroyierte Beschränkungen des Menschenhandels. Schon in den 1520er-Jahren schränkte Benin ihn drastisch ein und partizipierte nach 1550 nur mehr äußerst sporadisch an ihm.

248 Ehret 2002: 408

Pfeffer und Stoffe waren die Exportgüter, auf die Benin im Austausch mit den Europäern setzte – was nicht zur restlosen Freude der Letzteren war.

Die portugiesischen Hoffnungen, Benin zu christianisieren, wurden ebenfalls enttäuscht. Zwar berichtete der Händler Duarte Pires in einem Brief von 1516 dem portugiesischen König über erste Erfolge, die er und seine Kompagnons, die von Príncipe aus operierten, erzielt hatten: »So erlaubte der König am Jahresende, im Monat August, seinem Sohn und einigen der hervorragendsten Edlen seines Königtums, Christen zu werden. Er ordnete an, dass eine Kirche in Benin erbaut werde, und sie wurden sofort getauft. Nun wird ihnen Lesen beigebracht, und Eure Majestät soll wissen, dass sie sehr gut lernen. […] Wir haben dem König von Benin die Vorstellungen Eurer Majestät übermittelt und ihm gesagt, welch großer Herr Eure Majestät sind und zu welch großem Herrn Ihr ihn machen könnt.«[249] Doch die Oba blieben ihrem Glauben und ihrer Weltanschauung treu, das Christentum war nicht in der Lage, dort Wurzeln zu schlagen. Das lag nicht zuletzt daran, dass das Interesse der Portugiesen an der Christianisierung schon damals ihrer Nachfrage nach männlichen Sklaven nachgeordnet war, die sie als Arbeitskräfte für ihre Zuckerrohrplantagen auf den vorgelagerten Inseln São Tomé und Príncipe benötigten. Die Herrschaft Benins antwortete auf die portugiesischen Versuche, Druck auszuüben, schließlich mit einem Verbot der Ausfuhr männlicher Sklaven. Der sozialen und politischen Stabilität im Inneren Benins waren das Zurückschrauben des Menschenhandels und der erfolgreich praktizierte ›Eigensinn‹ Benins auf lange Sicht freilich mehr als förderlich.

249 Newitt 2010: 99.

Frühe Staaten im westlichen Zentralafrika

Im Vergleich zu anderen Regionen Afrikas waren die zentralafrikanischen Räume dünn besiedelt. Die natürlichen Habitate erlaubten Bevölkerungskonzentrationen nur an verhältnismäßig wenigen Orten. Gleichwohl führten auch in Zentralafrika die Ausweitung landwirtschaftlicher Produktionsformen und verbesserter Werkzeugtechnologien, die mit der ›metallenen Revolution‹ einhergingen, für ein langsames Bevölkerungswachstum und eine punktuelle Verdichtung. Seit dem 9. Jahrhundert scheint diese in mehreren Zonen – etwa in den Hinterländern der westzentralafrikanischen Küste, in Gebieten des heutigen Sambia, Südkongo und Malawi sowie im heutigen Ostkongo, Ruanda und Burundi – soweit gediehen zu sein, dass sich im archäologischen Fundbestand eine stärkere soziale Schichtung zwischen verschiedenen Mitgliedern der Gesellschaft abzeichnet – und damit, so ist anzunehmen, erste Bemühungen Einzelner um Zentralisierung, um Auf- und Ausbau einer Führungsrolle stattfanden.

Die soziopolitische Szenerie stellt sich in dieser Perspektive als eine dar, in der verschiedene *Big Men*, ›Große Männer‹, die ihren Haushalten vorstanden, um ihren Status untereinander konkurrierten, vor allem aber um die Verfügungsgewalt über die Basis der Produktion und Reproduktion einer jeden Gesellschaft stritten – die Verfügungsgewalt über Menschen. Dieses Interesse führte auch zur Etablierung erweiterter Beziehungen, die über größere Territorien reichten. So schreibt Jan Vansina: »Die Großen Männer der Gesellschaft knüpften auf der Grundlage ihrer Häuser [Lineages] und Dörfer Bande, welche die Räume wie ein Gewebe aus grenzenlosem Maschendraht durchzogen und miteinander verbanden. Zusätzlich konnten kleine Dorfgruppen engere und stabilere Verbindungen etablieren, was einen eigenständigen politischen Raum kreierte«.[250] Die Sprache, in der die

250 Vansina 1990 [1983]: 91.

politischen Verhältnisse Zentralafrikas ausgedrückt wurden, bediente sich vorrangig des Kinship-Idioms: Soziopolitische und wirtschaftliche Beziehungen wurden also analog zu Verwandtschaftsverhältnissen konzipiert; dem Lineage-Denken kam im Kleinen wie im Großen, in der Welterfahrung und -deutung insgesamt, ganz prinzipielle Bedeutung zu. »Das grundlegende sozioökonomische System der ›Haushalte‹«, so Roland Oliver und Anthony Atmore, »vermochte weitreichende Transformationen zu überstehen, besonders solche, die mit ihrer Vergrößerung zu tun hatten. Man griff eine große Bandbreite an realen oder imaginierten Sozialbeziehungen, an rituellen und politischen Symbolen, auf (oder erfand sie). Gewöhnlich tat man das mit dem Ziel, die Legitimität der ›Big Men‹ zu etablieren und ihre Macht zu steigern.«[251] Deren institutionalisierte Formen, also deutlich ausgebildete ›Staaten‹, entwickelten sich in Zentralafrika punktuell seit dem 14. Jahrhundert n. Chr.

Das Königreich Kongo ist nur einer mehrerer Staaten Westzentralafrikas – freilich jener, der den Europäern früh bekannt wurde, weil portugiesische Seeleute schon 1483 die Mündung des Kongo-Flusses erreicht hatten und dort in Beziehungen zu Ansässigen traten, die Teil des Königreichs Kongo waren. Zu den anderen frühen Staaten der Region gehörte etwa das am Atlantik gelegene Loango, von dem erzählt wird, dass es durch eine Lineage von Schmieden, die Buvanji, begründet wurde, die sich in die herrschende Dynastie verwandelte. Um 1600 umfasste Loango eine Hauptstadt und sieben Provinzen. Sein matrilinear bestimmter König hatte eine starke Position inne, deren Legitimität er aus seiner Beziehung zum Buunzi-Schrein bezog, einem sowohl religiösen als auch territorialen Bezugspunkt, lag dieser doch im Herkunftsgebiet der Herrscherdynastie, in Ngoyo. Seine Würden- und Amtsträger vollzogen die lokal gebräuchlichen Rituale, trieben Steuern ein und forderten

251 Oliver/Atmore 2003: 158.

Tributzahlungen, führten Kriege und überwachten den Handel. Letzterer bezog sich vor allem auf Fisch, Meersalz und Palmprodukte, die Loango gegen Produkte der Waldzone aus dem Landesinneren tauschte. Für den Aufstieg Loangos war aber mitentscheidend, dass sich um Mindouli im heutigen Nordkongo eine Kupferminenindustrie herausgebildet hatte.[252]

Weit weniger zentralisiert als Loango, und auch weit weniger dicht besiedelt, war das Plateau nördlich des Malebo-Beckens, auf dem sich das Königtum der Tio formierte. Dieser Staat hatte den König zum Zentrum, der als sakrale Figur galt. Um ihn herum kreisten die örtlichen Großen Männer, deren Position durch ihr jeweiliges Verhältnis zum Herrscher bestimmt war, aus dem sie ihre Legitimität bezogen. Politisch bedeutsam wurde Tio aufgrund seiner Nähe zu den Eisen- und Kupferminen von Mindouli sowie wegen seiner Kontrolle der Märkte im Malebo-Becken.[253]

Südlich des Kongoreichs gelegen, entstand im zentralangolanischen Hochland ein Staat, der von Mbundu-sprachigen Bauern begründet wurde und unter dem Namen Ndongo bekannt ist. Da diese Gegenden wiederholt von Trockenheiten und Dürren betroffen waren, entwickelte sich in dieser bäuerlichen Gesellschaft die Funktion des Regenmachers. Es entstanden auf diese Weise Priesterämter und Schreine, die für die Sicherung der Niederschläge und die Gewährleistung der Fruchtbarkeit überhaupt verantwortlich waren. Die Beschwörungen dieser sozialreligiösen Spezialisten wurden durch geschnitzte Objekte (*lunga*) plastisch dargestellt, und *lunga* wurden in eigens für sie errichteten Schreinen aufbewahrt. Die Schreine selbst errichtete man bezeichnenderweise an den fruchtbarsten Orten mit regelmäßigem Niederschlag. Und die Bauern lieferten entsprechende Abgaben im Gegenzug zu den Leistungen der Priester. Die ersten politischen

252 Vansina 1990 [1983]: 98–99.
253 Vansina 1990 [1983]: 98–100.

Führer der Mbundu waren dementsprechend religiöse Führer, die den saisonalen agrarischen Zyklus durch ihre spirituelle Macht sicherten und daraus Ressourcen akkumulieren konnten, die sich den landwirtschaftlichen Ernten verdankten.[254] Ein einschneidender Bruch trat auf, als ihr religiöses Monopol durch die Schmiede herausgefordert wurde, die eiserne Insignien (*ngola*) zur Schau trugen und, anders als die sesshaften Bauern und anders auch als die an ihre Schreine gebundenen *lunga*-Priester, mobil waren und daher relativ ortsungebunden agieren konnten. Mit der Zeit, so schreiben Robert Collins und Martin Burns, »übertraf das Prestige dieser Meisterschmiede jenes der ursprünglichen *lunga*-basierten Clans, und der Mächtigste der Schmiede nahm den Namen *ngola a kiluanje* an, der erobernde *ngola*.«[255] Die Portugiesen sollten *ngola* später zu Angola verballhornen. Basierend auf der Einigung mehrerer Fürstentümer, hatte der Staat Ndongo um 1500 jedenfalls bereits Gestalt angenommen.

Kongo: Anfänge und Grundlagen des Königreichs

Mündlich überlieferten Traditionen zufolge gründete im frühen 14. Jahrhundert ein gewisser Nimi Lukeni, der mit einigen anderen Bakongo aus dem Gebiet Vungu nördlich des Kongoflusses aufgebrochen war und sich südlich des Flusses unter ansässigen Mbundu niederließ, die Hauptstadt Mbanza Kongo und damit das Königtum gleichen Namens.[256] Die Gegend zeichnete sich durch fruchtbare, gut bewässerte Böden aus, die auf einem Plateau lagen, das zahlreichen Dörfern Platz bot; außerdem lag Mbanza Kongo nahe zum Waldland, ebenso zu umliegenden Gras- und Savannenländern. Zusammengenommen ermöglichten die reichhaltigen,

254 Siehe Miller 1976.
255 Collins/Burns 2007: 153. Vgl. Vansina 1992: 550.
256 Vansina 1992: 547–549. Siehe auch Thornton 2000.

einander ergänzenden Produkte, die im Nahebereich des künftigen Herrschaftszentrums erwirtschaftet werden konnten, dessen Aufstieg: »Der Großteil des Wohlstands Kongos entstammte seinen vielfältigen ökologischen Umgebungen«, so David Birmingham: »Im Westen hatten die Menschen von Kongo Zugang zu den Salzlagunen der Küste sowie zur Muschelfischerei. Dort konnten Muschelschalen aus dem Sand gegraben werden, die als Währung benutzt wurden (*nzimbu*). Im Osten glich der Nkisi-Fluss einem tropischen Garten; Hirse-Bauern wussten das sehr zu schätzen. Im Wald wuchsen in Hülle und Fülle die Raffiapalmen, die das Rohmaterial für die kongolesische Textilindustrie hergaben. Quadratisch gewebte Raffiastoffe wurden zur wichtigen Ware im regionalen Handel und dienten als Maß zur Bemessung der Marktpreise. Die Kontrolle über die Raffia-Märkte war eine Quelle des politischen und wirtschaftlichen Einflusses von Kongo.«[257]

Das Königreich Kongo basierte zunächst auf einer soliden landwirtschaftlichen Grundlage, beruhte aber auch auf der Existenz einer spezialisierten Handwerkstradition, zu der neben der Weberei auch Töpferei und Schmieden zählten, sowie auf anderem Spezialistentum wie Salzmachen und Fischen. Der Kontrolle der Beziehungen und des Verkehrs der verschiedenen gesellschaftlichen Akteure kam in der Herausbildung des Staates eine basale Rolle zu. Die Sphäre des Gütertausches, anders gesagt des lokalen und regionalen Handels, war also zentral. In diesem Sinn schreibt David Birmingham über Kongo: »Die Zentralmacht basierte offenbar auf einer spezifischen Handelsweise, die durch ein wechselseitiges System von Tribut und Belohnung betrieben wurde.«[258] In der Terminologie Karl Polanyis handelte es sich hier um ein Beispiel für den »redistributiven Tausch« (im Gegensatz sowohl zur reziproken Gabe als auch zur profit-

257 Birmingham 1990 [1983]: 27–28.
258 Birmingham 1981: 27.

orientierten kapitalistischen Marktvorstellung).[259] Verteilt werden konnten verschiedenerlei Güter, von Naturalien bis zu handwerklichen Gegenständen; und Redistribution konnte in verschiedener Form geschehen – etwa anlässlich von Festivitäten (Erntedank, Totenfeiern u. Ä.), öffentlichen Arbeiten (Bauten u. Ä.) oder rund um Kriege (Verteilung der Beute). Vor allem jedoch konnte »Redistribution auch dazu dienen, Verbündete zu ›kaufen‹ und potentielle Rivalen zu befrieden, indem sie und ihre Ressourcen in den hierarchisch gelenkten Fluss der Leistungen hineingezogen werden.«[260] Im verhältnismäßig dünn besiedelten Zentralafrika war die derart erfolgende Einbindung von Menschen in einen Zusammenhang, in dem sie unter Kontrolle gebracht werden konnten, eine besonders effektive Strategie der Herrschenden, weil im wahrsten Sinn des Wortes leistbar.

Die alte Ordnung im Kerngebiet des Kongo war durch eine doppelte Verteilung der Autorität gekennzeichnet gewesen. Zum einen garantierte der Mani Kabunga, der territoriale Schreinwächter, der in erster Linie kultische Funktionen auszuüben hatte und insofern über religiös-spirituelle Macht verfügte, aber kaum über physisch-weltliche Herrschaftsmittel, die Sicherheit und Fruchtbarkeit von Grund und Boden und damit das Wohlergehen der lokalen Bevölkerung. Zum anderen agierte zu Zeiten von Nimi Lukeni der Dorfvorsteher von Mbata als der dominante *Big Man* der Gegend. Mit diesen beiden Repräsentanten der herrschenden Ordnung ging der Neuankömmling und Reichsgründer Nimi Lukeni dauerhafte Bündnisse ein, indem er in beide Lineages einheiratete und damit eine Praxis begründete, die seine Nachfolger beibehielten. So musste zum Beispiel immer eine Tochter oder Schwester des Vorstehers von Mbata zur Hauptfrau des Mani Kongo, des Zentralherrschers, genommen werden. Ihm sowie dem Mani Kabunga kam in weiterer Folge auch die

259 Polanyi 1973.
260 Wolf 1997 [1982]: 98.

Aufgabe zu, die Inthronisierung des jeweiligen Herrschers vorzunehmen und zu legalisieren. Der Mani Kongo selbst musste aus der königlichen Familie stammen, aber von einem zwölfköpfigen Kronrat gewählt werden, dem acht Männer und vier Frauen angehörten.[261] Die neue Ordnung wurde so von der alten Ordnung gleichermaßen abgesetzt wie als ihre natürliche Fortsetzung in sie eingeschrieben.

Tatsächlich ging die Reichsbildung jedoch nicht so konfliktfrei vor sich, wie das die mündliche Erzählung suggerieren könnte, sondern Kriege und Eroberungen spielten eine wichtige Rolle in der Formierung des Königtums. Ein Beleg dafür bietet die Historische Linguistik, die zeigt, dass die verschiedenen Bantu-Sprachen zwar alle ein Wort für *Big Man* kennen (*mfumu*), aber nur manche eines für Distriktvorsteher (*nkani*) und wenige eins für ›Eroberer‹ oder ›Herr‹ und ›König‹ (*mwene* oder *mani*).[262] Den Zugang zur Atlantikküste sicherte sich der Mani Kongo beispielsweise durch einen Eroberungszug nach Sohio im ausgehenden 15. Jahrhundert. Dabei ging es freilich nicht darum, flächendeckende Territorialkontrolle zu erlangen, sondern darum, den eigenen Einfluss auf eine wachsende Menge an Menschen zu mehren und zu vertiefen, indem der Zugang zu Ressourcen gesichert und die Warenverkehrswege kontrolliert wurden. Die frühen Könige des Kongo hatten ausreichend Gelegenheit, diesen Handel zu organisieren und daraus zu profitieren. Im Lauf der Zeit mehrten die Mani Kongo die Zahl ihres Anhangs beträchtlich, sie »bauten sich eine große Sklavenpopulation und andere Gefolgschaft auf«, wie Joseph Miller schreibt: »Sie erweiterten ihren Einfluss über die umgebenden Bevölkerungszentren dadurch, dass sie loyale Emissäre und Verwandte ausschickten, sich dort anzusiedeln, Heiratsverträge mit den Adelsfamilien in den Provinzen auszuhandeln und Bündnisse mit den Kriegsherren in den gebirgigen

261 Birmingham 1981: 26–29.
262 Oliver/Atmore 2003: 162, Vansina 1990: 147–158.

Rückzugsorten einzugehen. Auf solche Art schufen sie eine komplexe, aber fragile politische Einheit.«[263] Da von ihnen nur erwartet wurde, einen Anteil ihrer Einnahmen an den Zentralhof abzugeben, hatten diese (aus der Sicht des Zentrums) Provinzgouverneure, die weitgehend unabhängig von Mbanza Kongo agieren konnten, sehr großes Interesse daran, ihre eigene Macht und ihren Wohlstand auszubauen. Daher suchten sie ihre Einnahmequellen zu erweitern, indem sie auf eigene Rechnung, aber »im Namen des Mani Kongo expandierten und benachbarte Völker unterwarfen.«[264]

Ungeachtet der provinziellen Autonomie wies das Königreich Kongo etliche Zentralisierungstendenzen auf. So vergrößerte der Mani Kongo die Abhängigkeit der Noblen dadurch, dass öffentliche Ämter und Posten wie jene von Provinzgouverneuren oder Steuerbeamten durch ihn vergeben wurden und nicht erblich waren. Die Position im Staat hing also stark von der Beziehung des Einzelnen zum Herrscher ab. Da freilich auch dem Mani Kongo in seiner Handlungsfähigkeit Grenzen gesetzt waren, konnte diese systemische Fokussierung auf den Herrscher im Gegenzug auch die Position jedes Herrscherindividuums, das dieses Amt bekleidete, gefährden. Ihn loszuwerden und durch jemanden zu ersetzen, dem man näher stand, war unter solchen Bedingungen eine durchaus probate Strategie, was zu politischen Intrigen innerhalb der königlichen Familie, der Nobilität, durchaus einlud. Diese Tendenzen wurden durch die Folgen der herrschaftlichen Polygynie – eine ungeheure Zahl an Familienmitgliedern und damit potentiellen Thronanwärtern – und den institutionalisierten Modus der Wahlmonarchie noch verstärkt. Was aus einer Warte als geniale Modi gegenseitiger Kontrolle (*checks and balances*) erscheint, produzierte im konkreten Fall durchaus prekäre, weil strittige Autoritätsverhältnisse.

263 Miller 1990 [1983]: 128.
264 Collins/Burns 2007: 152.

Ein anderes Element, das die Zentralmacht stützte, war die Unterhaltung eines stehenden Heers, das zirka 1000 Mann stark war und als königliche Garde fungierte. Im Bedarfsfall wurden aus der Bauernschaft weitere Krieger rekrutiert. Auch auf ideologischer Ebene trat die Ideologie des Königtums im Sinne von *nkisi* – von ›dem, was heilig ist‹, materialisiert in glücksbringenden Gegenständen (Talismane, Amulette u. Ä.) – in Erscheinung.[265] Eingebettet in bestehende Formen der Ahnenverehrung, die auf den familiären Lineage-Bereich begrenzt waren, wurden nun die Königsgräber zu heiligen Plätzen von allgemeiner Relevanz erklärt. In dem Kult um die territorialen Geister, den der Mani Kabunga verwaltete, siedelte man den Geist der Hauptstadt Mbanza Kongo an der Spitze der Geisterhierarchie an. Schließlich wurde ein Kult um die Herrschaftsinsignien eingeführt und dem König ein Vorrecht auf besonders ›noble‹ Tiere wie Leopard, Adler und Pythonschlange eingeräumt. Der Herrscher wurde insgesamt als sakrale Gestalt imaginiert und mit dem Titel *nzambi mpungu* (›Oberster Schöpfer‹) ausgestattet. Für seinen sakralen Charakter wurde eine besondere ›Begnadung‹ (*tumba*) verantwortlich gemacht. Aus Sicht der staatlichen Ideologen und mancher Teile der Bevölkerung machte ihn das zum Garanten der natürlichen Harmonie und zum Schutzschild der gesellschaftlichen Ordnung. Allerdings macht die ebenfalls vorhandene alternative Lesart, die Könige der Zauberei und Hexerei verdächtigte, deutlich, dass auch Gegendiskurse zu dieser Ideologie des Königtums im Kongo vorhanden waren.

Der Kontrolle des Mani Kongo unterstand auch eine eigene Währung, das Muschelgeld *nzimbu*, das dazu diente, den Wert von Gaben und Tauschwaren zu bemessen, aber auch als Schatzreserve des Hofes. Als frei verfügbares Zahlungsmittel scheinen *nzimbu* erst im Zug des Handels mit den Portugiesen genutzt worden zu sein. Abgaben- und Steuerleistungen taten ein Weiteres, um die Macht und Ausstrahlung des Zentrums

---

265 Vansina 1990: 146, 149; Vansina 1992: 554–555.

zu stärken. Dabei folgte die Organisation einer ›tributären Hierarchie‹ von den Dörfern über die Provinzen zur Hauptstadt, wo eine Ebene die nächsthöhere versorgen musste.[266] Traditionelle Verpflichtungen zur Reziprozität – der Geist und die Haltung, dass Gaben Gegengaben erfordern – waren dabei noch ansatzweise erhalten geblieben; sichtbar werden sie zum Beispiel an der herkömmlichen Praxis, diejenigen, die die Abgaben leisteten, anlässlich ihrer Ablieferung mit Essen und mit Palmwein zu verköstigen. Doch überwog bereits deutlich der redistributive Charakter: Die Verteilung von gewissen Tributleistungen setzte die Obrigkeit ein, um das Prestige des Staates bzw. der handelnden staatlichen Akteure zu erhöhen: Die Staatlichen sollten stattlich wirken.

Im Königreich Kongo bildeten sich deutlich soziale Klassen heraus.[267] Neben dem Adel, der im politischen Zentrum, in der Hauptstadt Mbanza Kongo, wohnte, gab es eine Klasse der Gemeinen, der Dorf- und Landbewohner, sowie Sklaven und Sklavinnen. Ein Teil der Sklaven tat Dienst in der königlichen Armee, manche waren auch als königliche Beamte in den Provinzen und am Seehafen Mpinda tätig. Das Gros der Sklaven und Sklavinnen arbeitete jedoch in der Landwirtschaft auf den herrschaftlichen Ländereien. Die freien Dorfbewohner und -bewohnerinnen waren weiterhin rund um Haushaltsökonomien organisiert, in denen die Matrilinearität bestimmend blieb, um den Wohnort zu regeln sowie Rechte und Zugang zum Land und zum Amt des Dorfvorstehers zu erwerben. Innerhalb der Nobilität, die sich zum einen aus der Verwandtschaft des Königs zusammensetzte, zum anderen aus den Familien anderer Größen des Reiches, trat hingegen ein klarer Bruch mit überkommenen Regeln der Sozialorganisation auf. Der Adel organisierte sich zunehmend in Form bilateraler ›Häuser‹, in denen Verwandtschaft sowohl matri- als auch patrilinear bestimmt wurde, also über die mütterli-

266 Birmingham 1981: 27.
267 Vansina 1992: 550–554.

che und die väterliche Linie. Außerdem knüpften endogame Heiraten seine inneren Bande enger. Infolge dieser Ausweitung der Verwandschaftszugehörigkeit gehörten Individuen der Nobilität zugleich mehreren ›Häusern‹ gleichzeitig an.

Der Unterschied zwischen ›Gewöhnlichen‹ und ›Noblen‹ vertiefte sich durch diese neue soziale Distinktion umso mehr. Auch die Lebenswelten der beiden Klassen waren völlig verschieden, und entsprechend bildete sich ein starker Gegensatz zwischen Stadt und Land heraus, der vor allem auf diskursiver Ebene im Gegensatzpaar zivilisiert versus rustikal Niederschlag fand. Klar ist, dass die Herrschenden im Königreich Kongo nicht nur den Sklaven, sondern auch den gemeinen Freien ihres Landes herablassend begegneten. Angesichts der erwähnten Beschränkungen der zentralen Machtausübung geht es zwar etwas zu weit, wie John Iliffe zu schreiben: »Mit einer zentralisierten Armee, einem Tributsystem und einer vom Staat kontrollierten Währung (Muscheln) war das Königreich Kongo ein *extrem autoritärer* afrikanischer Staat.«[268] Doch stimmt daran, dass das Ausmaß und der Grad der erfolgreichen Zentralisierung zumindest in den Kerngebieten des Reichs für zentralafrikanische Verhältnisse ungewöhnlich waren. Und es stimmt auch, dass es ein Staat war, »der von Eroberungen lebte […]. Bei den Eroberungszügen erbeutete Gefangene wurden versklavt, im Umkreis der Hauptstadt konzentriert und teilweise als Landarbeiter eingesetzt. Auf diese Weise entstand eine Sklaverei«,[269] die sich von den ortsüblichen Formen der häuslichen Sklaverei drastisch unterschied, in der die Sklavinnen und Sklaven mit der Zeit Eingang in die Verwandtschaftsgruppe ihrer Herren gefunden hatten.[270] Damit war eine lokale Saat der sozialen Ungleichheit gelegt, die in der Folge das Verhältnis zwischen kongolesischen Eliten und Portugiesen erleichterte.

---

268 Iliffe 1997: 110, Hervorhebung A. S.

269 Iliffe 1997: 109.

270 Siehe dazu Miers/Kopytoff 1979.

Kongo: Eine prekäre euro-afrikanische Begegnungsgeschichte

Portugiesische Karavellen sichteten 1472 erstmals Bioko (Fernando Póo), eine Insel im Golf von Guinea. Elf Jahre später, 1483, landeten die Portugiesen an der Kongomündung. Ihr Interesse galt nicht einfach nur der geographischen Erkundung des afrikanischen Küstenverlaufs, sondern dem Aufbau von kommerziellen und politischen Beziehungen. Wesentlicher Antrieb für die portugiesische Außen- und Seefahrtspolitik im 15. Jahrhundert war es, Wege zu finden, sich den Asienhandel zu erschließen – und dies unter Umgehung der muslimischen Zwischenhändler und Staaten, die nunmehr seit Jahrhunderten die bekannten Land- und Seewege kontrollierten. Damit verbunden waren der religiöse Groll gegen den Islam und die fortgesetzte Reconquista der Länder für die Christenheit, welche die portugiesische Expansion beseelten. Das bedeutete nicht nur, dass nach afrikanischen Christen gesucht wurde – nach dem legendären Priesterkönig Johannes – sondern auch, dass missionarische Bemühungen die handelspolitischen Unternehmungen beständig begleiteten. Im Königtum Kongo fanden die Portugiesen schnell einen kongenialen Partner.

Schon 1485 hatten die Portugiesen die der Kongo-Küste vorgelagerte Insel São Tomé besetzt, seit 1500 entwickelte sich die Insel zum Drehpunkt des entstehenden atlantischen, bald transatlantischen Handelssystems und zu einer portugiesischen Plantagenkolonie, auf der unter Rückgriff auf versklavte Menschen vom Festland Zuckerrohr angebaut wurde.[271] Die ersten Kontakte zwischen den Vertretern zweier staatlicher Mächte verliefen äußerst produktiv. 1491 gelangte eine portugiesische Gesandtschaft nach Mbanza Kongo, die »herzlich willkommen geheißen wurde«, wie Malyn Newitt schreibt: »Allerdings […] sahen die Kongolesen in den Portu-

271 Vansina 1990 [1983]: 100–102.

giesen im Wesentlichen Repräsentanten aus der Geisterwelt, deren Wohlwollen man unbedingt sichern musste, um die Fruchtbarkeit des Königtums zu erhalten. Das Christentum wurde darum als ein neuer und mächtiger Geisterkult in die Kongo-Kosmologie inkorporiert.«[272] Der damalige *Mani Kongo*, Nzinga a Nkuwu, der bis 1506 herrschte, ließ sich etwas später auf den Namen João I. taufen.

Nzinga Mbemba, der als *Mani Sohio* die kongolesische Staatsgewalt im Küstenraum repräsentierte, nahm schon 1491 den christlichen Glauben an. Als sich das Verhältnis zwischen dem Mani Kongo und den Portugiesen im Verlauf der 1490er-Jahre verschlechterte, machte er sich zum Beschützer der portugiesischen Missionare und Seeleute. Gestärkt durch die ökonomischen Vorteile, die ihm die Geschäfte mit den Neuankömmlingen an der Küste verschafften, übersetzte er sie in wachsenden politischen Erfolg. Seine Position innerhalb der Reichshierarchie und zwischen den rivalisierenden Thronanwärtern verbesserte sich soweit, dass Nzinga Mbemba 1506 zum König von Kongo gewählt wurde. Unter dem Namen Afonso I. sollte er bis 1543 regieren.

Das Handelsgeschäft mit den Portugiesen war durchaus lukrativ. Der Herrscherhof verdiente gut am Handel mit Menschen, Elfenbein und Raffia-Textilien. Während es dem Kongo gelang, die Portugiesen vom Kupfer- und Eisenhandel des Inlands fernzuhalten, blieb der Atlantikhandel selbst unter der direkten Kontrolle der Portugiesen. Mit den Einkünften wuchs der Wohlstand des Königshauses und besonders der unmittelbaren Herrscherfamilie. Afonso I. investierte stark in den Ausbau seiner Armee. Seine gesteigerte Machtfülle zeigt sich auch darin, dass er eine quasi-erbliche Thronfolge zu implementieren vermochte. Thronansprüche konnten fürderhin rechtmäßig nur mehr von jemandem gestellt werden, der aus einer der drei Töchterlinien Afonsos stammte. Damit war ein Großteil des Königshauses vom Zugang zur

272 Newitt 2010: 103.

Herrscherwürde abgeschnitten. Einen anderen Bruch mit der Tradition des alten Kongo stellte die Einführung des Katholizismus als Staatsreligion dar, die Afonso nach seinem Thronantritt durchsetzte. Sein Sohn, der in Rom zum Priester geweihte Bischof Henrique, stand der christlichen Staatskirche von 1518 bis 1536 vor. Die Nobilität des Kongo wurde christlich, manche begannen Portugiesisch zu lesen und zu schreiben, viele brachten sich aktiver als je zuvor in die Handels- und Kulturbeziehung zu Portugal ein.[273] Der alte soziale Gegensatz zwischen den kongolesischen Eliten und der einfachen Bevölkerung, zwischen Stadt und Land, wurde dadurch noch deutlicher akzentuiert.

Doch gestaltete sich auch das Verhältnis zwischen den einheimischen Eliten und den Portugiesen keineswegs konfliktfrei. So sorgten eigenmächtige Sklavenraubzüge der Portugiesen auf dem Festland gelegentlich für zwischenstaatliche Schwierigkeiten und diplomatische Verstimmungen. Auch die Präsenz von Portugiesen in Mbanza Kongo stellte gewisse Herausforderungen dar – nicht zuletzt, weil als Resultat interkultureller Beziehungen eine neue soziale Schicht entstand, sogenannte ›Afroportugiesen‹, die seit den 1530er-Jahren ihrerseits zu tragenden Säulen im Handelsgewerbe wurden. Vor allem aber stellte die stark steigende Nachfrage nach Sklaven den Kongo mit der Zeit vor ernsthafte Probleme. Die Nachfrage konnte nicht aus dem Landesinneren gestillt werden, und so mussten Kriege in der Nachbarschaft geführt werden, um Menschen in die Sklaverei zu zwingen. Da der Sklavenhandel lukrativ war, versuchten auch viele Noblen des Landes, in ihm aktiv mitzumischen. Daraus erwuchs für den Herrscher eine innerstaatliche Gefahr. Der Mani Kongo Afonso I. bemühte sich darum, diese Gefahren zu bannen – zuerst dadurch, dass er den Sklavenhandel zu einem königlichen Monopol zu machen versuchte, später dann dadurch, dass er ihn untersagte. Beide politischen Strategien hatten

273 Thornton 1984.

keinen Erfolg. Doch immerhin setzte sein Erlass von 1526 durch, dass nur mehr Kriegsgefangene sowie Kriminelle versklavt und verkauft werden durften.

Gleichwohl blieben die Handelsbeziehungen großflächig bestehen. Es entwickelte sich eine frühe Form des ungleichen Tausches, weil ein wachsender Teil der kongolesischen Einkünfte nach außen abfloss. So verursachte die Orientierung an portugiesischen Bauweisen und Handwerkstraditionen, die unter den kongolesischen Eliten um sich griff, große Kosten, wurden doch eigens portugiesische Handwerker nachgefragt und ins Land geholt, die gut bezahlt werden mussten. Auch die christlichen Missionare boten ihre Dienste nicht unentgeltlich an. Ein weiterer Kostenpunkt bestand in der wachsenden Zahl an Kongolesen, die nach Portugal entsandt wurden, um zu studieren und mit den erworbenen Kenntnissen zurückzukehren. Ihr Aufenthalt in der Fremde musste finanziert werden. Schließlich gab es eine gewaltige Nachfrage nach luxuriösen Importwaren, die nur die seefahrenden Portugiesen liefern konnten: seltene Textilien und Wein standen an der Spitze der nachgefragten Güter. Sie waren immer mehr das Mittel, um das Prestige zu mehren und in höfischen Kreisen Erfolg zu haben. Über sie zu verfügen und sie klug zu verteilen, war eins der wichtigsten Mittel geworden, Unterstützung zu finden und Loyalitäten zu erhalten. Die politische Macht im Kongo war insofern in eine starke Abhängigkeit vom Atlantikhandel geraten, den die Portugiesen kontrollierten.

Dieses Dilemma erkannten manche Zeitgenossen durchaus. Diogo I. versuchte um 1561 diese desaströse Spirale des ungleichen Tausches durch eine Abschottungs- und Abkapselungspolitik vom Atlantikhandel zu durchbrechen, doch gelang es nicht. Innere Wirren waren die Folge, und Ende der 1560er-Jahre erfolgten Angriffe der sogenannten Jaga aus dem Inneren Zentralafrikas auf den Kongo. Das Königreich war dermaßen destabilisiert, dass das Königshaus aus Mbanza Kongo, nun schon oft São Salvador genannt, fliehen musste und einen Appell an die Portugiesen richtete, es zu unterstützen. Ein portugiesisches Entsatzheer eroberte die Hauptstadt und die Kernregionen des Kongo in den Jahren 1571 bis 1573 zurück und blieb als Besatzungsmacht noch ein paar Jahre vor Ort. Zwar zogen die Portugiesen dann wieder ab, doch das Königreich Kongo erholte sich nicht von dieser Kette an Niederlagen. Als Reich zerfiel es und schrumpfte zusammen.[274]

Als kleines Königtum konnte es sich in weiterer Folge einigermaßen konsolidieren und überdauerte, ebenso wie das kongolesische Christentum, die folgenden Jahrhunderte, in denen es nicht mehr länger im Visier der Portugiesen – und, später, anderer Europäer – stand. Denn zwischenzeitlich hatten die Portugiesen 1575 weiter südlich an der Küste, rund um Luanda, eine dauerhafte Kolonie gegründet, die sie als ihr neues Tor begriffen, um sich den Zugang ins Landesinnere zu erzwingen: ›Angola‹. Und in den nördlichen Teilen Westzentralafrikas, wo früher die Hegemonie Kongos einen ›ordentlichen‹ Handelsverkehr gewährleistet hatte, war dieser zusammengebrochen. Die Portugiesen verlagerten ihre Agenden dort darum noch weiter nach Norden, in den Kontrollbereich des Königtums von Loango.

Doch das, und alles Weitere, ist nicht mehr Teil einer Alten Geschichte Afrikas, sondern wäre Gegenstand eines anderen Buchs.

274 Vansina 1992: 557–558.

Schluss

Die jeweils gegen Ende der letzten Kapitel angezeigten Interaktionsprozesse zwischen europäischen und afrikanischen Akteuren an verschiedenen west- und ostafrikanischen Küstengegenden im ausgehenden 15. und im 16. Jahrhundert kündigen ein ungleiches Beziehungsmuster an, das sich in den folgenden Jahrhunderten vertiefte und auf mehr und mehr andere Räume Afrikas ausweitete. Dies ist Gegenstand (und Problem) der neueren afrikanischen Geschichte und nicht mehr sinnvoll im Rahmen einer Alten Geschichte Afrikas zu diskutieren. Entscheidend dafür, um 1600 eine epochale Grenze zu setzen, wie es dieses Buch tut, ist die Tatsache, dass seither die Geschicke immer weiterer Teile Afrikas viel enger – und in den elementaren Bereichen der Wirtschaft, Politik, Gesellschaft und Kultur immer einseitiger – an Vorgänge außerhalb der Grenzen des Kontinents angebunden wurden. Im langen 16. Jahrhundert öffnete sich das afrikanische ›Tor‹ für Einflüsse, die afrikanische historische Akteure zunehmend mit fremdbestimmten historischen Dynamiken konfrontierte.[275]

Der treibende Motor in der daraus resultierenden Verflechtungsgeschichte war, wie es in der prägnanten Wendung Fernand Braudels heißt, »die Dynamik des Kapitalismus«.[276] Die Interaktionen zwischen den ›alten‹ afrikanischen Gesellschaften, die sich, einer vereinfachenden idealtypologischen Unterscheidung zufolge, Kinship-basierten oder tributären Produktions- und Ordnungsweisen befleißigten, und den übers Meer kommenden Trägern einer kapitalistischen Ökonomie verschärften bestehende soziale, wirtschaftliche

275 Das lange 16. Jahrhundert datiert Wallerstein auf »ca.1450–1640« (2004 [1974]: 97) bzw. bis 1600 (2011: xiii).

276 Braudel 1997 [1985].

und politische Ungleichheiten unter Afrikanern und Afrikanerinnen, und sie produzierten in weiterer Folge ständig neue, weil manche afrikanischen Akteure sich die ›neuen‹ kapitalistischen Modi aneigneten und anverwandelten.[277] Der Handel war weit mehr als eine rein kommerzielle Tätigkeit, seine Folgen wirkten weit über die geschäftlichen Transaktionen hinaus; und die sogenannte europäische Expansion war viel mehr als eine bloß politökonomisch-imperiale Unternehmung allein. Im Resultat führte die komplexe Dynamik des Kapitalismus zu einem ungleichen Beziehungsmuster, das im Lauf der Jahrhunderte ein immer dichteres Netz über Afrika warf und die Möglichkeiten afrikanischer Akteure, selbstbestimmt zu handeln, in zunehmendem Maße *und* maßgeblich einschränkte.

In der Zeit um 1600 beginnen sich also jene globalhistorischen Bruchlinien deutlicher abzuzeichnen, die mich veranlassen, meine kurze Geschichte des Alten Afrika hier auslaufen zu lassen. Zunächst waren es seit dem 15. Jahrhundert einzelne Fäden wechselseitiger Abhängigkeiten, die europäische und afrikanische Akteure aneinanderknüpften: an den Küsten des Atlantik – am Senegal und am Gambia, an der Gold-, Pfeffer- und Sklavenküste (wie es in der bezeichnenden kolonialen Terminologie hieß), in Benin, Kongo und anderswo; seit dem 16. Jahrhundert weiteten sich solche Beziehungen auch entlang den süd- und ostafrikanischen Ufern der Welt des Indischen Ozeans aus, manchmal, wie am Sambesi, auch bereits ein Stück ins Inland hinein. Der kapitalistische Welthandel wurde jedoch schon damals nicht ausschließlich von europäischen Akteuren ins Innere Afrikas getragen. Der Transsaharahandel bildete neben den Meeren einen anderen Kanal, auf dem die Dynamik des Kapitalismus in die Gebiete südlich der Sahara getragen wurde. Nicht nur die Osmanen, die im Lauf des 16. Jahrhunderts Ägypten

277 Die Unterscheidung in drei interagierende Produktionsweisen trifft Wolf 1997 [1982]: 386–387.

und Nordafrika ihrer Patronanz unterstellten, standen im Verkehr mit dem europäischen Kaufmannskapitalismus, auch die marokkanischen Herrscher nahmen beherzt an der aggressiv in Erscheinung tretenden kapitalistischen Agenda teil. Die marokkanische Invasion Songhais gegen Ende des 16. Jahrhunderts ist ein spektakulärer Ausdruck dieses Wandels, dem an der Einbindung afrikanischer Rohstoffe (und Arbeitskräfte) in umfassende transkontinentale Wirtschaftskreisläufe bei gleichzeitiger politisch-militärischer Kontrolle derselben gelegen war.

Die vorliegende kurze Geschichte des Alten Afrika unterscheidet sich von vergleichbaren Überblicksdarstellungen in ihrem zeitlichen Zuschnitt. Die meisten, die sich der jüngeren Geschichte Afrikas annehmen, beginnen ihre Erzählung mit dem 19. Jahrhundert; jene, die sich der älteren Geschichte widmen, setzen ihrem Rahmen mit 1800 oder 1850 ein Ende. Das hat insofern nachvollziehbare Gründe, als sich die Quellenlage, was das Vorhandensein und die Nutzbarkeit schriftlicher Überlieferungen betrifft, mit dem europäischen Ausgreifen nach Afrika bessert: Damit finden sich professionelle Historiker und Historikerinnen auf gewohntem Terrain. Gepaart mit dem Rückgriff auf arabische Quellen können auf diese Weise für Teile des subsaharischen Afrika rund 1000 Jahre Geschichte im herkömmlichen Sinn geschrieben werden. Für Nord- und Nordostafrika, ganz zu schweigen vom Alten Ägypten, ließe sich der Zeithorizont noch um tausende Jahre weiter zurück verlegen, doch diese Breiten werden nur selten im Rahmen von Überblicksdarstellungen zur Geschichte Afrikas miteinbezogen. Das ist ein zweites Distinktionsmerkmal des vorliegenden Buchs: Es schließt die Betrachtung dieser ›suprasaharischen‹ Räume als integralen Teil der Geschichte Afrikas mit ein.

Ein dritter Unterschied betrifft den weiten Geschichtsbegriff, der dem Buch zugrunde liegt. Dieser schlägt sich zum einen in der ausführlichen Behandlung der menschlichen Entwicklungsgeschichte im ersten Abschnitt nieder, die in fachhistorischen Publikationen massiv unterbelichtet bleibt. Dies ist umso bedauerlicher, zumal die Archäologie Afrikas einige plausible Synthesen bereitstellt, an die relativ umstandslos angeknüpft werden kann. Geschichte umfasst im hier projektierten Verständnis, frei nach Marc Bloch, das Leben der Menschen der Vergangenheit in seiner ganzen Fülle. Aufgrund dessen wird die politische Staatengeschichte, wie sie herkömmlich – und im dritten Abschnitt auch hier – erzählt wird, durch sozial- und wirtschaftshistorische Perspektiven ergänzt. Vor allem aber stelle ich im zweiten Abschnitt gegenläufige Dimensionen der afrikanischen Geschichte dar; und ich betone, dass diese weit charakteristischer für das Alte Afrika waren, wenn sie auch weniger leicht historisch greifbar sind und man sie weniger leicht interkulturell begreifbar machen kann. Deren Wurzeln reichen weit in der Zeit zurück, und sie bilden das eigentliche Zentrum, um das diese *Kurze Geschichte des Alten Afrika* kreist.

Bibliographie

Allen, James de Vere (1993): Swahili Origins: Swahili Culture and the Shungwaya Phenomenon. London.

Alpers, Edward A. (2009): East Africa and the Indian Ocean. Princeton, N. J.

Anderson, David M. (Hg., 2000): Africa's Urban Past. Oxford.

Ansprenger, Franz ([2]2004): Geschichte Afrikas. München.

Appiah, Kwame Anthony (1993 [1992]): In My Father's House. Africa in the Philosophy of Culture. New York/Oxford.

Asante, Molefi Kete (2007): The History of Africa: The Quest for Eternal Harmony. New York/London.

Assmann, Jan (1992): *Große Texte ohne eine große Tradition: Ägypten als eine vorachsenzeitliche Kultur*, in: Eisenstadt, Shmuel N. (Hg.): Kulturen der Achsenzeit II: Ihre institutionelle und kulturelle Dynamik, Teil 3: Buddhismus, Islam, Altägypten, westliche Kultur. Frankfurt am Main, S. 245–280.

Assmann, Jan (2002): Herrschaft und Heil: Politische Theologie in Altägypten, Israel und Europa. Frankfurt am Main.

Austen, Ralph A. (2012 [2010]): Sahara: Tausend Jahre Austausch von Ideen und Waren. Berlin.

Barham, Lawrence/Mitchell, Peter (2008): The first Africans: African Archaeology from the Earliest Tool Makers to most Recent Foragers. Cambridge, N. Y.

Barkindo, Bawuro ([3]1985): The Early States of the Central Sudan: Kanem, Borno and some of their Neighbours to c. 1500 AD, in: Ajayi, J. Ade/Crowder, Michael (Hg.): History of West Africa. Volume 1. Harlow, S. 225–254.

Bayart, Jean-François (2000): *Africa in the World: A History of Extraversion*, in: African Affairs 99, S. 217–267.

Beach, D. N. (1984 [1980]): The Shona and Zimbabwe 900–1850: An Outline of Shona History. Gweru/Harare/Masvingo.

Bernal, Martin (1987): Black Athena: The Afroasiatic Roots of Ancient Greece. Volume One: The Fabrication of Ancient Greece 1785–1985. New Brunswick.

Birmingham, David (1981): Central Africa to 1870: Zambezia, Zaire and the South Atlantic. Cambridge u. a.

Birmingham, David (1990 [1983]): *Society and Economy before A. D. 1400*, in: Birmingham, David/Martin, Phyllis (Hg.): History of Central Africa. Volume One. London/New York, S. 1–29.

Birmingham, David/Martin, Phyllis M. (Hg., 1983): History of Central Africa. Volume One. London/New York.

Boahen, A. Adu (1979 [1966]): Topics in West African History. London.

Bonnet, Charles/Valbelle, Dominique (2014): La ville de Kerma: Une capitale nubienne au sud de l'Egypte: mission archéologique de l'Université de Genève au Soudan. Lausanne.

Bovill, Edward William (1995 [1958]): The Golden Trade of the Moors: West African Kingdoms in the Fourteenth Century. Princeton, N. J.

Bradbury, Robert Elwyn (1973): Benin Studies. London.
Braudel, Fernand (1995 [1987]): A History of Civilizations. New York u. a.
Braudel, Fernand (³1997 [1985]): Die Dynamik des Kapitalismus. Stuttgart.
Brenner, Louis (1973): The Shehus of Kukawa: A History of the al-Kanemi Dynasty of Bornu. Oxford.
Caton-Thompson, Gertrude (²1971 [1929]): The Zimbabwe Culture: Ruins and Reactions. London.
Cavalli-Sforza, Luigi Luca (2001 [1996]): Gene, Völker und Sprachen: Die biologischen Grundlagen unserer Zivilisation. München.
Cavalli-Sforza, Luigi Luca/Menozzi, Paolo/Piazza, Alberto (1994): The History and Geography of Human Genes. Princeton, N. J.
Chami, Felix (1994): The Tanzanian Coast in the First Millennium AD: An Archaeology of the Iron Working, Farming Communities. Uppsala.
Chaudhuri, K. N. (1989 [1985]): Trade and Civilisation in the Indian Ocean: An Economic History from the Rise of Islam to 1750. Cambridge u. a.
Childe, Gordon V. (1985 [1942/54]): What Happened in History. Harmondsworth u. a.
Chirikure, Shadreck (2015): Metals in Past Societies: A Global Perspective on Indigenous African Metallurgy. Cham.
Chirikure, Shadreck/Pikirayi, Innocent (2008): *Inside and Outside the Dry Stone Walls: Revisiting the Material Culture of Great Zimbabwe*, in: Antiquity 82/318, S. 976–993.
Chittick, Neville (1974): Kilwa: An Islamic Trading City on the East African Coast. Two Volumes: Volume 1: History and Archaeology. Volume 2: The Finds. Nairobi.
Chittick, Neville H. (1977): *The East Coast, Madagascar and the Indian Ocean*, in: Oliver, Roland (Hg.): The Cambridge History of Africa. Volume III: From c. 1050 to c. 1600. Cambridge/London/New York/Melbourne, S. 183–231.
Cissoko, Sékéné Mody (1984): *The Songhay from the 12th to the 16th Century*, in: Niane, D. T. (Hg.): UNESCO General History of Africa. Volume 4: Africa from the Twelfth to the Sixteenth Century. Paris/London/Berkeley, S. 187–210.
Clark, John Desmond (Hg., 1982): The Cambridge History of Africa. Volume I: From the Earliest Times to c. 500 BC. Cambridge.
Collins, Robert O./Burns, James M. (2007): A History of Sub-Saharan Africa. Cambridge u. a.
Connah, Graham (2006 [2004]): Unbekanntes Afrika: Archäologische Entdeckungen auf dem Schwarzen Kontinent. Stuttgart.
Connah, Graham (³2016): African Civilizations: An Archaeological Perspective. New York.
Conrad, David C. (2010): Empires of Medieval West Africa. New York.
Conrad, David C./Fisher, Humphrey J. (1982): *The Conquest that Never Was: Ghana and the Almoravids, 1076. I: The External Arabic Sources*, in: History in Africa: A Journal of Method 9, S. 21–59.
Conrad, David C./Fisher, Humphrey J. (1983): *The Conquest that Never Was: Ghana and the Almoravids, 1076. II: The Local Oral Sources*, in: History in Africa: A Journal of Method 10, S. 53–78.

Conrad, Sebastian (2013): Globalgeschichte: Eine Einführung. München.
Cooper, Frederick (2014): Africa in the World: Capitalism, Empire, Nation-State. Cambridge, Mass./London.
Coquery-Vidrovitch, Catherine (2005): The History of African Cities South of the Sahara: From the Origins to Colonization. Princeton, N. J.
Coquery-Vidrovitch, Catherine (2011): Petite histoire de l'Afrique: L'Afrique au sud du Sahara de la préhistoire à nos jours. Paris.
Curtin, Philip/Feierman, Steven/Thompson, Leonard/Vansina, Jan ([2]1995): African History: From Earliest Times to Independence. Harlow u. a.
Darwin, Charles (1949 [1871]): Die Abstammung des Menschen und die geschlechtliche Zuchtwahl. Leipzig.
Davidson, Basil (1992): The Black Man's Burden. Africa and the Curse of the Nation State. Ibadan u. a.
Davidson, Basil (1994 [1987]): *Africa and the Invention of Racism*, in: Ders.: The Search for Africa. A History in the Making. London, S. 42–64.
Davidson, Basil (2004 [1969]): The African Genius. Oxford/Athens, Ohio.
Delafosse, Maurice (1925): Les civilisations négro-africaines. Paris.
Diop, Cheikh A. (1987 [1960]): Precolonial Black Africa: A Comparative Study of the Political and Social Systems of Europe and Black Africa, from Antiquity to the Formation of Modern States. Westport.
Diop, Cheikh Anta (1990 [1959]): The Cultural Unity of Black Africa: The Domains of Patriarchy and Matriarchy in Classical Antiquity. Chicago.
Diop, Cheikh Anta (1991 [1981]): Civilization or Barbarism: An Authentic Anthropology. New York.
Dunbar, Robin (2000 [1996]): Klatsch und Tratsch: Warum Frauen die Sprache erfanden. München.
Eckert, Andreas (1995): *Wem gehört das Alte Ägypten? Die Geschichtsschreibung zu Afrika und das Werk Cheikh Anta Diops*, in: Reinhard, Wolfgang (Hg.): Die fundamentalistische Revolution: Partikularistische Bewegungen der Gegenwart und ihr Umgang mit der Geschichte. Freiburg im Breisgau, S. 189–214.
Eckert, Andreas/Grau, Ingeborg/Sonderegger, Arno (Hg., 2010): Afrika 1500–1900: Geschichte und Gesellschaft. Wien.
Edelmayer, Friedrich (2015): *Betrachtungen zu Australien im Rahmen einer Globalgeschichte*, in: Grandner, Margarete/Sonderegger, Arno (Hg.): Nord-Süd-Ost-West-Beziehungen: Eine Einführung in die Globalgeschichte. Wien, S. 212–254.
Edwards, David N. (2004): The Nubian Past: An Archaeology of the Sudan. London/New York.
Egharevba, Jacob U. (1936): A Short History of Benin. Lagos.
Ehret, Christopher (2002): The Civilizations of Africa: A History to 1800. Charlottesville.
Ehret, Christopher/Posnansky, Merrick (1982): The Archaeological and Linguistic Reconstruction of African History. Berkeley.
Eisendorfer, Stefan (1996): *Jacob Egharevba und die Rekonstruktion der Geschichte des Königtums von Benin (Nigeria)*, in: Jones, Adam/Streck, Bernhard (Hg.): Zur Geschichte der Afrikaforschung. Stuttgart, S. 151–168.

Eisendorfer, Stefan (2007): *Die Boten Olokuns: Die Portugiesen und das Reich Benin*, in: Plankensteiner, Barbara (Hg.): Benin: Könige und Rituale: Höfische Kunst aus Nigeria. Ausstellungskatalog des Museums für Völkerkunde Wien. Gent, S. 55–63.

Ellis, Stephen (2011): Season of Rains: Africa in the World. London.

Evans-Pritchard, Edward Evan/Fortes, Meyer (Hg., 1940): African Political Systems. London/Oxford.

Eyo, Ekpo (1983): *Einführung*, in: Eyo, Ekpo/Willett, Frank (Hg.): Kunstschätze aus Alt-Nigeria. Mainz, S. 13–32.

Fage, John D. ([4]2004, with William Tordoff): A History of Africa. London/New York.

Fage, John D. (Hg., 1978): The Cambridge History of Africa. Volume II: From c. 500 BC to AD 1050. Cambridge.

Falk, Dean (1996 [1992]): Warum Schimpansen nicht steppen können: Die Entwicklung des menschlichen Gehirns. Frankfurt am Main/Leipzig.

Fisher, Humphrey J. (1977): *The Eastern Maghrib and the Central Sudan*, in: Oliver, Roland (Hg.): The Cambridge History of Africa. Volume III: From c. 1050 to c. 1600. Cambridge/London/New York/Melbourne, S. 232–330.

Frobenius, Leo (1933): Kulturgeschichte Afrikas: Prolegomena zu einer historischen Gestaltlehre. Zürich.

Garlake, Peter (1985 [1973]): *Auf dem Weg zu einer Geschichte Groß-Simbabwes*, in: Pleticha, Heinrich (Hg.): Simbabwe: Entdeckungsreisen in die Vergangenheit. Stuttgart, S. 320–332.

Geertz, Clifford (1993 [1988]): Die künstlichen Wilden: Der Anthropologe als Schriftsteller. Frankfurt am Main.

Gellner, Ernest (1993 [1988]): Pflug, Schwert und Buch: Grundlinien der Menschheitsgeschichte. München.

Goody, Jack (1989 [1983]): Die Entwicklung von Ehe und Familie in Europa. Frankfurt am Main.

Goody, Jack (1990 [1986]): Die Logik der Schrift und die Organisation von Gesellschaft. Frankfurt am Main.

Goody, Jack (1999): Production and Reproduction: A Comparative Study of the Domestic Domain. Cambridge.

Gould, Stephen Jay (1989 [1980]): Der Daumen des Panda: Betrachtungen zur Naturgeschichte. Frankfurt am Main.

Graeber, David (2004): Fragments of an Anarchist Anthropology. Chicago.

Graeber, David (2011): Debt: The First 5000 Years. New York.

Grandner, Margarete (2015): *Nordamerika: Die historische ›Entwicklung‹ eines Hegemon*, in: Grandner, Margarete/Sonderegger, Arno (Hg.): Nord-Süd-Ost-West-Beziehungen: Eine Einführung in die Globalgeschichte. Wien, S. 66–92.

Grandner, Margarete/Sonderegger, Arno (Hg., 2015): Nord-Süd-Ost-West-Beziehungen: Eine Einführung in die Globalgeschichte. Wien.

Greenberg, Joseph H. ([2]1966): The Languages of Africa. Bloomington.

Grill, Bartolomäus ([5]2005): Ach, Afrika: Berichte aus dem Inneren eines Kontinents. München.

Groh, Dieter (1992): Anthropologische Dimensionen der Geschichte. Frankfurt am Main.

Hall, Martin/Stefoff, Rebecca (2006): Great Zimbabwe. Oxford/New York.

Halsall, Paul (2011): Medieval Sourcebook: Ibn Battuta: Travels in Asia and Africa 1325–1354. Fordham University, http://sourcebooks.fordham.edu/halsall/source/1354-ibnbattuta.asp [27.09.2016].

Harding, Leonhard (2010): Das Königreich Benin: Geschichte, Kultur, Wirtschaft. München.

Harding, Leonhard (2015): Das westafrikanische Königreich Benin. Unveröffentlichtes Vortragsmanuskript, Konferenz ›Empires to be remembered‹, Österreichische Akademie der Wissenschaften, Wien, 18.–24.11.2015.

Harkless, Necia Desiree (2006): Nubian Pharaohs and Meroitic Kings: The Kingdom of Kush. Bloomington.

Hawthorne, Walter (2013): *States and Statelessness*, in: Parker, John/Reid, Richard (Hg.): The Oxford Handbook of Modern African History. Oxford, S. 77–93.

Heine, Bernd/Nurse, Derek (2000): African Languages: An Introduction. Cambridge/New York.

Heine, Bernd/Nurse, Derek (Hg., 2008): A Linguistic Geography of Africa. Cambridge/New York.

Herbert, Eugenia W. (2003): Red Gold of Africa: Copper in Precolonial History and Culture. Madison.

Herder, Johann Gottfried (1966 [1784-91]): Ideen zur Philosophie der Geschichte der Menschheit. Darmstadt.

Hiskett, Mervyn (1984): The Development of Islam in West Africa. London/New York.

Hiskett, Mervyn (1995): The Course of Islam in Africa. Edinburgh.

Hobsbawm, Eric/Ranger, Terence (Hg., 1983): The Invention of Tradition. Cambridge u. a.

Holt, P. M./Daly, M.W. (^{4}1988): A History of the Sudan: From the Coming of Islam to the Present Day. London/New York.

Horton, Mark C./Middleton, John (2000): The Swahili: The Social Landscape of a Mercantile Society. Oxford.

Horton, Robin (1971): *Stateless Societies in the History of Africa*, in: Ajayi, J. F. A./Crowder, Michael (Hg.): History of West Africa. Volume I. London, S. 78–119.

Hourani, Albert (1997 [1991]): Die Geschichte der arabischen Völker. Frankfurt am Main.

Huffman, Thomas N. (1996): Snakes and Crocodiles: Power and Symbolism in Ancient Zimbabwe. Johannesburg.

Huffman, Thomas N. (2009): *Mapungubwe and Great Zimbabwe: The Origin and Spread of Social Complexity in Southern Africa*, in: Journal of Anthropological Archaeology 28/1, S. 37–54.

Huffman, Thomas N. (2010): *Revisiting Great Zimbabwe*, in: Azania: Archaeological Research in Africa 45/3, S. 321–328.

Hunwick, John O. (1999): Timbuktu and the Songhay Empire: Al-Sa'dī's Ta'rīkh al-Sūdān down to 1613 and Other Contemporary Documents. Leiden.
Huxley, Thomas Henry (2001 [1863]): Man's Place in Nature. New York: The Modern Library.
Iliffe, John (1997 [1995]): Geschichte Afrikas. München.
Johanson, Donald C./Edey, Maitland Armstrong (1981): Lucy: The Beginnings of Humankind. New York.
Johanson, Donald C./Shreeve, James (1990): Lucy's Child: The Discovery of a Human Ancestor. New York.
Jones, Adam (2016): Afrika bis 1850. Frankfurt am Main.
Kasule, Samuel (1998): The History Atlas of Africa. New York.
Ki-Zerbo, Joseph (Hg., 1981): UNESCO General History of Africa. Volume 1: Methodology and African Prehistory. Paris/London/Berkeley.
Klein, Richard G. ([2]1999): The Human Career: Human Biological and Cultural Origins. Chicago/London.
Klein-Arendt, Reinhard (2001): *Swahili*, in: Mabe, Jacob E. (Hg.): Das Afrika-Lexikon: Ein Kontinent in 1000 Stichwörtern. Wuppertal/Stuttgart, S. 612–614.
Kopytoff, Igor (1987): *The Internal African Frontier: The Making of African Political Culture*, in: Kopytoff, Igor (Hg.): The African Frontier: The Reproduction of Traditional African Societies. Bloomington/Indianapolis, S. 3–81.
Krämer, Gudrun (2007): Geschichte des Islam. München.
Lange, Dierk (2011): The Founding of Kanem by Assyrian Refugees ca. 600 BCE: Documentary, Linguistic, and Archaeological Evidence (Working Papers in African Studies 265). Boston.
Law, Robin (1980): The Horse in West African History: The Role of the Horse in the Societies of Pre-Colonial West Africa. Oxford.
Leakey, Richard (1999 [1994]): Die ersten Spuren: Über den Ursprung des Menschen. München.
Lefkowitz, Mary/MacLean Rogers, Guy (Hg., 1996): Black Athena Revisited. Chapel Hill.
Leroi-Gourhan, André (1988 [1964–1965]): Hand und Wort: Die Evolution von Technik, Sprache und Kunst. Frankfurt am Main.
Levtzion, Nehemia (1977): *The Western Maghrib and Sudan*, in: Oliver, Roland (Hg.): The Cambridge History of Africa. Volume III: c. 1050 – c. 1600. Cambridge u. a., S. 331–462.
Levtzion, Nehemia (1992): *Islamisierungsmuster: Die Begegnung des Islam mit „Achsenzeitreligionen"*, in: Eisenstadt, Shmuel N. (Hg.): Kulturen der Achsenzeit II: Ihre institutionelle und kulturelle Dynamik, Teil 3: Buddhismus, Islam, Altägypten, westliche Kultur. Frankfurt am Main, S. 226–241.
Levtzion, Nehemia (2010 [2000]): *Islam in the Bilad al-Sudan to 1800*, in: Levtzion, Nehemia/Pouwels, Randall (Hg.): The History of Islam in Africa. Athens, Ohio, S. 63–91.
Levtzion, Nehemia/Hopkins, Anthony (Hg., 1981): Corpus of Early Arabic Sources for West African History. Cambridge u. a.

Levtzion, Nehemia/Pouwels, Randall (2010 [2000]): *Introduction: Patterns of Islamization and Varieties of Religious Experience among Muslims of Africa*, in: Dies. (Hg.): The History of Islam in Africa. Athens, Ohio, S. 1–18.

Lombard, Maurice (1992 [1971]): Blütezeit des Islam: Eine Wirtschafts- und Kulturgeschichte, 8.–11. Jahrhundert. Frankfurt am Main.

Lonsdale, John (1981): *States and Social Processes in Africa: A Historiographical Survey*, in: African Studies Review 24/2–3, S. 139–225.

Ly-Tall, Madina (1984): *The Decline of the Mali Empire*, in: Niane, D. T. (Hg.): UNESCO General History of Africa. Volume 4: Africa from the Twelfth to the Sixteenth Century. Paris/London/Berkeley, S. 172–186.

McIntosh, Roderick J. (2000): *Clustered Cities of the Middle Niger: Alternative Routes to Authority in Prehistory*, in: Anderson, David M. (Hg.): Africa's Urban Past. Oxford, S. 19–35.

McIntosh, Roderick J. (2005): Ancient Middle Niger: Urbanism and the Self-Organizing Landscape. Cambridge.

McIntosh, Susan Keech (Hg., 2005 [1999]): Beyond Chiefdoms: Pathways to Complexity in Africa. Cambridge u. a.

McIntosh, Susan K./McIntosh, Roderick J. (1993): *Cities without Citadels: Understanding Urban Origins along the Middle Niger*, in: Shaw, Thurstan/Sinclair, Paul/Andah, Bassey/Okpoko, Alex (Hg.): The Archaeology of Africa: Foods, Metals and Towns. London, S. 622–641.

Meillassoux, Claude (1983 [1975]): Die wilden Früchte der Frau: Über häusliche Produktion und kapitalistische Wirtschaft. Frankfurt am Main.

Meillassoux, Claude (1989 [1986]): Anthropologie der Sklaverei. Frankfurt am Main/New York/Paris.

Meredith, Martin (2011): Born in Africa: The Quest for the Origins of Human Life. London u. a.

Middleton, John (1992): The World of the Swahili: An African Mercantile Civilization. New Haven.

Middleton, John (2004): African Merchants of the Indian Ocean: Swahili of the East African Coast. Long Grove.

Middleton, John/Tait, David (2004 [1958]): Tribes Without Rulers: Studies in African Segmentary Systems. London/New York.

Miers, Suzanne/Kopytoff, Igor (Hg., 1979): Slavery in Africa: Historical and Anthropological Perspectives. Madison.

Miller, Joseph C. (1976): Kings and Kinsmen: Early Mbundu States in Angola. Oxford.

Miller, Joseph C. (1990 [1983]): *The Paradoxes of Impoverishment in the Atlantic Zone*, in: Birmingham, David/Martin, Phyllis (Hg.): History of Central Africa. Volume One. London/New York, S. 118–159.

Mitchell, Peter (2005): African Connections: An Archaeological Perspective on Africa and the Wider World. Walnut Creek.

Mokhtar, G. (Hg., 1981): UNESCO General History of Africa. Bd. 2: Ancient Civilizations of Africa. Paris/London/Berkeley.

Mudenge, S. I. G. (1988): A Political History of Munhumutapa c 1400–1902. Harare/London/New Jersey.

Mudimbe, V. Y. (1988): The Invention of Africa: Gnosis, Philosophy, and the Order of Knowledge. Bloomington/Indianapolis.

Newitt, Malyn (Hg., 2010): The Portuguese in West Africa, 1415–1670: A Documentary History. Cambridge u. a.

Niane, Djibril Tamsir (1987 [1960]): Soundjata: Ein Mandingo-Epos. Leipzig.

Nurse, Derek/Spear, Thomas (1985): The Swahili: Reconstructing the History and the Language of an African Society, 800–1500. Philadelphia.

O'Connor, David (1993): Ancient Nubia: Egypt's Rival in Africa. Philadelphia.

Oliver, Roland (^{2}2000): The African Experience: From Olduvai Gorge to the 21st Century. Boulder.

Oliver, Roland/Atmore, Anthony (2003 [2001]): Medieval Africa 1250–1800. Cambridge u. a.

Oliver, Roland/Fagan, Brian M. (1975): Africa in the Iron Age. C. 500 B. C. to A. D. 1400. Cambridge.

Olson, Steve (2007 [2002]): Herkunft und Geschichte des Menschen: Was die Gene über unsere Vergangenheit verraten. Berlin.

Osadolor, Osarhieme Benson/Otoide, Leo Enahoro (2008): *The Benin Kingdom in British Imperial Historiography*, in: History in Africa: A Journal of Method 35, S. 401–418.

Parker, John/Rathbone, Richard (2007): African History: A Very Short Introduction. Oxford u. a.

Pearson, Michael N. (1998): Port Cities and Intruders: The Swahili Coast, India, and Portugal in the Early Modern Era. Baltimore.

Phillipson, David W. (^{3}2005): African Archaeology. Cambridge u. a.

Pikirayi, Innocent/Chirikure, Shadreck (2011): *Debating Great Zimbabwe*, in: Azania: Archaeological Research in Africa 46/2, S. 221–231.

Plankensteiner, Barbara (Hg., 2007): Benin: Könige und Rituale: Höfische Kunst aus Nigeria. Ausstellungskatalog des Museums für Völkerkunde Wien. Gent.

Polanyi, Karl (1973 [1944]): The Great Transformation. Politische und ökonomische Ursprünge von Gesellschaften und Wirtschaftssystemen. Frankfurt am Main.

Popper, Karl (1995): Lesebuch: Ausgewählte Texte zu Erkenntnistheorie, Philosophie der Naturwissenschaften, Metaphysik, Sozialphilosophie. Tübingen.

Pouwels, Randall L. (2010 [2012]): *The East African Coast, c. 780 to 1900 C. E.*, in: Levtzion, Nehemia/Pouwels, Randall (Hg.): The History of Islam in Africa. Athens, Ohio, S. 251–271.

Randles, William Graham Lister (1981): The Empire of Monomotapa: From the Fifteenth to the Nineteenth Century. Gwelo.

Randrianja, Solofo/Ellis, Stephen (2009): Madagascar: A Short History. London.

Ranger, Terence (2004 [1993]): *The Invention of Tradition Revisited: The Case of Colonial Africa*, in: Schech, Susanne/Haggis, Jane (Hg.): Development. A Cultural Studies Reader. Oxford/Malden, S. 283–291.

Reinhardt, Thomas (2007): Geschichte des Afrozentrismus: Imaginiertes Afrika und afroamerikanische Identität. Stuttgart.

Reynolds, Sally C./Gallagher, Andrew (2012): African Genesis: Perspectives on Hominid Evolution. Cambridge.
Robinson, David (2004): Muslim Societies in African History. Cambridge u. a.
Rodinson, Maxime (1981 [1979]): Die Araber. Frankfurt am Main.
Roese, Peter M./Bondarenko, Dmitri M. (2003): A Popular History of Benin: The Rise and Fall of a Mighty Forest Kingdom. Frankfurt am Main u. a.
Rohrbacher, Peter (2002): Die Geschichte des Hamiten-Mythos. Wien.
Ryder, Alan Frederick Charles (1977 [1969]): Benin and the Europeans, 1485–1897. London.
Sahlins, Marshall (1972): Stone Age Economics. New York.
Sahlins, Marshall (2008): The Western Illusion of Human Nature. Chicago.
Sahlins, Marshall (2013): What Kinship Is – And Is Not. Chicago/London.
Said, Edward (1995 [1978]): Orientalism: Western Conceptions of the Orient. London u. a.
Salm, Steven J./Falola, Toyin (Hg., 2005): African Urban Spaces in Historical Perspective. Rochester/Woodbridge/Suffolk.
Sanders, Edith (1969): *The Hamitic Hypothesis: Its Origin and Function in Time Perspective*, in: Journal of African History 10/4, S. 521–532.
Schicho, Walter (2010): Geschichte Afrikas. Stuttgart.
Schmidt, Peter R. (1996): The Culture and Technology of African Iron Production. Gainesville.
Schmidt, Peter R. (1997): Iron Technology in East Africa: Symbolism, Science, and Archaeology. Bloomington.
Schoenbrun, David L. (1993): *We Are What We Eat: Ancient Agriculture between the Great Lakes*, in: Journal of African History 34/1, S. 1–31.
Schrenk, Friedemann ([4]2003): Die Frühzeit des Menschen: Der Weg zum Homo sapiens. München.
Seligman, Charles G. (1957 [1930]): Races of Africa. London/New York/Toronto.
Shaw, Ian (2007): Das alte Ägypten: Eine kleine Einführung. Stuttgart.
Shaw, Thurstan/Sinclair, Paul/Andah, Bassey/Okpoko, Alex (Hg., 1993): The Archaeology of Africa: Foods, Metals and Towns. London.
Shinnie, Peter Lewis (1996): Ancient Nubia. London.
Shinnie, Peter Lewis (2004): The Capital of Kush. Wiesbaden.
Shinnie, Peter Lewis (Hg., 1971): The African Iron Age. Oxford.
Sonderegger, Arno (2001): *Ursprung des Menschen: Mythos und Wirklichkeit paläoanthropologischer Herkunftsmodelle*, in: Stichproben: Wiener Zeitschrift für kritische Afrikastudien 1, S. 81–101.
Sonderegger, Arno (2002): Jenseits der rassistischen Grenze: Die Wahrnehmung Afrikas bei Johann Gottfried Herder im Spiegel seiner Philosophie der Geschichte (und der *Geschichten* anderer *Philosophen*). Frankfurt am Main u. a.
Sonderegger, Arno (2004a): *»Wölfe im Schafspelz«: Wenn Biologen Geschichte schreiben*, in: Stichproben: Wiener Zeitschrift für kritische Afrikastudien 6, S. 131–160.

Sonderegger, Arno (2004b): *Eine Intellektualisierung des Ekels? Funktionen der außereuropäischen Welt in Hegels Geschichtsphilosophie*, in: Acta Germanica: German Studies in Africa 32, S. 9–26.

Sonderegger, Arno (2008): Die Dämonisierung Afrikas: Zum Despotiebegriff und zur Geschichte der Afrikanischen Despotie. Saarbrücken.

Sonderegger, Arno (Hg., 2015): African Thoughts on Colonial and Neo-Colonial Worlds: Facets of an Intellectual History of Africa. Berlin.

Sonderegger, Arno/Grau, Ingeborg/Englert, Birgit (Hg., 2011): Afrika im 20. Jahrhundert: Geschichte und Gesellschaft. Wien.

Spaulding, Jay (1989): *The Historiography of the Northern Sudan from 1500 to the Establishment of British Colonial Rule: A Critical Overview*, in: International Journal of African Historical Studies 22/2, S. 251–266.

Spaulding, Jay (²2007 [1985]): The Heroic Age in Sinnar. Asmara.

Spaulding, Jay (2010 [2000]): *Precolonial Islam in the Eastern Sudan*, in: Levtzion, Nehemia/Pouwels, Randall (Hg.): The History of Islam in Africa. Athens, Ohio, S. 117–130.

Stringer, Chris/McKie, Robin (1996): African Exodus: The Origins of Modern Humanity. London.

Suret-Canale, Jean (1966 [1961]): Schwarzafrika: Geographie, Bevölkerung, Geschichte West- und Zentralafrikas. Berlin.

Sutton, John E. G. (1974): *The Aquatic Civilisation of Middle Africa*, in: Journal of African History 15/4, S. 527–546.

Sutton, John E. G. (1980): The East African Coast: An Historical and Archaeological Review. Nairobi.

Tamrat, Taddesse (1972): Church and State in Ethiopia. 1270–1527. Oxford.

Thornton, John (1984): *The Development of an African Catholic Church in the Kingdom of Kongo 1491–1750*, in: Journal of African History 25/2, S. 147–167.

Thornton, John (²1998): Africa and Africans in the Making of the Atlantic World, 1400–1800. Cambridge u. a.

Thornton, John K. (2000): *Mbanza Kongo/São Salvador: Kongo's Holy City*, in: Anderson, David M./Rathbone, Richard (Hg.): Africa's Urban Past. Oxford/Portsmouth, S. 67–84.

Török, László (1997): The Kingdom of Kush: Handbook of the Napatan-Meroitic Civilization. Leiden.

Trigger, Bruce G. (1976): Nubia Under the Pharaohs. London.

Usuanlele, Uyilawa (2007): *Jacob Uwadiae Egharevba: Ein Pionier der Lokalhistorie und Bewahrer der Benin-Traditionen*, in: Plankensteiner, Barbara (Hg.): Benin: Könige und Rituale: Höfische Kunst aus Nigeria. Ausstellungskatalog des Museums für Völkerkunde Wien. Gent, S. 227–233.

Van Reybrouck, David (2013): Kongo: Eine Geschichte. Berlin.

Vansina, Jan (1990 [1983]): *The Peoples of the Forest*, in: Birmingham, David/Martin, Phyllis (Hg.): History of Central Africa. Volume One. London/New York, S. 75–117.

Vansina, Jan (1990): Paths in the Rainforests: Toward a History of Political Tradition in Equatorial Africa. Madison.

Vansina, Jan (1992): *The Kongo Kingdom and its Neighbours*, in: Ogot, Bethwell A. (Hg.): Africa from the Sixteenth to the Eighteenth Century: General History of Africa. Volume V. Oxford/Berkeley/Paris, S. 546–587.

Vansina, Jan (1995): *New Linguistic Evidence and ›the Bantu Expansion‹*, in: Journal of African History 36/2, S. 173–195.

Wallerstein, Immanuel (2004 [1974]): Das modern Weltsystem I: Die Anfänge kapitalistischer Landwirtschaft und die europäische Weltökonomie im 16. Jahrhundert. Wien.

Wallerstein, Immanuel (2011): The Modern World-System IV: Centrist Liberalism Triumphant, 1789–1914. Berkeley/Los Angeles/London.

Welsby, Derek A. (1998): The Kingdom of Kush: The Napatan and Meroitic Empires. Princeton.

White, Leslie (1949): The Science of Culture: A Study of Man and Civilization. New York.

Wirz, Albert (1997): *Migrationen: Das Problem der Bantu-Expansion*, in: Deutsch, Jan-Georg/Wirz, Albert (Hg.): Geschichte in Afrika: Einführung in Probleme und Debatten. Berlin, S. 35–52.

Wolf, Eric R. (1997 [1982]): Europe and the People without History. Berkeley/Los Angeles/London.

Wong, Kate (2007): *Frühe Spuren des menschlichen Geistes*, in: Spektrum der Wissenschaft, Dossier 3, S. 22–30.

Wright, Donald R. (1999): *»What Do You Mean There Were No Tribes in Africa?« Thoughts on Boundaries and related Matters in Precolonial Africa*, in: History in Africa: A Journal of Method 26, S. 409–426.

Bibliografische Information der Deutschen Nationalbibliothek
Die Deutsche Nationalbibliothek verzeichnet diese
Publikation in der Deutschen Nationalbibliografie; detaillierte
bibliografische Daten sind im Internet über
http://dnb.d-nb.de abrufbar.

Lektorat: Alexandra Nusser,
Stefan Gücklhorn, Wiesbaden
Covergestaltung: Karina Bertagnolli, Wiesbaden
Bildnachweis: Der Oba bzw. ein Anführer mit zwei
Bediensteten, Bronzeplakette, Königreich Benin,
16.–18. Jh., akg-images / Pictures From History
Karten: Peter Palm, Berlin
Satz und Bearbeitung: Medienservice Feiß, Burgwitz
Der Titel wurde in der Palatino Linotype gesetzt.
Gesamtherstellung: CPI books GmbH, Leck – Germany

ISBN: 978-3-7374-1046-5

www.verlagshaus-roemerweg.de

3.10.20 6,-